Autoren: Bobbie Katz und Kristin Tilford
Lektorat und Aktualisierung: Amanda Statham
unter Leitung von: Bookwork Creative Associates

Redaktion der Reihe: Karen Rigden
Design der Reihe: Catherine Murray

© MAIRDUMONT GmbH & Co. KG, Ostfildern,
3., aktualisierte Auflage 2012

»NATIONAL GEOGRAPHIC« ist eine eingetragene Marke der
National Geographic Society. Deutsche Ausgabe lizensiert durch
NATIONAL GEOGRAPHIC DEUTSCHLAND
(G+J/RBA GmbH & Co. KG), Hamburg 2008
www.nationalgeographic.de

Original 5th English Edition
© AA Media Limited
Aktualisierung des Inhalts: © AA Media Limited 2011
Maps in this title produced from mapping data supplied
by Global Mapping, Brackley, UK
© Global Mapping, Hibernia
Transport map © Communicarta Ltd, UK
Covergestaltung und Art der Bindung
mit freundlicher Genehmigung von AA Publishing

Herausgegeben von AA Publishing, einem Unternehmen der
AA Media Limited, Fanum House,
Basing View, Basingstoke, Hampshire, RG21 4EA, UK.
Handelsregister Nr. 06112600.

Farbauszug: AA Digital Department
Druck und Bindung: Leo Paper Products, China

A04669

NATIONAL
GEOGRAPHIC
LAS
VEGAS

Inhalt

Das Magazin

Nicht nur das Herumliegen am Strand oder exzessives Shoppen machen Ihren Urlaub unvergesslich. Um wirklich alles herauszuholen, sollten Sie ergründen, was hier wie läuft. Das Magazin gibt Ihnen einen unterhaltsamen Überblick über soziale, kulturelle und natürliche Gegebenheiten, die das Charisma dieser bezaubernden Stadt ausmachen.

VIVA LAS VEGAS

Zu Beginn des 20. Jahrhunderts kämpfte Nevada als US-Bundesstaat mit der geringsten Einwohnerdichte – geringer noch als die Alaskas – ums Überleben. Die Silberminen, die einst neue Siedler anlockten, hatten ihren Glanz verloren, der Nachbarstaat Kalifornien hingegen schien das Paradies auf Erden zu sein. Dennoch machte Nevada das Beste aus seinen wenigen Trümpfen und hatte Alaska binnen zehn Jahren an Einwohnern überholt. Als Elvis 1964 sein »Viva Las Vegas« sang, schienen dem Staat die goldenen Zeiten sicher.

Noch mehr Glücksspiel

1976, als Atlantic City das Glücksspiel legalisierte, drohte eine neue Gefahr. New Yorks spielsüchtige Horden konnten nun regelmäßig in New Jersey Black Jack spielen, ohne dazu den Kontinent durchqueren zu müssen. Doch Vegas war immer schon überaus anpassungsfähig. Dieser Wettlauf entfachte den Ehrgeiz der Stadt. Hotelkasinos lieferten sich ein Rennen und schufen riesige Urlaubszentren für Reisende, Spieler und Tagungsteilnehmer. Themenbauten waren bald an der Tagesordnung.

Die Welt am Strip

Anfang des 21. Jahrhunderts hatten riesige Hotelkomplexe wie Treasure Island, Monte Carlo und New York-New York die Silhouette von Las Vegas in ein surreales Wunderland verwandelt, das antike wie neue architektonische Meisterwerke der ganzen Welt nachbaute und es auch an ebenerdigen Attraktionen nicht fehlen ließ. Mit zwei Hotels im italienischen Stil erreichte dieser Trend seinen Höhepunkt: dem Bellagio mit seinen tanzenden Springbrunnen und dem Venetian mit seinen extravaganten Brücken, Kanälen und Gondeln.

Die grellen Lichter der Fremont Street Experience, Downtown

Die Forum Shops im römischen Stil ziehen täglich Tausende Besucher an

Die Entwicklung

Vegas' Bonzen wie Kirk Kerkorian und Steve Wynn bauten immer größere
Hotels, die bis unter die Decke mit jedem nur denkbaren Vergnügen gefüllt
waren. Den ganzen Strip entlang wichen lässige Lounge-Sänger Zauber-
shows und spektakulären Aufführungen voller Special Effects, an denen sich
die Zuschauer erfreuen konnten – ob sie nun Englisch verstanden oder nicht.
Heute bietet die Stadt für jeden etwas: aufwendige Klang- und Lichtspiele im
Wasser und in der Luft, Impressionisten, Broadway-Shows und traditionelle
Vegas-Revues oder auch Stars und Sternchen der Musikbranche (➤ 10ff).

VIP-Vegas

Die gut gekleideten Glücksspielherren, die einst die Spielkasinos füllten,
haben sich rar gemacht, und manchmal scheint es, als hätte Vegas mit den
Jahren ein wenig vom früheren Glanz verloren. Wer aber über den entsprechenden Geldbeutel oder einfach über genügend Charme verfügt, dem steht
VIP-Vegas offen. Für etwas mehr als nur den Eintritt können Sie sich oft an
den Schlangen vorbei direkt ins Getümmel der gehobenen Nachtclubs stürzen. Für ein paar Hundert Dollar extra haben Sie dann Zugang zum VIP-Raum
und eine eigene Cocktail-Bedienung. Auch am Pool genießen Sie eine vorzügliche Bewirtung. Fast alle neuen Hotels bieten kleine Pavillons mit Lounge-
Sesseln, eigener Terrasse, Umkleidekabinen, Telefon, TV und – natürlich –
mit einer eigenen Bar. Dann wären da noch die Unterkünfte. Den Zwei-Raum-
Suiten der Hotels in Las Vegas dürften wohl die wenigsten internationalen
Hotels das Wasser reichen, und die Dekadenz der luxuriösen Penthouse-
Suiten ist ohnehin unübertrefflich.

Das luxuriöse Hotel Venetian bildet den Markusplatz und den Canal Grande nach

Ein Sinn für Genuss

Der zauberhafteste Geniestreich der Stadt ist wohl die universelle Anziehungskraft des modernen Las Vegas. Hierher kommen Zocker zum Geldverprassen, aber es kommen auch budgetbewusste Urlauber auf der Suche nach einem Hauch Glitter und Glamour. Viele Besucher sparen sich das Geld vom Munde ab, um nur ein paar Tage im Jahr herzukommen. Hier angekommen, beschränken sie sich auf Centartikel und preisgünstige Buffets. Für ein klein wenig mehr könnten sie ebenso gut einen Tisch in einem der neuen und oft von berühmten Chefköchen geleiteten Gourmet-Restaurants reservieren. Hier in Las Vegas müssen sich Gäste nicht mit einer zweiwöchigen Warteliste abfinden, und selbst ein raffinierteres Gericht sprengt kein Konto.

In Vegas sind die exklusivsten Designer-Boutiquen der Welt zu Hause, und hochnäsiges Personal gibt es hier nicht. Im

> »Den Zwei-Raum-Suiten der Las-Vegas-Hotels dürften die wenigsten internationalen Hotels das Wasser reichen«

Gegenteil: Das Verkaufspersonal der Forum Shops (➤ 106f) des Caesars Palace, des Crystals im CityCenter (➤ 78f) oder der Fashion Show Mall (➤ 146f) gegenüber vom Wynn weiß, dass sich selbst Kaufmuffel zum Kauf einer juwelenbesetzten Uhr bewegen lassen – wenn man sie entsprechend behandelt. Die raubeinige Stadt mit ihrem Pioniergeist und der bewegten Geschichte hat sich zum Allround-Urlaubsziel für jedermann gemausert. Viva Las Vegas!

Welthauptstadt der Unterhaltung

Was machte Las Vegas von einem abgelegenen Wüstenstützpunkt zur Welthauptstadt der Unterhaltung? Die Antwort ist einfach: Glücksspiel, Trinkgelage und Prostitution.

1931 war für die Geschichte der städtischen Unterhaltungsbranche ein bedeutsames Jahr. Bisher war Vegas der Ort im Land, an dem man am leichtesten heiraten konnte. In jenem Jahr aber wurde es der Ort, an dem man sich am leichtesten scheiden lassen konnte und Prostitution und Glücksspiel legalisiert wurden. Die Stadt der Sünde mag an Rauheit eingebüßt haben, wird aber noch immer mit Sucht und Hedonismus gleichgesetzt. Und während die einen ihrem alten Reiz nachtrauern, glauben andere, sie sei endlich erwachsen geworden.

Sin City – die Stadt der Sünde

Damals, 1941, als das im Westernstil angelegte El Rancho der einzige Hotelkomplex am Las Vegas Strip war, unterhielten Sänger, Komödianten, Stripper, Instrumentalisten, Tänzer u. v. m. die Gäste im trauten Salon des Hotels. Das El Rancho, das nicht viel mehr als eine an einer Tankstelle angebrachte, neonbeleuchtete Windmühle war, zog als erster Ort der Stadt wirklich große Stars an. Dean Martin, Eartha Kitt und Sammy Davis Jr. spielten während des Zweiten Weltkrieges alle im El Rancho. Bald folgte auch Kaliforniens Prominenz.

Das Fabulous Flamingo

Das Flamingo versuchte, an den Erfolg des El Rancho anzuknüpfen. Bis auf ein paar große Namen war es allerdings wenig erfolgreich und musste

Unten: Die witzige Blue Man Group auf der Bühne des Venetian. Unten rechts: Eine Darbietung des berühmten Rat Pack. Ganz rechts: Ein bezauberndes Stardust-Showgirl

mangels Publikum wieder
schließen. 1947 eröffnete es neu,
diesmal als Fabulous Flamingo.
Schon die Andrew Sisters und
Joan Crawford waren Kassenschlager, der absolute Showstar
aber war das neue Konzept:
Luxuriöse Unterkünfte wurden
mit großzügigen Gärten und Pools
kombiniert. Das war der erste
Versuch am Strip, über das
Glücksspiel hinaus ein komplettes
Urlaubserlebnis zu bieten, und
schließlich steckte das Flamingo
El Rancho locker in die Tasche.

Sternstunden

Die nun folgenden Etablissements
wie Desert Inn, Sands, Riviera,
Tropicana und Caesars Palace
kopierten einige Jahre lang das
erfolgreiche Star-Konzept. Große
Showstars – von Frank Sinatra,
Dean Martin, Sammy Davis Jr.
und Joey Bishop bis hin zu Elvis
Presley, Andy Williams, Tony
Bennett, Judy Garland, Tom Jones
und Engelbert Humperdinck
– liebten die riesigen Zelte der
vielen Hotels. Anfang bis Mitte der
1960er-Jahre wurde das Sands
zum Hauptspielort der berüchtigten Truppe Rat Pack, die das
Publikum mit sanften Melodien
und geistreichen Scherzen
stundenlang unterhielt.

Schwarze Hauptstadt

Seit es als »Schwarze Welthauptstadt der Unterhaltung« bekannt war, präsentierte Las Vegas die populärsten afrikanisch-amerikanischen Entertainer der Zeit. Sammy Davis Jr., Ella Fitzgerald, Nat »King« Cole, Harry Belafonte und Lena Horne würdigten Las Vegas' Bretter der Welt. Verschärfte Rassentrennung bedeutete allerdings, dass sie nicht in jenen Hotels nächtigen durften, in denen sie zuvor gespielt hatten. Frank Sinatra war eine der Schlüsselfiguren im Aufbrechen jener Grenzen. Durch seine Verbindungen zur Mafia gab man seinem Druck nach, und schließlich durften schwarze Darsteller, die Sinatra freundlich gesinnt waren, auch übernachten.

»Die Großen 3«

Das Dunes war 1957 das erste Hotel, das als Hauptattraktion seines Unterhaltungsprogramms eine Live-Revue (*Minsky's Follies*) anbot. Doch erst der Importschlager *Lido de Paris* brachte die Kugel richtig zum Rollen, und zwar bis 1991. Das Tropicana wartete beinahe 50 Jahre lang mit den spektakulären *Folies Bergère* auf – einer der beliebtesten Revue-Shows Las Vegas'. Die dritte der »Großen 3«, und immer noch aktuell, ist *Jubilee!* (▶ 82f).

Eine Großproduktion

Heute gibt es hier Produktionen jeder Art. Und Hoteltheater präsentieren alles, was in Clubs und Konzertbusiness der Welt Rang und Namen hat.

DER »KING«

Untrennbar mit der Unterhaltungsgeschichte der Stadt ist die Geschichte von Elvis Presley.

■ Presleys Debüt in Las Vegas fand 1956 statt. Aufgrund der nahe gelegenen Atomwaffentests wurde er als »Atomkraftbetriebener Sänger« angekündigt.

■ 1964 wurde die Stadt Drehort des Films *Viva Las Vegas*. Es ging das Gerücht um, dass Elvis hinter Priscillas Rücken eine Affäre mit seiner Filmpartnerin Ann-Margret habe.

■ 1967 heiratete Elvis in Vegas Priscilla Beaulieu.

■ Von 1969 bis 76 trat er in Las Vegas in über 700 ausverkauften Shows auf.

■ Auch heute noch treten Elvis-Imitatoren auf Hochzeiten, Benefizkonzerten oder gar als Flugzeug-Fallschirmspringer auf. Der King lebt weiter.

Las Vegas'
BEWEGTE GESCHICHTE

Hinter den schimmernden Ladenfassaden und unter dem Showgirl-Make-up gibt es auch eine Fundgrube an düsteren und spannenden Geschichten der Stadt, die beständig wächst.

Wüstenoase

Die bewegte Geschichte Las Vegas' beginnt im prähistorischen Süden Nevadas, als es praktisch noch Sumpfland war, mit reichlich Wasser und üppiger Vegetation. Über die Zeitalter hinweg wich das Wasser und die Flüsse versiegten. Zurück blieb ausgedörrtes, unfruchtbares Land, das nur die widerstandsfähigsten Tiere und Pflanzen ernährte. Das unterirdisch in komplexen geologischen Schichten eingeschlossene Wasser aber trat an einigen Stellen an die Oberfläche, und in der kargen Ödnis entstand eine Oase saftig grüner Pflanzen, die über Jahrhunderte das Geheimnis der Indianerstämme blieb.

Links: Elvis Presley heiratet 1967 Priscilla Beaulieu. Ganz oben: Fremont Street Experience. Oben: Das Glücksspiel wurde zuerst im Bundesstaat Nevada legalisiert

Die Werbeanzeigen der Fremont Street ließen sich immer schon schlecht ignorieren

Schöne Bescherung

1829 dann führte der mexikanische Handelsmann Antonio Armijo eine 60 Mann starke Gruppe entlang der alten spanischen Handelsroute (Spanish Trail) und kam von der üblichen Route ab. Heiligabend, während der Rest der Gruppe etwa 160 km nordöstlich des heutigen Las Vegas rastete, ritt ein Spähtrupp auf der Suche nach Wasser gen Westen. Der 18-jährige Rafael Rivera, ein erfahrener mexikanischer Kundschafter, wagte sich hinaus in die unerschlossene Wüste und hatte binnen zwei Wochen die geheime Oase entdeckt. Man nannte sie Las Vegas, was im Spanischen »die Auen« bedeutet.

Begrünung der Wüste

1855 bauten Mormonen, Mitglieder der Kirche Jesu Christi der Heiligen der Letzten Tage, ein Fort aus sonnengetrockneten Lehmsteinen in Las Vegas. Sie pflanzten Obstbäume, bauten Gemüse an und stellten Patronenkugeln aus Blei her, das sie im ca. 48 km entfernten Potosi Mountain abgebaut hatten. Sie verließen die Siedlung 1858, zum Teil wegen der Überfälle durch Indianer.

Schienenbau

Der Bau der Bahnlinie führte schließlich zur Gründung der Stadt Las Vegas am 15. Mai 1905. Die Union Pacific versteigerte an einem einzigen Tag 1200 Grundstücke auf dem Gebiet der heutigen Fremont Street Experience (➤ 162f), einer verkehrsfreien, promenadenartigen Anlage.

Glücksspiel und Gesetz

Nevada war der erste Bundesstaat, der das Kasino-Glücksspiel legalisierte, und der letzte, der sich der puritanischen Gegenreaktion auf das Glücksspiel fügte, die im ersten Jahrzehnt des 20. Jahrhunderts über die Weststaaten fegte. Am

Roulette ist noch immer ein beliebtes Spiel in Las Vegas

1. Oktober 1910, Schlag Mitternacht, trat in Nevada ein strenges Glücksspiel-verbot in Kraft, das selbst das uralte Münzwerfen um den Preis eines Getränks untersagte. Aber man ließ sich nicht lumpen und spielte im Untergrund weiter, und das Geschäft florierte bis 1931, als Nevada ein neues Glücksspielgesetz verabschiedete.

Wer zuerst kommt

Der bei Weitem am meisten gefeierte frühe Hotelkomplex war das Flamingo, ein Luxuskasino, das von Benjamin »Bugsy« Siegel, einem Mitglied der Verbrecherorganisation um Meyer Lansky, nach Hotelkomplexen in Miami erbaut wurde. Das Flamingo, mit seinen riesigen pinkfarbenen Neonsymbolen und stilisierten Flamingos auf Rasen, eröffnete am Neujahrstag 1946. Sechs Monate später wurde Siegel von einem unbekannten Gangster ermordet.

Die Mobster-Herrschaft

Jahrelang wurde Las Vegas von der Mafia regiert. 1966 jedoch kam der Mil-liardär Howard Hughes in die Stadt und residierte fortan im Desert Inn. Als er gebeten wurde zu gehen, kaufte er glorreich das ganze Hotel. Seine folgenden (privaten, aber legalen) Investitionen ebneten den Weg für ein 1967 verab-schiedetes Gesetz, das Börsenunternehmen erlaubte, Spiellizenzen zu erwer-ben. Seither wurde Hughes die »Ent-Mafiaisierung« der Stadt zugeschrieben.

Nach und nach kam legales Kapital in die Stadt, bis die finanziellen Fundamente der Stadt im 21. Jahrhundert dann fest in Großunternehmen verankert waren, wenn Korruption auch noch weit verbreitet ist. Einwohner der Stadt bedauern oft die Verdrängung der Mobster. Um ihre bedeutende Rolle in der Geschichte der Stadt zu würdigen, wird 2011 das Mob Museum eröffnen, mit Unterstützung von keinem Geringeren als dem FBI (➤ 167).

Hat jemand Lust auf GOLF?

Eine trockene, öde Landschaft scheint nicht gerade der geeignetste Platz für sattes Grün und üppige Fairways zu sein, und dennoch wurden einige der weltweit schönsten Golfplätze in den natürlichen Senklöchern, den Erosionsflächen, der Gebirgslandschaft und der ursprünglichen Vegetation im Süden Nevadas angelegt. Klare blaue Himmel und spektakuläre Landschaftskulissen machen Las Vegas zu einem idealen Ziel für Golffans.

Weltklasse

Die Stadt, die derzeit über mehr als 60 Golfplätze verfügt, begrüßte prominente Spieler wie Bill Clinton und Tiger Woods. Die drei wichtigsten Profiturniere – PGA Championship, Ladies PGA und Senior PGA – und besondere Veranstaltungen wie Wendy's 3-Tour Challenge finden jährlich hier statt.

Siegerdesigns

Die Golfplätze der Stadt wurden von einigen der berühmtesten Designer ersonnen. Allen voraus ging in den späten 1980ern der Jay Morrish Painted Desert Golf Course (www.painteddesertgc.com). Jack Nicklaus, Arnold Palmer, Rees Jones, Robert Trent Jones Sr., Robert Cupp, Pete Dye, Billy Casper, Greg Nash und Hale Irwin haben sich alle da draußen vor Las Vegas eine Nische gemeißelt.

PRAKTISCH GEDACHT

Es lohnt sich, sich im Voraus über die Preise und die Kleiderordnung zu informieren und natürlich zu reservieren. Um der Mittagshitze zu entkommen,
sollten Sie in der Saison besser früh oder abends spielen gehen. Werfen
Sie vor Ihrem Besuch einen Blick auf www.golflasvegasnow.com. Weitere
Informationen über alle Plätze der Stadt erteilt die Las Vegas Convention and
Visitors Authority (Tel. 877/847-4858; www.lvcva.com; tägl. 6–21 Uhr). Eine
weitere nützliche Informationsquelle ist www.lasvegasgolfcourses.com. Über
diese Seite können Sie einen Platz auch reservieren.

Dem Spiel voraus

Abgesehen von der Anzahl der Plätze wurden auch die Golfanlagen selbst
ständig erweitert und auf den neusten Stand gebracht. Ein Golfspiel ist für
Kasinogäste der ideale Ausgleich im Freien. Die Stadt war also bestrebt, am
Ball zu bleiben, was dynamisch erschaffene Golfplätze betraf. Selbst Tom
Fazio's Shadow Creek (www.shadowcreek.com), der als beeindruckendster
Golfplatz der Stadt gilt, wurde 2008 verbessert und um einen neuen
Kurzspielplatz ergänzt.

Kaum anders zu erwarten

Las Vegas imitierte immer schon gern, und so hat auch Royal Links Golf Club
(www.royallinksgolfclub.com) 18 Löcher, die jeweils nach den berühmtesten
Löchern der bei den British Open genutzten Golfplätze angelegt wurden. Der
zentralste Platz der Stadt ist der im Südseestil angelegte Bali Hai (www.balihai
golfclub.com). Hier können Sie auf 3 ha Fläche zwischen Wasseranlagen,
schwarzen Vulkanfelsen, Palmen und weißem Sand spielen, und das mit einer
fantastischen Aussicht auf den Strip und einem anschließenden Essen im Cili,
einem exquisiten Restaurant, von dem aus Sie das 16. Loch überblicken.

Golfspieler spielen ein paar Löcher am luxuriösen Lake Las Vegas Resort in Henderson

LEAVING LAS VEGAS: ab in die Wüste

Nur etwa jeder zweite Las-Vegas-Besucher kommt über den Strip hinaus und gerade mal jeder fünfte schafft es, die Stadt zu verlassen. Machen Sie bloß nicht denselben Fehler! Die Wüste, die diese Stadt umgibt, ist eine der schönsten der Welt und – allein oder mit Führung (➤ 195f) – gut zu erreichen.

Vorgeschichte

Die öden Landstriche der Stadt sind kulturell fruchtbar: Überall gibt es Belege für Ureinwohner und Millionen Jahre Geschichte. Lange vor den Spielern und der Mafia lebten hier Indianer. Die Wüste um Las Vegas birgt einige der frühesten Zeugnisse menschlicher Existenz in den USA. Hier können Sie prähistorische Petroglyphen bestaunen, uralte Felskunst im Valley of Fire, deren Bedeutung ein Rätsel bleiben wird (➤ 176). Oder Sie unternehmen einen Ausritt durch das Land der Cowboys entlang der alten spanischen Handelsroute (➤ 195f), die Santa Fe und Los Angeles verbindet.

> »Indianer lebten hier lange vor den Spielern und der Mafia«

Naturpfade

Verschiedene Wander- und Fahrwege führen durch die malerischen Wüstennationalparks (www.nps.gov), von denen der Mojave-Nationalpark von Las Vegas aus am besten zu erreichen ist. Hier bieten die gewundenen Äste der Josuabäume (einer Yucca-Art) dem Gestrüpp, den Kakteen und den Kreosotbüschen (mit ihren herrlich bunten Blüten) eine pathetische Kulisse und den Wüstenleguanen ein Versteck vor der sengenden Sonne. Wenn Sie Glück haben, erspähen Sie ein Dickhorn-

---

DIE BESTEN OUTDOOR-ABENTEUERTIPPS

- Kajakfahrt unterhalb des spektakulären Hoover-Staudamms (➤ 174f).
- Rundflug über den atemberaubenden Grand Canyon (➤ 178ff).
- Felskletterung auf den zerklüfteten Kliffen des Red Rock Canyon (➤ 173).
- Ski- oder Pferdeschlittenfahrt (wenn es der Schnee erlaubt) auf dem Mount Charleston (➤ 177).
- Wanderung durch das malerische Valley of Fire (➤ 176).

schaf oder einen himmelhoch gleitenden Steinadler, obgleich ein Großteil der Fauna sich vor der glühenden Wüstensonne versteckt.

Geben Sie acht

Die Wüste ist naturgemäß abgeschieden und heiß, und sie kann auch gefährlich sein. Treffen Sie daher geeignete Sicherheitsmaßnahmen. Denken Sie an Wasser, Sonnencreme und eine Kopfbedeckung. Sturzfluten stellen durchaus eine Gefahr dar; der Tod durch Ertrinken ist häufiger, als Sie denken. Prüfen Sie daher stets die Wettervorhersage und erzählen Sie jemandem, wohin Sie gehen.

Von oben: Valley of Fire; Kajak fahren auf dem Lake Mead; südlicher Rand des Grand Canyon

DIE SPIELE
des Glücks

Ein altes Sprichwort sagt, der beste Wurf sei der, bei dem man die Würfel wegwirft. Las-Vegas-Besucher aber überhören solche Sprüche ganz gerne. Es zahlt sich jedoch aus, ein paar Hausaufgaben zu machen, bevor Sie Ihr Geld rausschmeißen.

Das Kasinopersonal lässt auf der Jagd nach Ihrem schwer verdienten Geld keinen Versuch aus. Es gibt traditionelle Karten- und Würfelspiele, Glücksspielautomaten jeder erdenklichen Art, Pferderenn- und Sportwetten, Hightech-Elektronikspielgeräte und internationale Glücksspiele aus Europa und Asien. Paradoxerweise ist fast nichts dem glücklichen Zufall überlassen. Bei jedem Spiel sind die Kasinoquoten besser als die Ihren, nur die Gewinnspanne der Bank variiert. Um Sie bei der Stange zu halten, wird keine Mühe gescheut. In den Kasinos darf – entgegen des landesweiten Verbots – geraucht werden, alkoholische Getränke sind bequem an den Tischen oder den Bars erhältlich, die die Spieltischareale umgeben. Denken Sie daran: Sie müssen mindestens 21 Jahre alt sein, um ein Kasino betreten zu dürfen.

Black Jack oder »17 und 4«

Das ist das absolut beliebteste Kartenspiel in Vegas, bei dem jeder Spieler für sich allein gegen den Bankhalter (*dealer*) spielt. Ziel des Spiels ist, mit zwei oder mehr Karten eine höhere Punktzahl auf der Hand zu haben als der Dealer, wobei die magische Zahl 21 erreicht, aber nicht überschritten werden darf. Alle Spieler am Tisch sind in erster Linie mit ihren eigenen Karten beschäftigt, aber ebenso darauf bedacht, den Bankhalter hochgehen zu lassen, sodass jeder gewinnt. Bei der üblichsten Spielvariante, dem sogenannten Multi-Deck

Black Jack, werden die Karten aus einem Kartenschlitten gegeben, der einige gemischte Kartenpakete enthält. Der Dealer teilt die Karten im Uhrzeigersinn aus. Jeder Spieler bekommt zwei offene Karten, der Bankhalter ebenfalls zwei, wovon eine verdeckt ist, die »Hole Card«. Sind Sie an der Reihe, müssen Sie entscheiden, ob Sie keine Karte (*stand*) oder weitere aufnehmen möchten (*hit*). Bildkarten zählen 10 Punkte, die Asse je nach Wahl des Spielers 1 oder 11 Punkte. Ein Black Jack (21 Punkte mit nur zwei Karten) wird dem Spieler sofort mit einem 3:2-Gewinn ausgezahlt (1,5-facher Einsatz), es sei denn, die offene Karte des Dealers verspricht 21 Punkte. Spieler, deren Hand 21 Punkte übersteigt, haben sich überkauft und verlieren sofort ihren Einsatz. Wenn die Spieler keine weiteren Karten aufnehmen möchten oder sich überkauft haben, deckt der Bankhalter die verdeckte Karte auf. Hat dieser 16 oder weniger Punkte muss er eine weitere Karte ziehen, hat er 17 oder mehr, darf er keine

GEWINNCHANCEN

Black Jack ist zum einen so beliebt, weil der Hausvorteil minimal ist, und zum anderen, weil die Grundregeln von 17 und 4 leicht zu verstehen sind. Um die Black-Jack-Wettstrategie zu begreifen, braucht es schon ein wenig mehr an Übung. Für jede Kartenkombination gegenüber dem Bankhalter gibt es eine statistisch optimale Aktion. Standardtische fassen die erforderlichen Aktivitäten zusammen, die dann mithilfe von Lernkarten oder wiederholter Übung erlernt werden können. Außer den Grundlagen des *hit* oder *stand* sollten dennoch weitere Regeln beachtet und gegebenenfalls angewandt werden:

Double Down – der Spieler verdoppelt seinen Einsatz, nachdem er die ersten beiden Karten erhalten hat, und bekommt genau noch eine weitere dazu.

Split – der Spieler teilt seine Hand in zwei Hände auf und setzt einen ebenso hohen Einsatz auf die zweite Hand.

Surrender – der Spieler gibt seine Hand vorzeitig auf und bekommt die Hälfte seines Einsatzes zurück.

Probieren Sie Roulette im Planet Hollywood Resort

mehr aufnehmen. Bei einer »Soft-17« allerdings (ein Ass und eine Sechs) kann er stehen bleiben oder aufnehmen, je nach Tischregel. Den Spielern, die eine höhere Punktzahl haben als der Dealer, werden die Gewinne 1:1 ausgezahlt. Steht es unentschieden, behalten die Spieler ihre Einsätze.

Roulette

Beim traditionellen Roulettetisch sind die Zahlen von 0 bis 36 kreisförmig am Rand einer Mulde um ein rotierendes Rad angeordnet. Die Null ist auf einem grünen, die restlichen Zahlen sind abwechselnd auf roten und schwarzen Feldern. Der Croupier setzt das Rad in Gang und wirft eine kleine weiße Kugel in die Vertiefung hinein. Es gewinnt die Zahl, bei der die Kugel zum Halten kommt. Noch während sich das Rad dreht, platzieren die Spieler ihre Jetons auf das angrenzende grün bespannte Tableau, auf dem die jeweils möglichen Einsätze einsehbar sind. Die Spieler können auf gerade, ungerade, rote oder schwarze Zahlen setzen, oder auch auf Zahlengruppen, die auf dem Tableau angegeben sind, wie etwa 1–18 oder 19–36. Die Gewinnquoten reichen von 35:1 bis zu 1:1. Gewinnt ein Spieler, der auf eine einzelne Zahl gesetzt hat, erhält er 35 US$ für jeden gesetzten US$, und genau darin liegt der Reiz des Roulettes. Die meisten Kasinos in Vegas haben jedoch die Doppelnull (»00«) in den Zahlenring aufgenommen. Das erhöht ihre Gewinnquote und bringt doppelten Hausvorteil.

Craps

Ein anderes beliebtes Spiel ist Craps, ein schnelles Würfelspiel mit überaus komplexen Regeln und Einsatzoptionen. Etliche Kasinos bieten meist an Vor- oder Nachmittagen kostenlose Übungsstunden.

Pai Gow

Bei diesem altchinesischen Spiel werden 32 Dominosteine vom Croupier gemischt und dann verdeckt in acht Stößen zu je vier Steinen gestapelt. Bis zu acht Personen können teilnehmen, mit je einem Stapel. Ziel des Spiels ist, die vier Dominosteine in zwei Paaren mit den besten »Ranking«-Kombinationen zu arrangieren (Hohe Hand/Niedere Hand). Diese Rankings folgen keinem numerischen Muster, sondern hängen eher von der Symbolik der Steine ab. In den Kasinos hängen Tafeln mit den Ranking-Kombinationen.

Pai Gow Poker

Pai Gow Poker verbindet Elemente des Pai Gow mit denen des amerikanischen Poker. Die »Hände« basieren auf denen des Poker und gespielt wird mit einem gewöhnlichen Deck von 52 Karten und einem Joker. Jeder Spieler erhält sieben Karten, die auf zwei Hände verteilt werden. Die »Hohe Hand« hält fünf, die »Niedere Hand« zwei Karten. Den Einsatz gewinnt, wessen Hohe und Niedere Hand jeweils höher ist als die des Croupiers.

Keno

Keno wurde ursprünglich »Rennpferd-Keno« genannt und ist ein Spiel, bei dem die Spieler eine Anzahl von Zahlen zwischen 1 und 80 markieren, die auf einem Kenoschein stehen. Aus diesen 80 Zahlen werden 20 gezogen. Der Gewinn ergibt sich aus der Art des Scheins, dem Spieleinsatz und der Anzahl von Spielern mit den gleichen Zahlenkombinationen. Mehrfachscheine können auch auf ein Spiel gesetzt werden. Spieler, die vorher einige Zeit Lotto gespielt haben, werden sicher bald dahinterkommen, die Gewinnchancen sind vergleichbar.

Texas Hold 'Em (Poker)

Zu Beginn des Spiels müssen die beiden links vom ermittelten Geber sitzenden Spieler ihre Einsätze (*small blind* und *big blind*) in den Pot geben. Dann erhält jeder Spieler zwei verdeckte Karten. Der Spieler links vom *big blind* eröffnet die erste Wettrunde. Schließlich gibt es fünf Gemeinschaftskarten (*community cards*), die offen auf dem Tisch liegen und für eine bestmögliche Pokerhand verwendet werden können. Die beste ist ein Royal Flush, die schlechteste die High Card (höchste Karte). In jeder Runde können die Spieler die Wetten halten, erhöhen oder aussteigen. Das Kasino spielt nicht mit, behält aber einen Teil des Pots (der Geber verfolgt, wer mit dem *blind* dran ist).

GLOSSAR FÜR ZOCKER

Action – Spieleraktivität, sie wird an der Höhe des Geldeinsatzes in einem bestimmten Zeitraum gemessen.

Bank – Croupier oder Bankhalter, der die Einsätze in den jeweiligen Spielen verwaltet; auch: eine Reihe von Spielautomaten.

Buy in – Ankauf von bzw. die Menge an Jetons, die vor dem Spiel gekauft werden.

Cage – Kassenbereich des Kasinos.

Even money – Auszahlungsquote von 1:1.

House edge (PC) – mathematischer Vorteil, den das Kasino bei jedem einzelnen Spiel genießt.

House odds – Gewinnquote, d. h. der Prozentsatz, den die Spielbank auszahlt. *Odds* werden vom Kasino festgelegt.

Limit – zulässiger Mindest- oder Höchsteinsatz.

Loose machine – Spielautomat, der so eingestellt ist, dass er einen großen Teil des vereinnahmten Geldes wieder ausgibt.

Marker – Schuldschein, den das Kasino an einen Spieler vergibt und ihm erlaubt, auf Kredit weiterzuspielen.

Toke – Trinkgeld.

SHOPPEN
OHNE ENDE

Las Vegas gehört zu den heißesten Shoppingpflastern des Erdballs. Auf einer Strecke von rund 8 km tummeln sich angesagte Designerboutiquen, Einkaufszentren oder Outlets – höchste Zeit, die Kreditkarte zu zücken!

Die besten Hotel-Malls

Die meisten großen Hotels am Strip haben eine eigene Shopping Mall, wo man vom Mitbringsel mit Las-Vegas-Schriftzug für 2 US$ bis hin zu exklusiven Geschenken von Christian Dior für jeden Geldbeutel etwas findet. Dabei spielt die Inszenierung der Malls eine ebenso große Rolle wie das Shoppen. The Forum Shops im Caesars (➤ 106f) bieten über 160 Boutiquen wie Nike Town, DKNY und St. John. Wenn beim Stöbern der kleine Hunger kommt, kehren Sie in eines der 15 Restaurants ein. Zudem lohnt die Atlantis Show in der Roman Great Hall einen Besuch, wo täglich zu jeder vollen Stunde eine riesige Fontäne zum Leben erwacht (10–23 Uhr). Die Grand Canal Shoppes (➤ 118) im Venetian präsentieren 80 Läden, darunter Sephora und Kenneth Cole, die die kopfsteingepflasterten Wege säumen. Hindurch fließt der 366 m lange Canal Grande, auf dem Gondeln vorübergleiten. Die Miracle Mile Shops im Planet Hollywood (➤ 72) bringen es auf 170 Geschäfte wie H & M und Urban Outfitters, 15 Lokale und einen effektvollen Sturm, der über den Merchants Harbor, einen künstlichen nordafrikanischen Küstenort, hinwegfegt.

SHOPPING-TIPP:

Achten Sie unbedingt auf die Mehrwertsteuer. Auch das schönste Schnäppchen wird bei saftigen 8,1 % Steuern, die das Clark County in Nevada draufschlägt (höher als im übrigen Bundesstaat), eventuell teurer als gedacht.

Ganz links: Gondeln
in den Grand Canal
Shoppes
Links: The Forum Shops
im Caesars Palace
Unten: Exklusiver Laden
in The Forum Shops

Malls wie im Märchen

Neben den Einkaufszentren der Hotels gibt es auch unabhängige Malls, in denen sich Stockwerk um Stockwerk die bunte Warenwelt türmt. Mit über 250 Läden ist die Fashion Show Mall (► 146f) die größte unter ihnen, hier wird sogar einmal die Stunde auf einem großen Laufsteg eine Fashion Show veranstaltet. Die Leute strömen v. a. in die Geschäfte, die es in den Hotels nicht gibt, z. B. folgende Lieblinge aus New York: Saks Fifth Avenue, Neiman Marcus oder Macy's. Mitten auf dem Strip hat im CityCenter gerade erst das Crystals (► 79) eröffnet: Hier erwarten Sie ausschließlich Topmarken wie Louis Vuitton, Tiffany & Co., Roberto Cavalli, Tom Ford, Lanvin und Versace.

Schnäppchenfreuden

In Las Vegas bekommt man aber nicht nur hochpreisige Designerstücke, sondern auch einige tolle Schnäppchen. Premium Outlets (875 South Grand Central Parkway; Tel. 702/474 75 00; www.premiumoutlets.com/lasvegas/) ist die beste Adresse für heruntergesetzte Designerware: Ein wenig außerhalb der Stadt gibt es hier Nachlässe auf Labels wie Calvin Klein, Dolce & Gabbana oder Ralph Lauren. Auch das Las Vegas Factory Outlet Center (► 43) ist einen Blick wert, hier findet man neben Kleidung auch Markenschuhe.

Vegas auf der
LEINWAND

Las Vegas – die ursprüngliche »Stadt der Sünde« – inspirierte etliche Filmemacher. Vom Tummelplatz der Millionäre bis zur kriminellen Unterwelt – dieses Fantasieland lässt die Grenzen der Realität verschwimmen. Die Interpretationen sind dabei mal mehr, mal weniger gelungen, eines aber ist sicher: Las Vegas kann jede Rolle einnehmen, die Sie sich wünschen.

The Usual Suspects

Nichts bringt Sie mehr in Urlaubsstimmung und Sündenstadtlaune als ein guter Film über Las Vegas. Der originale *Ocean's Eleven* (1960) mit Frank Sinatra und Dean Martin ist ein guter Anfang, und mit Steven Soderberghs Neuverfilmung von 2001 mit Brad Pitt und George Clooney fallen Sie vielleicht vollständig ins Las-Vegas-Fieber. Obwohl die Kasinoraub-Handlung im neuen Film schlüssiger ist, besticht der alte Streifen durch seine Darstellung der Stars von ihrer dreisten und doch charmantesten Seite sowie durch die alten Aufnahmen der Sands-, Sahara-, Riviera- und Flamingo-Hotels. Wer sich den bekanntesten Vegas-Kultfilm anschauen möchte, sollte sich den Kassenschlager *Casino* (1995) mit Robert De Niro ansehen. Regisseur Martin Scorsese spannte einen herrlichen Bogen zum heutigen Las Vegas: von den Mafiabanden, die gen Westen auszogen, um ein Stück der gefragten Wüste zu ergattern, über die Jahre ihrer eigenwilligen Exzesse bis hin zu ihrer späteren Verdrängung durch gesetzmäßige Gesellschaften. Keinesfalls verpassen!

Oben links: Die Neuverfilmung von *Ocean's Eleven* mit Brad Pitt und George Clooney (2001)
Oben rechts: *The Gambler* (1974) mit James Caan in der Hauptrolle

Roadmovies

Um Las Vegas durch eine rosarote Brille zu sehen, müssen Sie sich *Angst und Schrecken in Las Vegas* (1998) ansehen, eine Chronik der bizarren Possen des Journalisten Hunter S. Thompson auf seiner infamen Reise nach Las Vegas. Das halluzinogene Porträt der Stadt ist jedoch nur unwesentlich kurioser als die Wirklichkeit. Die derben Späße in *Die Schrillen Vier in Las Vegas* (1997) allerdings sind auf jeden Fall populärer.

Showgirls und Bad Boys

Der Glanz der alten Tage ist in der umwerfenden Darbietung von Cyd Charisse in *Meet Me in Las Vegas* (1956) zu erahnen. Paul Verhoeven dagegen porträtierte die städtischen Revues in seinem Korruptionsstreifen *Showgirls* (1995) in einem düstereren Licht. *Where It's At* (1969) ist ein sonderbarer Moralstreit zwischen einem Kasinoboss und seinem Sohn, mit eindrucksvollen Aufnahmen vom Ceasars Palace. In *The Gambler* (1974) spielt der »Bösewicht« James Caan einen Literaturprofessor, der außer Kontrolle gerät.

Damals wie heute

Im unschuldigen Elvis-Streifen *Viva Las Vegas* (1964) fährt der King Wasserski über den Lake Mead, besichtigt den Hoover Dam und singt fröhliche Lieder. Neuere »Sin City«-Filme wie *21, What Happens in Vegas* und *The Hangover* konzentrieren sich auf das Glücksspiel, das Trinken und den Überfluss an sich, was ganz gut dem heutigen Bild der Stadt entspricht. Ganze Arbeit, Hollywood!

Links: *Viva Las Vegas* **mit Elvis Presley und Ann-Margaret**
Rechts: Cyd Charisse in *Meet Me in Las Vegas*

KULINARISCHE
FREUDEN

In den letzten fünf Jahren haben weltberühmte Köche, Promi-Eigentümer und neue beeindruckende Lokale die Restaurantszene von Las Vegas mit Glamour und exzellenter Kochkunst in neue Sphären katapultiert.

In kulinarischer Hinsicht war früher in Las Vegas lediglich die Höhe der auf den Büfetts aufgetürmten Speisen legendär – mit der Eröffnung neuer Toprestaurants gehört das zur Vergangenheit, heute haben sogar Gourmets die Stadt auf dem Zettel. Die Liste weltbekannter Spitzenköche – darunter viele Franzosen –, die Liebhaber guten Essens in Vegas verwöhnen, ist durchaus beeindruckend.

Speisen bei Promi-Köchen

Exquisite moderne französische Gerichte, für die man tief in die Tasche greifen muss, kommen im Twist von Pierre Gagnaire im neuen Mandarin Oriental (► 73) und im luxuriösem MGM Grand (► 72) von Joel Robuchon (vier AAA-Diamanten und zwei Michelin-Sterne) auf den Tisch. Auch Küchenstar Daniel Boulud hat einen Michelin-Stern und in seinem Restaurant mit Blick auf den

Lake of Dreams im Wynn (► 130) weht ein Hauch von Paris. Das Restaurant Guy Savoy im Caesars Palace (► 102) ist der einzige Ort in den ganzen USA, um in den Genuss der feinen Küche dieses hochverehrten Kochs (drei Michelin-Sterne) zu kommen.

Küchensensation Jean Georges Vongerichten, der schon diverse Preise eingeheimst hat und in Manhattan als heißer Tipp gilt, betreibt im neuen ARIA Resort (► 72) das Jean Georges Steakhouse. Der Spanier Julian Serrano hat ebenfalls im ARIA eine nach ihm benannte Tapasbar eröffnet, wo spanische Köstlichkeiten wie z. B. Hummer-Ananas-Spießchen für Furore sorgten. TV-Star Wolfgang Puck besitzt mehrere Lokale in der ganzen Stadt, das neueste ist Pods im Crystals im CityCenter-Komplex (► 78f).

Neuer Stern am Gourmet-Himmel

Zurzeit ist er – und sein Essen – in Las Vegas in aller Munde: Der US-Spitzenkoch Shawn McClain hat die biologisch und saisonal inspirierte Karte des schönen neuen Restaurants Sage im ARIA Resort (► 72) kreiert. Die Wände des sanft beleuchteten Lokals nehmen überdimensionale Versionen alter Gemälde ein, nach dem Essen dürfen Sie sich am Absinth-Trolley bedienen (seit 2007 in den USA legal): alles sehr hip – und teuer. Das glamouröse Beso von TV-Star Eva Longoria (*Desperate Housewives*) und Küchenchef Todd English bietet im Crystals im CityCenter-Komplex (► 78f) mediterrane Küche und schlug bei den Gästen direkt ein.

Evergreens

Vor zehn Jahren eröffnete der US-Spitzenkoch Charlie Palmer im Mandalay Bay Resort (► 64) in Vegas einen hochgelobten und bis heute sehr beliebten Ableger des in New York sehr erfolgreichen Aureole. Etwas lässiger gibt sich das Charlie Palmer Steak (► 64) im Four Seasons. Bellagio (► 73) bietet das mit fünf AAA-Diamanten ausgezeichnete Le Cirque, ebenfalls eine Zweigstelle eines New Yorker Stammsitzes mit delikater französischer Küche in vom Zirkus inspirierter Einrichtung.

Gegenüber: Das Twist im Mandarin Oriental
Ganz oben: Ein Koch des Beso im Crystals, CityCenter
Oben: Das schicke Aureole im Mandalay Bay Resort

Der Gang zur KIRCHE

Als Angelina Jolie, Pamela Anderson und Britney Spears in Vegas »Ja, ich will« sagten, dann sicher nicht »bis dass der Tod uns scheidet«. Jolies Ehe dauerte keine drei Jahre, Pamelas ein paar Monate und Britneys nur wenige Stunden.

Prominente Paare

Eine Las-Vegas-Ehe muss nicht zwangsläufig von kurzer Dauer sein. Elvis und Priscilla Presley, Frank Sinatra und Mia Farrow, Bruce Willis und Demi Moore, Richard Gere und Cindy Crawford, Paul Newman und Joanne Woodward ... alle schafften es zumindest ein bisschen länger.

Mit oder ohne Extras

Es gibt wenige lebensverändernde Dinge, die sich im Handumdrehen und für nur 60 US$ arrangieren lassen. So viel nämlich kostet eine Eheerlaubnis beim Clark County Marriage License Bureau. Nach weiteren 60 US$ und mit freundlicher Genehmigung des Eheschließungsbeamten, der sein Büro in der Nähe des License Bureau hat, ist die Ehe perfekt. Ob eine Hochzeit mit Extrawünschen oder ohne, in Nevada kann man schnell und ohne großen bürokratischen Aufwand heiraten.

Für diesen besonderen Tag

Buchen Sie Ihre Feier möglichst lange vorher. Am beliebtesten sind die Samstage, dicht gefolgt von den gesetzlichen Feiertagen, Valentinstag oder Neujahrstag. Diese gilt es zu meiden, wenn Sie es etwas gemütlicher angehen lassen wollen. Die Hitze hier kann längere Zeit im Jahr unerträglich sein, erwägen Sie also, am Abend oder bei Sonnenuntergang zu feiern.

Nach oben sind keine Grenzen gesetzt

Der Tiefstpreis für eine Trauung, einschließlich der Gebühren, liegt bei etwa 100 US$, nach oben aber sind keine Grenzen gesetzt. Maverick Helicopters ermöglicht Ihnen sogar eine Trauung im Flug über den Grand Canyon! Die Kosten richten sich nach den Wünschen des Paares und können Blumen, Sekt, Hochzeitslimousine, Ton- oder Videoaufnahmen etc. beinhalten.

Links: Treffen Sie Elvis und heiraten Sie in der Viva Las Vegas Wedding Chapel
Oben: Lassen Sie sich in einer romantischen Gondel durch die Grand Canal Shoppes fahren

Paul Newman und Joanne Woodward wurden am 29. Januar 1958 im Hotel El Rancho getraut

Natürliche Schönheit

Viele Hotels auf dem Strip haben elegante Hochzeitskapellen; für jeden Geschmack und Geldbeutel ist etwas dabei. Manche Paare heiraten vor den romantischen Kulissen des Mount Charleston (► 177), andere geben sich ihr feierliches Versprechen in einer Yacht auf dem Lake Mead (► 174f).

Hochzeitskapellen

Natürlich gibt es über den Strip verteilt auch unabhängige kleine Hochzeitskapellen (► 140ff), die bei der Gestaltung der Hochzeit keine Wünsche offen lassen. In der Little Church of the West (4617 Las Vegas Boulevard South; Tel. 702/739-7971; www.littlechurchlv.com) haben mehr Promi-Paare geheiratet als an irgendeinem anderen Ort in Las Vegas. Heute ist diese kleine, 1942 erbaute Kapelle mit ihren fairen »Hochzeitspaketen« ein historisches Denkmal.

EIN BUND FÜRS LEBEN

Um die Eheerlaubnis auszustellen, verlangt das Land ein Lichtbild und einen Altersnachweis wie den Pass oder die Geburtsurkunde. Nicht-US-Bürger benötigen möglicherweise zusätzliche oder besondere Papiere, die belegen, dass diese Eheschließung in ihrem Land anerkannt wird. Prüfen Sie das vorher! Sind Sie noch keine 18 Jahre alt, ist ein elterliches Einverständnis erforderlich (Clark County Marriage License Bureau, 201 Clark Avenue, Downtown (Stadtzentrum); Tel. 702/671-0600; www.accessclarkcounty.com; tägl. 8–24 Uhr).

Erster Überblick

Ankunft

McCarran International Airport

- Der internationale Flughafen südöstlich des Strip (5757 Wayne Newton Boulevard; Tel. 702/261-5211; www.mccarran.com) ist der **Hauptflughafen** der Stadt; nur einige Sightseeing-Flüge starten von einem kleineren Flugplatz nordwestlich von Downtown. McCarran ist einer der wenigen Flughäfen, an denen sich Reisende an Spielautomaten oder im Fitnesscenter die Zeit vertreiben können. Auch für Kinder gibt es einen Spielbereich.
- Das Flughafengelände grenzt fast an den südlichen Teil des Strip, doch das Terminal selbst liegt rund 6,5 km vom **Strip** und vom **Convention Center** sowie rund 8 km von **Downtown Las Vegas** entfernt. Taxis, Limousinen, Shuttlebusse oder die öffentlichen CAT-Busse (➤ rechts) fahren in die Stadt.

Mit dem Auto oder dem Bus

- **Mit dem Auto**
Die **Interstate-15 (I-15)**, eine der längsten Nord-Süd-Verbindungen der USA, verbindet Las Vegas mit Südkalifornien, Montana, Idaho und Utah. Meist reisen Besucher von Los Angeles aus an. Die Fahrt dauert etwa vier Stunden. An den Wochenenden und Feiertagen ist diese Route besonders stark befahren, doch die Reise durch die eindrucksvolle Wüste lohnt sich.
- **Mit dem Bus**
Zwischen L. A. und Vegas verkehren regelmäßig **Greyhound-Busse (www. greyhound.com)**. Von den beiden Haltestellen Union Street und East 7th Street in Downtown L. A. empfiehlt sich Erstere aufgrund der besseren Anbindung an U-Bahn, Eisenbahn und Bus als Abfahrtsort bzw. Endstation. Die Fahrt im Bus dauert sechs Stunden.

Vom Flughafen zum Las Vegas Strip

- **Airport-Shuttlebusse** fahren alle 15 oder 20 Minuten, doch kann es am Flughafen zu Verzögerungen von bis zu einer Stunde kommen, und auch das Anfahren der unterschiedlichen Hotels nimmt kostbare Zeit in Anspruch. Die Shuttlebusse fahren von den Ausgängen 7–13, Taxis und Limousinen von den Ausgängen 1–40 ab.
- **Reservierungen für den Shuttle-Service** können Sie vorab unter 702/558-9155 oder 888/558-9156 vornehmen. Der Fahrpreis liegt unter 7 US$, ein Taxi zu einem Hotel am Strip kostet 10–15 US$, zu einem Hotel in Downtown etwa 23 US$.
- Shuttlebusse fahren Passagiere direkt zur gewünschten **Autovermietung**. Reservieren Sie den Mietwagen vorab über ein Reisebüro oder das Internet.
- In der Nähe der Gepäckausgabe gibt es ein **Ground Transportation Center** für Shuttlebusse, Mietwagen und Limousinen. An zahlreichen Infoschaltern erhalten Sie bei Bedarf weitere Auskünfte.

Visitor Information Center

- Stadtpläne, Landkarten und weiteres Infomaterial, darunter auch den Las Vegas Official Visitor Guide, bekommen Sie beim **Las Vegas Visitor Information Center**, 3150 Paradise Road, Las Vegas, NV 89109; Tel. 702/892-7575; www.visitlasvegas.com; tägl. 8–17 Uhr.

Touristeninformation

- In den meisten Hotels findet man **Broschüren über die Attraktionen der Stadt**, dazu Publikationen mit empfehlenswerten Adressen und auch Stadtpläne.
- Entlang des Strip gibt es einige **kleine, unabhängige Visitor Centers**.

Unterwegs in Las Vegas

Orientierung
- **Bis auf wenige Ausnahmen** liegen so gut wie alle großen Hotels und Attraktionen am Las Vegas Boulevard oder dem Strip.

Stadtteile
- Der Las Vegas Boulevard wird **in zwei Bereiche unterteilt** – den 5,5 km langen Strip (zwischen Russell Road und Charleston Boulevard) und Downtown.
- **Downtown** umfasst den Teil der Stadt, der nördlich des Charleston Boulevard, östlich der I-15 und südlich der Washington Avenue liegt. Er entspricht dem »ursprünglichen« Las Vegas, das man aus den Filmen der 1960er-Jahre kennt.
- Auf dem **Strip** findet man sich leichter zurecht, wenn man weiß, zwischen welchen Querstraßen bzw. Blocks – Russell, Tropicana, Flamingo, Spring Mountain oder Sahara – ein bestimmtes Hotel oder die gesuchte Sehenswürdigkeit liegt. Achtung: Die »Häuserblocks« sind hier sehr lang!

Bus
- Busse, wenn auch zu Stoßzeiten oft überfüllt, sind **nützlich, um den Strip hinauf- oder hinunterzufahren**. Ein paar Schritte von der Bushaltestelle zu den Hotels muss man aber trotzdem gehen.
- Der Doppeldecker **»Deuce«** fährt den Strip rund um die Uhr rauf und runter – von der Fremont Street (Downtown) zur Endstation im Süden und zurück – und hält dabei an den wichtigsten Kasinos.
- Die Busfahrt (einfach) kostet 3 US$, ein **Tagesticket** 7 US$ (auch in allen anderen öffentlichen Bussen gültig). Halten Sie das Kleingeld beim Einsteigen passend bereit.
- **Fahrpläne** für den öffentlichen Verkehrsverbund **CAT**, der alle übrigen Stadtteile bedient, finden Sie in den Bussen oder im Internet unter www.rtcsouthernnevada.com, sie sollten aber auch in Hotels aushängen.

Taxis
- Taxifahrer wählen meist eine **weniger befahrene Route jenseits des Strip.** Doch sollte dies in Absprache mit dem Fahrgast geschehen, denn manche Taxifahrer fahren absichtlich die Strecke durch den Tunnel zwischen dem Flughafen und dem Strip, was bis zu dreimal so lange dauern kann.
- Fahrgäste, die Opfer einer oft skrupellosen Fahrweise der Taxifahrer werden, sollten sich die **Taxinummer merken**. Näheres unter www.taxi.state.nv.us.
- Sind alle Taxis belegt oder möchten Sie einfach einmal in einer **Limousine** fahren, können Sie sich eine solche in den meisten Hotels **mieten**. Der Preis beläuft sich jedoch auf ein Vierfaches des herkömmlichen Taxis.
- **Vor praktisch jedem Hotel** stehen Taxis. Sollte einmal keines da sein, dauert es meist nicht lange, bis das nächste kommt.
- Taxis können **telefonisch vom Hotelzimmer aus bestellt werden**.
- Fahrende Taxis können nicht herbeigewunken werden, Sie müssen entweder zu einem **Taxistand** gehen oder einen Wagen telefonisch bestellen.
- Bei einfachen Strecken erwarten Taxifahrer **1–2 US$ Trinkgeld**.

Monorails
- Die **Las Vegas Monorail** verkehrt vom **MGM Grand zum Sahara Hotel** (6,5 km).
- **Haltestellen** gibt es beim Las Vegas Hilton, Las Vegas Convention Center, Harrah's/Imperial Palace, Flamingo/Caesars Palace und Bally's/Paris Las Vegas, allerdings ist der Fußweg von und zu einigen Hotels noch recht weit.

- Im Durchschnitt fahren die Züge alle **5–6 Minuten**, Mo–Do 7–2 und Fr–So 7–3 Uhr. Eine einfache Fahrt kostet 5 US$, es gibt aber auch preiswerte Tagespässe (12 US$, 24 Stunden gültig) und – nur im Internet erhältliche – Dreitagespässe (28 US$, Tel. 702/699-8200; www.lvmonorail.com).

Trolley

- Der **Las Vegas Strip Trolley** fährt etwa alle 15 Minuten die großen Hotels an. Die rot-grünen Wagen verkehren täglich (auch So und Fei) von 8.30 bis 24 Uhr und halten bei den meisten Hotels vom Mandalay Bay bis zum Stratosphere. Der Fahrpreis beträgt 1,75 US$ einfach (das Geld muss passend sein). Ein Tagesticket kostet 2,50 US$, ein Nachtticket 4,25 US$. Weitere Details unter Tel. 702/386-7429, www.lasvegasstriptrolley.com.

Zu Fuß

- Denken Sie daran, dass der **Strip 5,5 km lang** ist und dass die Entfernungen größer sind, als sie scheinen. Tragen Sie bequeme Schuhe und vergessen Sie auf keinen Fall die Sonnenbrille.
- Den Strip kreuzen **fünf große Querstraßen** – Russell, Tropicana, Flamingo, Spring Mountain und Sahara –, dazu kommen die nur nach einer Seite abgehende Harmon Avenue und der Convention Center Drive, die die Orientierung erleichtern. Zu den kleineren Straßen, an denen Sie erkennen, dass Sie auf Höhe eines bestimmten Hotels sind, gehören z. B. der Four Seasons Drive, der Bellagio Way, der Paris Boulevard und der Riviera Boulevard.
- **Fußgängerüberwege** (*overhead walkways*) verbinden verschiedene Kasinohotels am Strip – New York-New York, MGM Grand, Tropicana und Excalibur an der Kreuzung Las Vegas Boulevard/Tropicana Avenue sowie Caesars Palace, Bellagio und Bally's an der Kreuzung Las Vegas Boulevard/Flamingo Road.

Auto fahren

- Ein Rat vorweg: **Fahren Sie in Las Vegas nur Auto, wenn Sie die rückwärtige Zufahrt zu Ihrem Hotel kennen** und den Strip umfahren können.
- Der Strip ist **praktisch rund um die Uhr verstopft**, parken ist jedoch relativ einfach. Sämtliche große Hotels haben (zumindest) an ihrem Haupteingang einen Parkservice (*valet parking*); die Angestellten, die Ihr Auto parken, erwarten 1 US$ Trinkgeld oder 2 US$, wenn es besonders rasch geht.
- Fast alle Anlagen haben eine sogenannte *self-parking garage*, in der man seinen Wagen selbst abstellen kann (meist ein Parkhaus, auch ein Freigelände). Oft sind aber nur wenige Plätze frei und diese schwer zu finden.
- Die **Geschwindigkeitsbeschränkung** am Strip liegt bei 35 mph (55 km/h). Es besteht Gurtpflicht.

Mietwagen

- Erkundigen Sie sich beim **Concierge oder Infoschalter Ihres Hotels nach Mietwagenfirmen.** Außerdem sind die gängigen Mietwagenfirmen vielerorts in der Stadt vertreten und bieten Online-Buchung an.

Limousinen-Dienst

- Es gibt **über ein halbes Dutzend Limousinen-Dienste** in Las Vegas.

Eintrittspreise:
Die in diesem Buch genannten Eintrittspreise für Shows und andere Sehenswürdigkeiten sind in vier Preiskategorien unterteilt:
preiswert unter 25 US$ **mittel** 25–50 US$ **teuer** 50–75 US$
sehr teuer über $75

Übernachten

Las Vegas gehört zu den wenigen Städten der Welt, in die Besucher allein des Hotelaufenthalts wegen kommen. Luxuriöse Unterkünfte sind hier zudem oft preiswerter als andernorts in den Vereinigten Staaten und halten, was sie versprechen. Die Anlagen sind gigantisch und vibrieren regelrecht vor Energie. Man kann essen, trinken, ausgehen, Shows besuchen, einkaufen und jede Menge Geld verspielen, ohne das Gebäude überhaupt verlassen zu müssen.

Hotels und Kasinos

- Dass die Übernachtungen hier in der Regel relativ günstig sind, liegt darin begründet, dass die Hotels ihre **Haupteinnahmen aus dem Glücksspiel und dem Geld, das die Gäste für Essen und Trinken im Hotel ausgeben**, beziehen. Viele Besucher stellen beim Auschecken fest, dass ihre Ausgaben für das Freizeitvergnügen weitaus größer waren als die für die bloße Unterkunft.
- **Wer sparen will**, steigt in einem preisgünstigen Hotel ab und genießt trotzdem die Restaurants und Spielkasinos der teuren Hotelanlagen.
- Bedenken Sie, dass in Hotelanlagen, die mehrere Tausend Gästezimmer haben, **der Service gewöhnlich langsam** ist.
- Auch das **Ein- und Auschecken kann längere Zeit dauern**. Um zumindest Letzteres zu beschleunigen, haben viele große Hotels Express-Check-Out-Boxes eingerichtet, in die die Zimmerschlüssel eingeworfen werden können. Etwa eine Woche später wird die Rechnung von der Kreditkarte abgebucht.
- In vielen großen Hotels können die **Kosten Ihres Aufenthalts im Hotel im Blick behalten werden**, denn sie sind über den Fernseher abrufbar.
- Noch ein Tipp: Ein **Zimmer in Aufzugnähe** ist angesichts der langen Korridore sehr angenehm – es lohnt sich, beim Einchecken danach zu fragen.

Reservierte Unterkünfte

- Es empfiehlt sich, ein **Zimmer im Voraus zu reservieren**.
- Anders als in den USA allgemein üblich, hängt **der Zimmerpreis** in Las Vegas von der Personenzahl ab: Je mehr Leute im Zimmer schlafen, desto teurer wird es. Außerdem schwanken die Preise je nach genereller Belegung des Hotels von Tag zu Tag, manchmal sogar innerhalb eines Tages.
- Generell gilt: **Unter der Woche** und in geringer frequentierten Monaten **sind die Zimmer preiswerter**.
- Großveranstaltungen wie Boxkämpfe, Konzerte und Kongresse erhöhen die Auslastung und **treiben die Preise in die Höhe.** Mit anderen Worten: Je nach Zeitpunkt sind Luxushotelzimmer zum Spottpreis zu bekommen oder an sich günstige Zimmer haben astronomische Preise. Eine frühzeitige Suche nach einem Zimmer zahlt sich deshalb aus.
- Die **Reservierung über ein Reisebüro** kann ebenfalls bares Geld sparen. Hilfreich für die Mitarbeiter sind ein paar Vorüberlegungen: Wie hoch ist das Gesamtbudget und wo soll das Hotel liegen: am Strip, neben dem Strip oder in Downtown?
- **Am meisten kostet ein Hotel am Strip,** aber mitten im Geschehen zu wohnen ist manchem der Preis wert. Allgemein sind die Zimmer in Downtown und abseits des Strip ruhiger und preiswerter.
- Die **Hotel-Websites bieten immer wieder Sonderangebote.** Viele Anlagen gewähren Internetbuchern Sonderkonditionen oder besonders günstige *packages*. Die Online-Reservierung ist in der Regel einfach.

Trinkgeld

Wie überall in den USA sind in Las Vegas Trinkgelder (*tip*) üblich. Selbstverständlich steht jedem Kunden frei, wie viel er gibt, aber ein angemessener Betrag für umgehende und freundliche Bedienung freut den Empfänger und erhöht die Chancen auf künftigen guten Service. Im Zweifelsfall sind 15–20 % der Rechnungssumme richtig. Hier ein paar Faustregeln:
- **Chefportier, Hotelpage, Gepäckträger** etc.: 1–2 US$ pro Gepäckstück, bei mehreren Koffern 5–10 US$; **Zimmermädchen**: 1–2 US$ pro Tag bei der Abreise; **Autoparkdienst**: 1–2 US$.

Diamantenskala

- Die Hotelspezialisten des AAA bewerten jede Unterkunft nach Qualitätsniveau, Service und angebotenen Leistungen. Die Kriterien zur Einstufung in das Diamantensystem des AAA basieren auf den Design- und Servicestandards der Hotelindustrie und den Ansprüchen seiner Mitglieder.
- (◈) sauberes, gepflegtes Haus mit komfortablen Zimmern
(◈◈) sauberes, gepflegtes Haus mit gehobener Ausstattung und Möbeln
(◈◈◈) Hotel mit hochwertiger Ausstattung, gutem Service und möglicherweise zusätzlichen Annehmlichkeiten
(◈◈◈◈) Hotel mit hohem Standard hinsichtlich Service und Gastlichkeit und einem breiten Spektrum an sonstigen Einrichtungen
(◈◈◈◈◈) Luxushotel mit hervorragendem Service

Übernachtungspreise

Die genannten Preise gelten für das preisgünstigste Doppelzimmer pro Nacht. Die Preise unterliegen täglichen (!) Schwankungen.

$ unter 70 US$ $$ 70–150 US$ $$$ über 150 US$

Hotels am Strip

◈◈◈ **Bally's Las Vegas** $$

Da es weder extravagante Nachtclubs noch exorbitant teure Restaurants vorweist, spricht das Bally's eher eine ältere, gemütlichere Klientel an – hier steigen weder Familien mit kleinen Kindern noch die Schickeria ab. Dafür sind die Preise selbst an Wochenenden ganz vernünftig. Die großen Suiten kosten mehr, verfügen aber über beeindruckende Wohnzimmer und große Luxusbäder. Zum Bally's gehören außerdem ein Pool, ein Kasino und ein sehr ansehnlicher Spa-Bereich.
✚ 199 D4 ✉ 3645 Las Vegas Boulevard South ☎ 877/603-4390; www.harrahs.com

◈◈◈◈ **Bellagio** $$$

Das im Stil einer mediterranen Villa gebaute Bellagio zählt mit Sicherheit zu den schönsten und elegantesten Hotelanlagen am Strip. Zur Anlage gehören exklusive Geschäfte, Restaurants und Glücksspielmöglichkeiten vom Feinsten. Zudem verfügt es über eine Kunstgalerie mit Werken aus aller Welt, ein hochmodernes Spa und einen traumhaften Blumengarten. Die Zimmer sind geräumig, geschmackvoll möbliert und in neutralen Farben gehalten.
✚ 198 C4 ✉ 3600 Las Vegas Boulevard South ☎ 702/693-7111; www.bellagio.com

◈◈◈◈ **Caesars Palace** $$

Wer den typischen Las-Vegas-Glamour sucht – hier findet man ihn. Das Caesars, eines der bekanntesten Kasinohotels der Stadt, wartet mit wunderbar kitschigem altrömischem Palastflair auf: Tempelfassaden, Marmorstatuen und in Togen gekleidete Angestellte. Die Lage mitten am Strip ist ebenfalls hervorragend, praktisch alle wichtigen Attraktionen sind bequem zu Fuß erreichbar. Zimmer im Neubau-Turm sind etwas teurer,

aber auch größer und luxuriöser. Genießen Sie einen Spa-Bereich der absoluten Oberliga und Unterhaltung weltbester Künstler auf der Bühne des hoteleigenen Kolosseums.
198 C5 3570 Las Vegas Boulevard South 702/731-7110; www.harrahs.com, www.caesarspalace.com

Excalibur $

Das Excalibur bietet sich für Familien sowie für alle Besucher an, die am Strip wohnen wollen, ohne zu viel zu bezahlen. Es ist nicht besonders vornehm, das König-Artus-Thema wirkt mitunter aufdringlich, aber mit etwas Glück ist auch mal ein ruhiges, sauberes und komfortables Zimmer für rund 40 US$ erhältlich.
198 C3 3850 Las Vegas Boulevard South 702/597-7777; www.excalibur.com

Flamingo Las Vegas $

Wie das Bally's ist das Flamingo eine gute Wahl für alle, die im Zentrum des Geschehens wohnen, aber nicht zu viel für ein Zimmer ausgeben wollen. Die Dekoration ist schrill und tropisch, doch das Preis-Leistungs-Verhältnis stimmt und die Deluxe-Zimmer sind groß genug für ein Schlafsofa. Hier nahm Las Vegas, wie wir es heute kennen, seinen Anfang.
199 D4 3555 Las Vegas Boulevard South 702/733-7111; www.harrahs.com, www.flamingolasvegas.com

Mandalay Bay $$–$$$

Nachtleben und Restaurants dieser Nobeladresse sind hervorragend. Bei zahlreichen Restaurants, Bars und Cafés ist für jeden Geschmack das Passende dabei – und es besteht an sich kein Grund, die Anlage überhaupt zu verlassen. Schon die Standardzimmer sind riesig, mit raumhohen Fenstern, die jede Menge Tageslicht hereinlassen. Höhepunkt ist eine eigene Surfbucht, in der die Gäste echtes Südsee-Feeling genießen: Sie können sich in den Sand legen, Bodysurfen oder sich einfach nur stundenlang auf dem Wasser treiben lassen.
198 C2 3950 Las Vegas Boulevard South 702/632-7777; www.mandalaybay.com

Mandarin Oriental $$$

Das jüngste Hotel am Strip ist zugleich eins der eindrucksvollsten. Über 47 Stockwerke erstreckt sich die im orientalischen Stil gehaltene Oase der Ruhe im CityCenter, der futuristisch gestalteten, neuen Unterhaltungs- und Hotelanlage im Herzen des Las Vegas Boulevard, in der auch das Hotel ARIA (➤ 72) beheimatet ist. Das Mandarin ist ein Hotel ohne Kasino und daher für Besucher geeignet, die auf das unentwegte Rattern der Spielautomaten verzichten möchten. Im 23. Stock bietet die Sky Lobby durch zimmerhohe Fenster einen ganz besonderen Blick auf die City. Sehr elegant ist die von dunklem Holz geprägte Einrichtung, die luxuriösen Zimmer sind voller Hightech; die Gardinen, das Licht sowie die Heizung lassen sich über den gigantischen Fernsehbildschirm steuern. Des Weiteren gibt es ein tolles Spa, eine Bar mit atemberaubender Aussicht, eine Lounge und einen kühlenden Pool auf dem Hoteldach.
198 3C 3753 Las Vegas Boulevard South 702/590-8888; www.mandarinoriental.com

MGM Grand $$$

Das MGM ist das größte und eins der beliebtesten Kasinohotels am Strip. Durch seine vielen bekannten Entertainer und Sportveranstaltungen gehört es auch stets zu den ersten, die ausgebucht sind. Überall findet man Anklänge an Hollywood – bis hin zu Walk-of-Fame-Sternen in der Lobby. Die Zimmer im Emerald Tower sind am preiswertesten, aber recht klein. Mehr Platz bietet eine Suite, die, in Blautönen und durch Holzelemente ansprechend gestaltet, weiße Marmorbäder und auch einen Essbereich für bis zu vier Personen umfassen kann. Minisuiten wie das Bungalow und das Celebrity bieten gelegentlich ein gutes Preis-Leistungs-Verhältnis.
199 D3 3799 Las Vegas Boulevard South 702/891-7777; www.mgmgrand.com

Monte Carlo $$

Die Übernachtungspreise im Monte Carlo sind angemessen und die Lage ist gut, sofern man gerne zum südlichen Ende des Strip hin wohnt. Die Standardzimmer haben eine geschmackvolle, wenn auch weniger fantasievolle Ausstattung. Die Zimmer mit Blick auf den Strip haben dafür alle eine herrliche Aussicht. Das Monte Carlo bietet verschiedene besondere Annehmlichkeiten, u. a. einen Golf-Concierge (Tel. 702/730-7399), der Golfspieler rund um die Uhr berät und Reservierungen vornimmt, und eine Tram-Verbindung zum angrenzenden Bellagio.

✠ 198 C3 ✉ 3770 Las Vegas Boulevard South ☎ 702/730-7777; www.monte-carlo.com

♦♦♦♦ TI at the Mirage $$

Trotz der verführerischen Sirenen der vorgelagerten künstlichen Lagune und der Haie im Kasino ist diese Anlage insgesamt recht gediegen. Familien fühlen sich hier wohl, zum einen wegen der vernünftigen Preise, aber auch, weil das Piratenthema Spaß verspricht. Zimmer und Suiten sind stilvoll in Weiß und Beige gehalten, das Mobiliar präsentiert sich im Plantagenstil des 18. Jahrhunderts. Je nach Belegung können die geräumigen Suiten erschwinglich sein.

✠ 200 B2 ✉ 3300 Las Vegas Boulevard South ☎ 702/894-7444; www.treasureislandlasvegas.com

♦♦♦♦ Wynn Las Vegas $$$

Dieser Neuzugang verdankt – wie auch das benachbarte Encore – seine Existenz dem Immobilienmogul Steve Wynn und zählt zu den besten Hotels der Stadt. Insgesamt wirkt es schlichter als die vielen glitzernden, themenorientierten Hotels. Die Zimmer fallen relativ klein aus.

✠ 200 C2 ✉ 3131 Las Vegas Boulevard South; ☎ 702/770-7000; www.wynnlasvegas.com

Downtown

♦♦♦♦ Golden Nugget $–$$

Das Golden Nugget war das erste Luxushotel der Stadt. Lobby und Zimmer sind geräumig und sehr geschmackvoll in Beige und Braun mit goldenen Akzenten dekoriert. Manchmal zahlt man nur 60 US$ für die Übernachtung (dafür liegt das Hotel eben nicht am Strip). Dasselbe hohe Niveau gilt auch für die Restaurants mit Topservice und bester Qualität zu vernünftigen Preisen.

✠ 202 A4 ✉ 129 Fremont Street ☎ 702/385-7111; www.goldennugget.com

Abseits des Strip

♦♦♦ Rio All-Suite Hotel & Casino $$

Auch wenn es nicht direkt am Strip liegt, zieht gerade das Rio jüngere Leute an. Es gilt als hip und lebendig, die Restaurants sind gut und das Nachtleben ist derart »hot«, dass Partylöwen in großer Begleitung vom Strip hierherpilgern. Die Standardzimmer sind genau genommen Suiten – riesige Gästezimmer mit eigenem Wohnbereich.

✠ 198 A4 ✉ 3700 West Flamingo Road ☎ 866/746-7671; www.harrahs.com, www.riolasvegas.com

Motels

Rund um den Strip sowie in Downtown gibt es Dutzende Motels. Die Preise sind niedrig und die Zimmer werden oft als Letztes vermietet – also ein guter Tipp für alle, die ohne Reservierung in die Stadt kommen. Der Standard entspricht dem üblichen Motelstandard; viele, die lediglich einen guten Platz zum Schlafen suchen, werden hiermit zufrieden sein.

♦♦♦ Carriage House $$$

Dieses Motel bietet Suiten mit bis zu zwei Schlafzimmern und komplett ausgestatteter Küche sowie einen beheizten Außenpool.

✠ 199 E4 ✉ Eine Querstraße östlich des Strip, 105 E. Harmon Avenue ☎ 702/798-1020; www.carriagehouselasvegas.com

♦♦♦ Courtyard by Marriott Las Vegas $–$$

Eine Querstraße vom Convention Center entfernt, neben dem Strip. Sauber, zweckmäßig, freie Internetnutzung.

✠ 201 D3 ✉ 3275 Paradise Road ☎ 702/791-3600; www.marriott.com/las-vegas

Somerset House Motel $
Sehr günstig, nur einen Block vom Strip und vom Convention Center entfernt, gelegen. Vielleicht etwas alt, aber in gutem Zustand und sogar mit Küche und einem Swimmingpool.
🗺 201 D3 ✉ 294 Convention Center Drive
☎ 702/735-4411

Super 8 Motel $–$$
Diese Unterkunft spielt nicht gerade in der Topliga, dafür aber ist sie sehr preiswert und bietet nichtsdestotrotz freundliches Personal und einen Swimmingpool und den Strip erreichen Sie zu Fuß.
🗺 199 E3 ✉ 4250 Koval Lane
☎ 702/794-0888; www.super8vegas.com

Essen und Trinken

In den letzten Jahren hat sich die Restaurantlandschaft von Las Vegas vom »All-you-can-eat« zur Haute Cuisine gewandelt. Allein am Strip werden Sie alle erdenklichen Landesküchen finden, die für praktisch jeden Geldbeutel zu fast jeder Tageszeit das bieten, was das Herz begehrt.

Gourmet-Lokale ($$$)

- Viele der hochpreisigen Nobelrestaurants nehmen Reservierungen bis zu 30 Tage im Voraus an – was sich auch empfiehlt, denn vor allem freitags und samstags ist es abends **sehr schwierig, einen Tisch zu bekommen.**
- Die meisten dieser Restaurants haben **nur abends geöffnet.**
- Wer kurzfristig vorbestellen will, kann **vor- oder nachmittags** anrufen und fragen, ob jemand seine Tischreservierung storniert hat.
- Hotels mit **Gourmet-Küche**: Bellagio, Mandalay Bay, ARIA und The Wynn.

Mittlere Preislage ($–$$)

- Lokale mittlerer Preislage servieren meist **Frühstück, Mittag- und Abendessen** und haben in der Regel rund um die Uhr geöffnet.
- Für Frühstück und Mittagessen sind **keine Reservierungen** nötig.
- Für das **Abendessen muss man nicht unbedingt reservieren,** aber mit Wartezeiten zwischen 20 Minuten und 1 Stunde rechnen.
- In größeren Hotels gibt es meist einen **Fastfood Court** mit vielen Leckereien.
- **Hotels mit den besten Restaurants mittlerer Preislage** und bestem Fast Food: Monte Carlo, New York-New York, Caesars Palace und Bally's Las Vegas.

Büfett-Lokale

Paris ist für seine Bistros bekannt, New York für seine Delis. Aber Las Vegas ist und bleibt die Hauptstadt der Büfetts.

- **Die meisten Mittelklassehotels besitzen ein Büfett-Lokal,** der Preis pro Person und Mahlzeit liegt im Durchschnitt unter 30 US$.
- **Das Angebot wechselt dreimal täglich** für Frühstück, Mittag- und Abendessen.
- Weil Büfett-Lokale preiswert sind und eine riesige Auswahl bieten, eignen sie sich **gut für Familien und heikle Esser.**
- **Geduld ist notwendig,** denn die Schlangen am Büfett sind lang. Pro Mahlzeit sollte man mit ein bis zwei, manchmal sogar – zu Stoßzeiten und wenn Sie sich in einem der beliebtesten Büfett-Lokale befinden – mit bis zu drei Stunden rechnen.
- Zu den **besten Büfett-Lokalen** gehören: Bellagio Buffet (► 96), Caesars Cafe Lago Buffet, Rio's Carnival World Buffet (► 124), Rio's Village Seafood Buffet (► 124) und das Rainforest Café Buffet im MGM Grand (► 96).

Diamantenskala

Ähnlich wie bei den Hotels (► 38) wurden auch bei den Restaurants Beurteilungen vorgenommen: vor allem nach der Qualität der Speisen und des Service, aber auch nach dem Ambiente und der Ausstattung. Die Kategorien reichen von einem Diamanten (◈) für einfache, auf Familien ausgerichtete Gaststätten bis zu fünf Diamanten (◈◈◈), die für ein Gourmet-Restaurant stehen, das in noblem Ambiente höchsten Feinschmeckeransprüchen gerecht wird.

Restaurantpreise

Für ein Menü pro Person ohne Getränke, Steuern und Bedienung gelten folgende Preise:

$ unter 30 US$ $$ 30–60 US$ $$$ über 60 US$

Einkaufen

Die Shoppingszene von Las Vegas hat in den letzten zehn Jahren gewaltig gewonnen, der Trend geht eindeutig in Richtung edel (und entsprechend teuer). Wohl kein Designername fehlt in der Stadt, sehr viele große Häuser unterhalten am Strip zumindest eine eigene Boutique.

Einkaufsmöglichkeiten in den Hotels

- Viele große Hotels haben **ihre eigene Einkaufspassage**, in der Kleidung, Lederwaren, Bademoden etc. in Boutiquen verkauft werden. Die Geschäfte unterscheiden sich kaum von Hotel zu Hotel, die Preise sind eher überhöht.
- Jedes Hotel hat auch eine eigene **Geschenkboutique** (*gift shop*), deren Warenangebot von T-Shirts und Plüschtieren mit dem Hotellogo bis hin zu Sonnencreme, Aspirin, Zahnpasta und Zeitschriften reicht.
- Die meisten *gift shops* verkaufen auch **Snacks und Getränke.**
- Die **besten (und teuersten) Einkaufsmöglichkeiten** in Hotels: Bellagio (► 90), Venetian (► 118).
- Wer »ernsthaft« einkaufen will, sollte die **Hotels mit eigenem Einkaufszentrum (Shopping Mall)** besuchen. Die besten sind Grand Canal Shoppes im Venetian (► 118), Bellagio Shops (► 90), The Fashion Show Mall (► 146f) , The Miracle Mile Shops (► 24f, 72) und The Forum Shops im Caesars Palace (► 106f).
- Auch für **Las-Vegas-Besucher mit begrenztem Budget** bieten die großen Hotel-Einkaufszentren eine große Auswahl. So finden Sie bei Miracle Mile Shops, im Le Boulevard und bei Caesars Forum Shops beispielsweise Filialen von Gap, Tommy Bahama und Victoria's Secret, bei Le Boulevard und Caesars Forum Shops auch Levi's Original.
- **Die besten Einkaufsmöglichkeiten in Hotels (mittlere Preislage):** Miracle Mile Shops (► 24f, 72), The Forum Shops (► 106f), The Boulevard Mall (► 153).

Eigenständige Einkaufszentren (Malls)

- Am nördlichen und südlichen Ende des Strip gibt es **ein paar eigenständige Shopping Malls**, die nicht mit einem Hotel in Verbindung stehen. Hauptunterschied zwischen beiden ist, dass es in den Kasino-Malls keine großen Kaufhausketten gibt, die oft die preislich attraktivsten Angebote haben.
- Die **Malls am nördlichen Ende des Strip** sind weniger überlaufen und bie-

ten häufig genau dieselben Artikel wie am Strip – zu günstigeren Preisen.
- **Die Malls öffnen zwischen 9 und 10 Uhr** und schließen um 20 oder 21 Uhr.
- Die **besten Malls:** Fashion Show Mall (➤ 150f) und Boulevard Mall (➤ 157).

Outlets
Echte Schnäppchen gibt es häufig in den Firmen-Outlets, die ein Stück außer-
halb der Stadt liegen. Eventuell müssen Sie auch dort ein wenig wühlen.
- In den sogenannten Outlets werden Waren aus Überproduktionen, der
  letztjährigen Kollektion sowie häufig Produkte zweiter Wahl verkauft. Hier
  sind noch **echte Schnäppchen** möglich.
- Einige Outlet-Malls bieten einen **Shuttlebus-Service** zu den Hotels am
  Strip an. Die Busse verkehren aber nicht zu allen Jahreszeiten und auch
  nicht regelmäßig. Am besten ruft man vorher an und erkundigt sich.
- **Belz Factory Outlet World** (7400 Las Vegas Boulevard South; Tel. 702/896-
  5599; Mo–Sa 10–21, So 10–18 Uhr). Mehr als 130 Geschäfte, darunter
  namhafte Marken wie Calvin Klein, Wedgwood, Off 5th (das Outlet von
  Saks 5th Avenue). Zwei Fastfood Courts und tolle Preisknüller.
- **Fashion Outlet of Las Vegas** (32 100 Las Vegas Boulevard South in Primm;
  Tel. 702/874-1400; www.fashionoutletlasvegas.com; tägl. 10–21 Uhr).
  Das rund 35 Meilen (55 km) südlich von Las Vegas gelegene Primm hat
  über 100 Geschäfte, darunter Versace, Calvin Klein, Escada und Kenneth
  Cole. Es gibt diverse Restaurants und zum Abschluss – für alle, die sich
  trauen – eine Fahrt mit der Achterbahn im Primm Valley Resort & Casino,
  das einen Shuttlebus-Dienst vom und zum Strip anbietet.

Ausgehen

**In Las Vegas dreht sich alles ums Vergnügen. Langweilig wird einem hier mit
Sicherheit nicht, das Problem besteht eher darin, bei der Fülle an Angeboten
eine passende Auswahl zu treffen. Jedes größere Hotel und Kasino hat eine Show
oder Revue, die gewöhnlich zweimal pro Abend gezeigt wird und dies mehrmals
pro Woche. Für besonders bekannte wie** LOVE **(➤ 114f),** Mystère **(➤ 117)
und** The Blue Man Group **(➤ 117) empfiehlt es sich, Tickets zu reservieren,
ebenso, wenn eine Show neu am Strip läuft. Kasinos bieten häufig auch weniger
pompöse Unterhaltungsprogramme. Die Zeit zwischen den Shows lässt sich
gut in einer Kasino-Lounge überbrücken, wo Livemusik gespielt wird und gute
Drinks serviert werden. Wer Erholung von all dem Entertainment sucht, kann die
luxuriösen Spa-Bereiche der großen Kasinos und Hotels aufsuchen.**

Lounges und Bars
Wo ein Kasino ist, da ist auch eine Lounge. In aller Regel bieten Lounges
und Bars Liveunterhaltung, ein angenehmes Ambiente und bessere Drinks
als die Spielhallen. Allerdings müssen Sie hier dafür auch mehr zahlen.
- In der Regel ist der **Eintritt in die Lounges frei**.
- Gäste **unter 21 Jahren** bekommen keinen Alkohol serviert. Stecken Sie für
  Zweifelsfälle Ihren Ausweis ein.
- In **Bars** geht es meist lebhafter zu. Man zahlt **Eintritt**, der sich aber in
  Grenzen hält (meist unter 10 US$).
- Bars servieren auch **kleinere Gerichte** – Hors d'oeuvres, Kanapees, Burger,
  Pizzen und/oder Sandwiches.
- **Die besten Lounges**: Bellagios Caramel Bar & Lounge (➤ 98), Caesars
  Palace Shadow Bar (➤ 126) und Gold Lounge im ARIA (➤ 72).
- **Die besten Bars:** Red Square (➤ 65f), Peppermill Inn (➤ 152), Gordon
  Biersch Las Vegas (➤ 96) und Beauty Bar (➤ 169).

Nachtclubs

- Bei den bekanntesten Clubs ist es – insbesondere am Wochenende – empfehlenswert, **sich eine Stunde vor Öffnung anzustellen.**
- Viele Nachtclubs haben eine **VIP-Liste,** auf die kommt, wer viel Geld im Kasino verspielt hat oder jemanden kennt, der in den Clubs arbeitet.
- Der Eintrittspreis liegt bei **20 US\$ oder darunter,** häufig zahlen Männer und Frauen unterschiedliche Beträge.
- Die Clubs von Las Vegas **werben vorwiegend um weibliche Klientel** – nach dem Motto: Wenn Frauen da sind, folgen die Männer von selbst.
- Die **Bekleidungsvorschriften** werden bei Frauen sehr locker gehandhabt, Männer in Jeans und Turnschuhen werden jedoch oftmals abgewiesen.
- **Die besten Nachtclubs**: LAX (Luxor; ➤ 67), Studio 54 (MGM Grand; ➤ 86), MIX Lounge (Mandalay Bay; ➤ 68), TAO (The Venetian; ➤ 126) oder PURE (Caesars Palace; ➤ 126).

Shows

Erkundigen Sie sich, ob die gewünschte Show auch tatsächlich noch läuft.
- Alle großen Hotels haben **spezielle Theater,** die eine breite Vielfalt an Unterhaltung bieten.
- Tickets zu den Shows können bis zu **30 Tage im Voraus reserviert werden.**
- Wer lieber kurzfristig plant (jedoch Kasten unten beachten!), kann sich **zwei oder drei Tage vor dem gewünschten Termin** um Tickets bemühen. Es gibt Reservierungs-Hotlines oder Sie buchen über die Website des Hotels.
- Für **Shows, die nur begrenzte Zeit laufen,** wie Konzerte, Boxkämpfe o. Ä. erkundigen Sie sich am besten im Hotel oder auf deren Website. Über www.ticketmaster.com können Karten Monate im Voraus gebucht werden.

Showtermine und frühzeitiger Ticketkauf

Planen Sie den Besuch einer Show so weit wie möglich im Voraus und kaufen Sie Ihr Ticket bei TicketMaster (www.ticketmaster.com). Da die dort genannten Termine (inkl. Vorstellungsbeginn) von denen des Veranstalters abweichen können, empfiehlt es sich, diesen direkt zu kontaktieren.

Trinkgeld

- **Dealer (Kartengeber):** Wenn Sie gewonnen haben, ist es üblich, dem Dealer einen Chip zu geben oder für ihn zu setzen.
- **Showroom-Personal:** Wenn Sie bei einer Show ohne Sitzplatznummern einen guten Platz möchten, hat es sich eingebürgert, dem »Maitre d'« 5–10 US\$, bei großen Shows 20 US\$ in die Hand zu drücken.
- **Spielautomaten-Personal, Keno-Runner und Cocktailbedienungen:** 1–2 US\$.
- **Croupiers:** Bei einem größeren Gewinn erwarten sie einen kleinen Anteil – z. B. bei einem 100-Dollar-Gewinn 5 US\$.

Homosexuellenszene

Obwohl Las Vegas ein buntes Pflaster ist, ist die Homosexuellengemeinde eher unauffällig. Als Kontaktadresse bietet sich das Gay and Lesbian Community Center an (953 E. Sahara Avenue; Tel. 702/733-9800; www.thecenterlv.com).
- **Beliebte Bars und Clubs** sind das eher noble Gipsy (4605 E. Paradise Road; Tel. 702/731-1919) und das Angles/Lace (4663 Paradise Road; Tel. 702/791-0100). Snick's Place (1402 South 3rd Street; Tel. (702/ 385-9298) ist eine der am längsten bestehenden Schwulenbars.
- In der Stadt liegen an den Kiosken **mehrere kostenlose Publikationen** aus. Sowohl **Q Vegas** (www.qvegas.com) als auch Las Vegas Night Beat (www.lvnightbeat.com) bieten nützliche Informationen.

Von Russell Road bis Tropicana

Erste Orientierung

Das südliche Ende des Strip liegt nur eine knappe Meile vom internationalen Flughafen entfernt (achten Sie darauf, dass der Taxifahrer den kürzesten Weg wählt). Jede der riesigen Hotelanlagen hat ihr eigenes Vergnügungscenter mit Bars, Restaurants und selbstverständlich Spielkasinos. Für Kinder ist Shark Reef interessant, die zahlreichen Shows des *Tournament of Kings* schlagen sowohl Jung als auch Alt in ihren Bann, und auch das wunderbare Liberace Museum lohnt einen Besuch.

Bis 1990 gab es hier nur das Tropicana-Hotel und -Kasino. Es wurde während des Baubooms der 1950er-Jahre gebaut und markierte als einziges großes und bedeutenderes Gebäude das südliche Ende des Strip. Im Juni 1990 jedoch dehnte sich mit der Eröffnung des einer mittelalterlichen Burg nachempfundenen Hotels Excalibur Glanz und Glamour des Strip weiter aus.

Damit nicht genug, baute das Unternehmen Circus Circus Enterprises (inzwischen als Mandalay Resort Group bekannt) in diesem Block noch zwei weitere Hotels: zuerst das Luxor Las Vegas und dann das Mandalay Bay Resort & Casino. Seit 1996 ergänzen Zwillingstürme das pyramidenförmige Luxor. Das Atrium des Luxor ist groß genug, um neun Boeings 747 übereinander aufzunehmen. Am Tag der Eröffnung des Mandalay Bay feierte Las Vegas auch die Eröffnung seines ersten First-Class-Noncasino-Hotels, des Four Seasons. Dieses grenzt zwar direkt an das Kasino, wird aber von einer unabhängigen Geschäftsleitung geführt.

**Seite 45:
Liberace
Museum**

**Unten: Eine
gewaltige
Sphinx
bewacht den
Eingang des
Luxor-Hotels**

★ Nicht verpassen!

1 Shark Reef ➤ 52
2 Titanic: The Artifact Exhibition ➤ 54
3 CRISS ANGEL Believe – Cirque du Soleil ➤ 56
4 Tournament of Kings ➤ 58

Nach Lust und Laune!

5 House of Blues ➤ 60
6 The Lion King ➤ 60

7 Mandalay Beach & Casino ➤ 61
8 Minus5 Ice Lounge ➤ 61
9 Afternoon Tea ➤ 61
10 BODIES...The Exhibition ➤ 61
11 Fantasy ➤ 62
12 Menopause the Musical ➤ 62
13 Carrot Top ➤ 62
14 Medieval Village ➤ 63
15 Liberace Museum ➤ 63
16 »Welcome to Fabulous Las Vegas«-Schild ➤ 63

Auf Tuchfühlung mit Meeresbewohnern in einem Becken im Shark Reef, Mandalay Bay

Viele der Shows, Ausstellungen und Attraktionen von Las Vegas finden in den Hotelanlagen selbst statt, die sich wiederum deren unterschiedliche Themen zu eigen gemacht haben. Zwischen der Russell Road und Tropicana Avenue gibt es von Pyramiden bis zu Märchenschlössern einfach alles. Ein Besuch dieser Spektakel lohnt sich – schon allein, um die Atmosphäre aufzusaugen.

Mandalay Bay Resort & Casino

Das 43-geschossige Mandalay Bay bietet eine 4 ha große tropische Lagune mit Sand- und Surfstrand, einen gemütlichen »River Ride«, das Shark Reef (➤ 52f), 22 Restaurants, Nachtclubs, Geschäfte und ein hochmodernes Spa. Es ist Sitz des House of Blues und mit dem Hotel Excalibur über eine Monorail mit Zwischenstopp am Luxor – allerdings nur auf dem Hinweg – verbunden.
✛ 198 C2 ✉ 3950 Las Vegas Boulevard South ☎ 702/632-7777; www.mandalaybay.com

Four Seasons Hotel

Vornehmheit, Ruhe und Eleganz zeichnen das wunderschöne First-Class-Hotel aus, das durch klassische Noblesse besticht und als Erstes am Strip keine Glücksspielhalle hat. Für die Gäste stehen zwei Restaurants, eine Lounge, ein Gesundheits-Club mit Spa und eine Poollandschaft zur Verfügung. Die Gäste genießen Rund-um-die-Uhr-Service. Die Zimmer liegen nicht im Four-Seasons-Komplex selbst, sondern im 36. bis 39. Stock des Mandalay Bay und werden über Privataufzüge erreicht. Beide Anwesen sind miteinander verbunden, jedoch eigenständige Hotels.
✛ 198 C2 ✉ 3960 Las Vegas Boulevard South ☎ 702/632-5121; www.fourseasons.com/lasvegas

Luxor Las Vegas

Dieses 30-stöckige pyramidenförmige Hotel hat sich Ägypten zum Thema gemacht. Hier findet man Reproduktionen von Artefakten aus Luxor und der Tempelanlage von Karnak. Abweichend jedoch vom ägyptischen Ambiente entstehen nach und nach auch Einrichtungen im zeitgenössischen Stil. So sind im Luxor inzwischen schicke Bars und Lounges sowie der exklusive Nachtclub LAX entstanden. Der Eingang befindet sich in

Entspannen Sie im Tropenparadies des Mandalay Bay Resort & Casino

einer riesigen Sphinx hinter einer prächtigen Brunnenanlage; die Gästezimmer erreicht man über einen Fahrstuhl, der im 39-Grad-Winkel an der Innenseite der Pyramide entlangfährt. Von der Spitze der Pyramide fällt ein mächtiger Lichtstrahl ins Innere.

✚ 198 B4 ✉ 3900 Las Vegas Boulevard South ☎ 702/262-4000; www.luxor.com

Tropicana Las Vegas

Dieses Hotel gehört zwar zu den älteren am Strip, nach einer Generalüberholung aber dürfen sich seine Gäste auf ein neues, schickeres Design freuen. Die grellen Farben und Bambusmöbel sind Geschichte, nun bestimmt ein neutrales Interieur den Ton. Auch das Kasino wurde aufpoliert und um vier neue Restaurants, darunter das South Beach Café & Deli, sowie der coolen Tropics Lounge und einer 1,6 ha großen Poolanlage in tropischer Kulisse mit Jacuzzis und schwimmenden BlackJack-Tischen erweitert. Ein Ableger der angesagten Strandclub-Kette Nikki Beach soll noch in 2011 eröffnen.

✚ 199 D3 ✉ 3801 Las Vegas Boulevard South ☎ 702/739-2222; www.troplv.com

Excalibur Hotel & Casino

Haben Sie je davon geträumt, eine Zeitreise in die Vergangenheit zu unternehmen, in die Ära der Burgfräulein, der Feuer speienden Drachen oder von König Artus? Die imposante Burg wird durch einen Wassergraben und eine Zugbrücke geschützt – und von einem Drachen, mit dem der Zauberer Merlin nach Einbruch der Dunkelheit jeweils zur vollen Stunde seine Kräfte misst. In der mittelalterlichen Arena kann man den Ritterspielen beim *Tournament of Kings* (➤ 58f) zusehen (zwei Vorstellungen am Abend). Das mittelalterliche Dorf (Medieval Village, ➤ 62) wartet mit Shops, Restaurants, Zauberern und Jongleuren auf.

✚ 198 C3 ✉ 3850 Las Vegas Boulevard South ☎ 702/597-7777; www.excalibur.com

An einem Tag

Sie wissen nicht genau, wo Sie Ihre Tour beginnen sollen? Nehmen Sie diesen Tourenführer und lassen sich zu den interessantesten Attraktionen von der Russell Road bis zur Tropicana Avenue geleiten. Die Karte (➤ 47) hilft Ihnen dabei. Detailliertere Informationen finden Sie unter den jeweiligen Haupteinträgen (➤ 52ff).

9 Uhr

Genießen Sie ein Frühstück im Raffles, dem wunderschön gestalteten Tag-und-Nacht-Café/-Restaurant des Mandalay Bay. Von den riesigen beschatteten Panoramafenstern fällt der Blick auf eine Terrasse und die Poollandschaft des Hotels. Nächstes Ziel ist das **1 Shark Reef** (links, ➤ 52f). Später geht es zum Tee ins benachbarte Four Seasons zurück.

11 Uhr

Die Monorail fährt Sie am Luxor vorbei zum Themenhotel Excalibur. Dort bietet das **14 Medieval Village** (➤ 63) Geschäfte und kostenlose Unterhaltung. Ein herrlicher Spaß für die ganze Familie!

12 Uhr

Das reichhaltige Büfett-Lokal des Excalibur sollten Sie sich auf keinen Fall entgehen lassen (Frühstück, Lunch und Abendessen, 7–22 Uhr).

13 Uhr

Vom Excalibur bringt Sie die Monorail zum **7** **Mandalay Bay** (➤ 61), wo Sie Beachvolleyball spielen, sich in die Wellen stürzen oder aber einfach nur im Sand herumliegen oder an einer im Pool schwimmenden Bar einen Cocktail schlürfen können. Denken Sie morgens daran, Ihre Badesachen einzupacken!

16 Uhr

Eine Tür weiter befindet sich schon das Four Seasons. Dort lädt eine herrliche Veranda zum **8** **Afternoon Tea** (unten links, ➤ 61) ein. Bei warmem Wetter sind draußen Tische gedeckt, von denen Sie Blick auf den Pool haben.

17.30 Uhr

Nächstes Ziel ist das Luxor (via Walkway zum Mandalay Bay, von dort mit der Monorail Richtung Excalibur und beim Luxor aussteigen). Hier können Sie einen Rundgang durch das Unglücksschiff **2** **Titanic** (➤ 54f) machen und Hunderte Andenken und Fundstücke sowie »The Big Piece«, ein aus den Tiefen des Meeres geborgenes Originalstück, bestaunen.

19.30 Uhr

Entspannen Sie bei einem leckeren Abendessen in einem der Gourmet-Restautaurants des Hotels. Im Fusia gibt es östliche Küche, das Luxor Steak House bedient eher westliche Geschmäcker. Oder Sie probieren das Essen beim **4** *Tournament of Kings* im Excalibur Hotel & Casino (➤ 56f).

22 Uhr

Lassen Sie sich vom Illusionisten Criss Angel in der extravaganten Cirque-du-Soleil-Show **3** **Believe** (➤ 56f) verzaubern. Es ist empfehlenswert, sich frühzeitig um Eintrittskarten zu bemühen! Alternativ bietet sich die preisgekrönte Show **13** *Carrot Top* (➤ 62f) an.

❶ Shark Reef

Das »Haifisch-Riff« ist kein übliches Aquarium, sondern ein sinnliches Erlebnis – eine Reise durch einen antiken, vom Meer in Besitz genommenen Tempel, die auf dem Deck eines versunkenen Schiffes in haifischverseuchten Gewässern endet.

Das in enger Zusammenarbeit mit dem kanadischen Vancouver Aquarium Marine Science Center entstandene Shark Reef zeigt einen beeindruckenden Querschnitt durch die marine Flora und Fauna: Rund 100 verschiedene Arten von Haien, exotischen Fischen, Reptilien und Wasserschildkröten leben hier. Insgesamt ist das Aquarium mit über 2000 Tieren bestückt, die in 14 Hauptbecken mit mehr als 6 Mio. l Meerwasser leben. Shark Reef ist das einzige größere Aquarium der USA, das Salz aus dem Roten Meer verwendet. Es wird so mit dem Wasser einer regionalen Quelle gemischt, dass es denselben Gehalt an Salz und anderen Spurenelementen wie natürliches Meerwasser hat.

Ein Unterwasserrundgang durch den Back Reef Tunnel

Treasure Bay

Wer aber genau bewohnt nun das Shark Reef? Hier, wo das Schiffswrack in den dunklen Wassern einer abgeschiedenen Lagune liegt, gibt es vier Haifischarten: furchterregende Tigerhaie, schlanke Sandhaie, scheue Zitronenhaie und mächtige Eishaie. Schwärme von Schnappern und Makrelen schwimmen an den Scheiben vorbei, während zwei majestätische Meeresschildkröten ruhig ihre Bahnen ziehen.

Der Feuerfisch ist nur eines der vielen Exemplare, die Sie im Shark Reef beobachten können

Back Reef Tunnel
Dieser Tunnel simuliert einen Tauchgang in ein tropisches Korallenriff. Hier sehen sich die Besucher Auge in Auge mit Hammerhaien und einer Vielzahl farbenprächtiger Fische.

Weitere Lebensräume
Das **Crocodile Habitat** ist der einzige Ort auf der westlichen Hemisphäre, an dem Sie die seltenen »Golden Crocodiles« sehen können, eine Kreuzung aus Leisten- und Siam-Krokodil. In der **Lizard Lounge** trifft man auf die bis zu 2,7 m langen Bindenwarane. In der Abteilung **Serpents and Dragons** wird so manche todbringende Art wie der Grüne Baumpython und der Arwana-Fisch gehalten. Anders als in anderen Schlangenhäusern trennt hier keine Glasscheibe, sondern nur ein Wassergraben die Tiere vom Besucher. In einem anderen Teil des Shark Reef leben wunderschöne Quallen in zylindrischen Becken.

Rochen ruhen scheinbar unbeweglich auf dem Meeresboden und bunte Fischschwärme und vom Aussterben bedrohte Meeresschildkröten ziehen über die Besucher hinweg. In der Tempelanlage erwarten Sie tropisch-feuchte Luft, Vogelgesang und exotische Blumen. An verschiedenen Stellen stehen Mitarbeiter, die gerne weiterführende Informationen geben und versuchen, alle Fragen der Besucher zu beantworten.

✠ 199 D3 ✉ Mandalay Bay Resort & Casino, 3950 Las Vegas Boulevard South ☎ 702/632-4555; www.sharkreef.com 🕐 So–Do 10–20, Fr, Sa 10–22 Uhr; letzter Einlass eine Stunde vor Schließung ✋ preiswert

SHARK REEF: INSIDER-INFO

Top-Tipp: Interessant ist die **Fütterung der Meerestiere.** Diese werden in der Regel zwischen 10 und 16 Uhr gefüttert (keine festen Uhrzeiten).

Geheimtipp: Besuchen Sie den »**Touch Pool**« (Streichelbecken) mit Haifischen, Rochen und Wirbellosen – Besucher dürfen die Tiere im Wasser berühren. Junge Zebrahaie und Rochen, Seesterne, Seegurken und Königskrabben schwimmen in diesem Gezeitenbecken. Fühlen Sie einmal, wie sich Haifischhaut anfasst, untersuchen Sie den Panzer einer Königskrabbe und schauen Sie zu, wie sich Seesterne auf dem Ozeanboden fortbewegen.

2 Titanic: The Artifact Exhibition

Anhand originalgetreuer Nachbildungen und Hunderter echter Erinnerungsstücke können Besucher das Schicksal des bekanntesten Passagierschiffes aller Zeiten, das in den eiskalten Gewässern auf dem Weg nach Amerika sank, nachempfinden. Noch ein Jahrhundert nach dem Unglück fasziniert es die Menschen aus aller Welt.

Die Ausstellung lief bereits im Tropicana ausgezeichnet und ist nun im Atrium des Luxor auf Erfolgskurs. Besucher dürfen sich also weiterhin an der **interessanten Sammlung** von Gegenständen aus dem historischen Schiff erfreuen und neuerdings »The Big Piece«, das mit 4 mal 9 m größte aus den Tiefen des Meeres geborgene Wrackteil der Titanic, besichtigen. Es ist ein Stück der Steuerbordseite von Deck C, das 1998 erst beim zweiten Bergungsversuch aus 3810 m Tiefe heraufgeholt werden konnte und nun dauerhaft im Luxor bleibt.

In der Artifact Exhibition können Sie nachgebaute Schiffsteile sowie Originalstücke aus der Titanic besichtigen

Der Titanic nachempfunden

Erleben Sie eisige Temperaturen auf dem rekonstruierten Promenadendeck und die Ohnmacht des Menschen gegenüber den enormen Naturgewalten – untermalt mit speziellen akustischen Effekten. Außerdem können Sie die nachgebaute **Treppe** (*Grand Staircase*) besichtigen, über die die Passagiere ihre letzten Schritte hinunter taten, und einen Blick in die ebenfalls rekonstruierten Kabinen der ersten, zweiten und dritten Klasse werfen.

Einige geborgene Gegenstände rühren schlicht durch ihre Banalität. Dazu gehören z. B. ein Koffer, durch die stürmische See verwüstet und einziges Überbleibsel eines hoffnungsvollen Reisenden, oder chinesische Teetassen, die wie durch ein Wunder unversehrt blieben, sowie tief bewegende Schwarz-Weiß-Fotografien, die den Stapellauf des Schiffes dokumentieren. Studieren Sie in Ruhe die Informationstafeln, die sich mit den augenscheinlich profanen Erinnerungsstücken erst zu einer begreifbaren Geschichte zusammenfügen.

Verfolgen Sie die Geschichte der Titanic anhand von Artefakten und gespenstischen Schwarz-Weiß-Aufnahmen

Nehmen Sie sich etwa eine Stunde für die Ausstellung Zeit, die in chronologischer Abfolge konzipiert ist und mit dem Bau des »unsinkbaren« Schiffs beginnt.

Beim Betreten der Artifact Exhibition **erhalten Besucher eine Bordkarte** und mit ihr die Identität eines Passagiers von damals. Vielleicht schlüpfen Sie in die eines 14-jährigen Mädchens, das in der dritten Klasse reiste, oder in die eines wohlhabenden Edelmannes, der als Passagier der ersten Klasse am ersten Abend der Jungfernfahrt für den Kapiän ein Dinner ausrichten ließ. Am Ende der Ausstellung erfahren Sie dann, ob Sie zu den Überlebenden gehören oder nicht.

Der **Geschenkeladen** (teuer) hat einige interessante Bücher, originale Kohlestücke von Bord der Titanic sowie Schmuckimitate.

KLEINE PAUSE

Getränke und Snacks gibt es im **Titanic-Ambiente des Restaurants**, das sich ebenfalls in der Atrium-Ebene des Luxor befindet.

✚ 198 C2 ✉ Luxor, 3900 Las Vegas Boulevard South ☎ 702/262-4555 ⊙ tägl. 10–22 Uhr ✋ preiswert

TITANIC: THE ARTIFACT EXHIBITION: INSIDER-INFO

Top-Tipp: Auch **für Kinder** ist die Ausstellung interessant: Darstellungen am Bildschirm zusammen mit erläuternden Hintergrundinformationen liefern ihnen einen informativen Einblick in das historische Unglück der Titanic.

Außerdem Wer möchte, erhält ein **Erinnerungsfoto.** Darauf sieht es so aus, als stünde der Besucher auf dem sinkenden Schiffsbug, das von einem Rettungsboot angesteuert wird.

3 CRISS ANGEL Believe – Cirque du Soleil

Dem Zauberkünstler Criss Angel gelingt mit dieser Mischung aus Magie und atemberaubender Tanzartistik des Cirque du Soleil eine im wahrsten Wortsinn bezaubernde Abendshow – eine der spektakulärsten und fantasievollsten des ganzen Strip.

Believe ist eine von sechs Shows des Cirque du Soleil in Las Vegas und feierte 2008 **vor begeistertem Publikum** Premiere. Zehn Jahre soll die Gemeinschaftsproduktion des weltberühmten Theaterzirkus und des Magiers Criss Angel laufen. Der US-TV-Star befreite sich in seiner Sendung *Mindfreak* z. B. aus Unterwasserkäfigen und performte Schwebe- und Hellsehertricks.

Die Geschichte

Angel spielt in Believe einen viktorianischen Edelmann, der sich auf eine Reise zwischen der Welt der Lebenden und der des Übersinnlichen begibt. Er trifft Kayala und Crimson, zwei Frau-

Mitglieder des Ensembles bei der Premiere

Kayala ist eine der Figuren, die Criss Angel in Believe begegnen

en, die alle Arten von Weiblichkeit in sich vereinen, vier Zeremonienmeister, die dem Publikum Einblick in Criss' düster-groteske Gedankenwelt gewähren, sowie viele energetische Showcharaktere und Tänzer. Klingt verrückt? Es ist verrückt!

Auf Alice' Spuren

Die Show aus der Feder Angels und des Regisseurs Serge Denoncourt könnte man als **Rockkonzert mit Zaubertricks** und cineastischem Soundtrack beschreiben. Zum Teil inspiriert von Lewis Carrols *Alice im Wunderland* fällt Angel in einer Szene durch ein Kaninchenloch in sein eigenes verschrobenes Wunderland – bevölkert von Monstern, sexy »bösen Mädchen«, tanzenden Kaninchen, Vogelscheuchen und Puppen.

Ein Spektakel sondersgleichen

Es gibt viele atemberaubende Momente: So befreit sich Angel aus einer Zwangsjacke, während er kopfüber über dem Publikum hängt, läuft eine senkrechte Wand hinab, die sich aus dem Kleid einer geisterhaften Braut formt, oder er verschwindet einfach vor den Augen der Zuschauer. Laut Angel geht es in der Show »um die Dämonen in meinem Kopf, das Gute in der Welt, Engel und Liebe und Lust – eine Mischung aus all diesem Kram«.

Believe

Der Name ist eine Referenz an den großen Entfesselungskünstler Houdini, der seiner Frau auf dem Sterbebett angeblich versprach, er würde aus dem Jenseits mit ihr in Kontakt treten, sie müsse nur »daran glauben« (engl.: *believe*). Die Show zieht alle Entertainment-Register, die man Las Vegas zutraut. Von der Kritik geschmäht, strömen dennoch Woche für Woche die Massen in das Spektakel. Showgirl-Gezappel und leichtes Liedergeträller sollten Sie hier jedoch nicht erwarten.

---

198 B4 ✉ Luxor, 3900 Las Vegas Boulevard South ☎ 702/262-4400; www.luxor.com/entertainment/entertainment_believe.aspx ◉ Shows: Di–Sa 19 und 21.30 Uhr ✋ mittel–teuer

CRISS ANGEL BELIEVE: INSIDER-INFO

Top-Tipp: Kaufen Sie die Karten erst am Tag der Show, dann **sparen Sie bis zu 35 %** gegenüber dem üblichen Ticketpreis.

4 Tournament of Kings

Wann durften Sie das letzte Mal mit den bloßen Händen essen? Beim Tournament of Kings im Excalibur ist das nicht nur erlaubt, sondern Pflicht. Die Mischung aus mittelalterlichem Flair, Ritterspielen, Spezialeffekten und einer Mahlzeit, nach der man sich buchstäblich die Finger leckt, macht diese Show zu einem Spaß für die ganze Familie.

Die 1 Mio. US$ teure Produktion in der King Arthur's Arena gleicht einem fantastischen Ausflug in die Welt des Mittelalters. Vor der Kulisse eines üppigen Gelages samt Tanz und Feierlichkeiten nimmt der Abend dann jedoch zunächst eine düstere Wendung. Am Anfang zeigt sich das gesamte 35-köpfige Ensemble in einem von Trommeln begleiteten Aufzug.

Mittelalterliches Turnier

Die Geschichte selbst beginnt, als **König Artus** seine Königs-Kollegen zu einem Turnier einlädt, das zu Ehren seines Sohnes **Christopher** stattfindet. Hoch zu Ross messen sich die Könige in Geschicklichkeit, Stärke und Ausdauer.

Wenn sich die Ritterspiele dem Ende zuneigen und der siegreiche König seine Ehrung empfängt, erfolgt der Angriff des bösen Feuermagiers **Mordred**, der damit droht, das gesamte Land Avalon in Feuer und Schatten untergehen zu lassen. Könige pral-

Der Furcht einflößende Drachenritter beim Tournament of Kings im Excalibur

len aufeinander, Bestien greifen an und das Feuer leuchtet hell. Der Drache tötet einen König, indem er ihn von seinem Pferd stößt, greift Artus an und verwundet ihn tödlich. Bevor er stirbt, nimmt dieser seinem Sohn das Versprechen ab, ihn zu rächen.

Christopher sucht daraufhin den Kampf mit dem Drachen. Der **Zauberer Merlin** erscheint und erklärt ihm, dass der Drache sich aufgrund eines uralten Fluches in einen **Drachenritter** verwandeln wird, sobald er verwundet ist. Christopher fügt dem Ungeheuer daraufhin eine Wunde zu und die Verwandlung erfolgt. Nun betreten sechs als halb Drache, halb Ritter gekleidete Kämpfer die Bühne und umringen den Sohn, der mit seinem Horn die Könige zu Hilfe ruft. Mit ihrer Unterstützung gelingt es Christopher, sämtliche Drachen einschließlich des Drachenritters zu schlagen. Noch einmal erscheint Merlin und überreicht Christopher Artus' magisches Schwert Excalibur. Es folgt eine große Feier.

Feuern Sie Ihren König an

Das Unterhaltsamste am Tournament of Kings ist, dass der eigentliche Star der Show die Zuschauer sind. Die Könige der verschiedenen Länder tragen unterschiedliche Farben – Österreich orange, Frankreich blau-gold, Ungarn rot-silber, Irland grün-silber, Norwegen kupfer, Russland rot-gold und Spanien violett. Der Drachenritter selbst trägt schwarz. Das Publikum sitzt in acht Bereichen, die jeweils einem König und seinen Farben zugeordnet sind. Jede Zuschauergruppe feuert ihren König an. Welcher König bei diesem Turnier siegt, ist von Show zu Show verschieden, es bleibt also immer spannend.

Die 26 Pferde treten abwechselnd an, pro Show sind es 17, die übrigen haben einen Tag Pause. Die prächtigen mittelalterlichen Kostüme stammen vom französischen Kostümdesigner Michel Fresnay, der für den Emmy nominiert war. Pyrotechnische Meisterleistungen machen es möglich, dass bei Mordreds Auftritt die Arena von spektakulären Feuern erhellt wird. Passende Kompositionen bilden den musikalischen Rahmen und runden das Ganze ab.

Wer beim Tournament of Kings als Sieger hervorgeht, bleibt abzuwarten

✠ 198 C3 ✉ Excalibur, 3850 Las Vegas Boulevard South ☎ 702/597-7600; www.excalibur.com/entertainment/tournament_of_kings.aspx 🕐 Mo–Do 18, Fr, Sa 18, 20.30 Uhr; Reservierung empfohlen ✋ teuer (Abendessen im Preis enthalten); keine Altersbeschränkung

TOURNAMENT OF KINGS: INSIDER-INFO

Geheimtipp: Überraschenderweise ist das Essen wirklich hervorragend, reichlich und schmackhaft und lohnt an sich schon fast den Eintrittspreis. Zum fürstlichen Mahl gehören Suppe, Hähnchen, Brokkoli, Kartoffeln, Brot und Dessert.

Nach Lust und Laune!

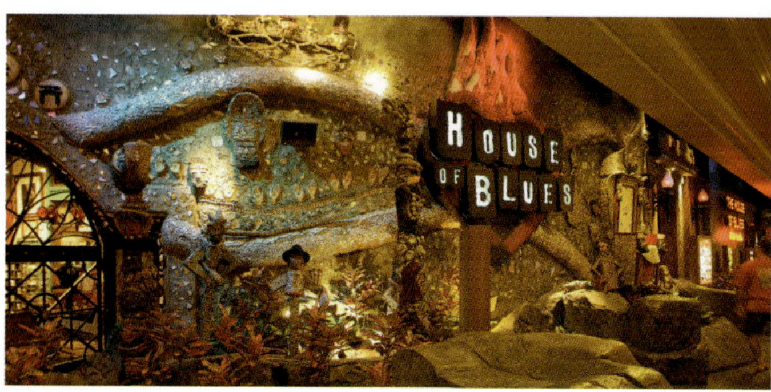

Das House of Blues im Mandalay Bay ist ein beliebter Veranstaltungsort in Las Vegas

5 House of Blues

Der dreistöckige Veranstaltungsort im New-Orleans-Stil hat großartige Künstler und gehört zu den Highlights von Las Vegas. Außer exzellentem Essen und einem fantastischen »Sunday Gospel Brunch« (10 und 13 Uhr) finden in dem 1500 Zuschauer fassenden Showroom regelmäßig Konzerte statt (z. B. von B. B. King, Bryan Ferry u. a.).

Das House of Blues zeigt die weltweit größte öffentlich zugängliche Sammlung von »Outsider-Art«. Darunter versteht man Werke von Künstlern, die nicht dem Mainstream zugerechnet werden. Das Interieur des Foundation Room (im obersten Stock des Mandalay Bay) besteht aus einer Collage fernöstlicher Ikonen.

✚ 198 C2   ✉ Mandalay Bay, 3950 Las Vegas Boulevard South   ☎ 702/632-7600; **www.houseofblues.com**   ✋ mittel

6 The Lion King

Der Zauber des Zeichentrickfilms *Der König der Löwen* hat nun auch Las Vegas erreicht. Disneys erstes Sit-Down-Musical begeistert seine Besucher mit fantastischen Kostümen und raffinierten

The Lion King **im Mandalay Bay**

Tierpuppen, die von den Darstellern zum Leben erweckt werden. Das Musical ist für die Kleinen und Großen gleichermaßen ein Erlebnis. Dem *König der Löwen* ist eine der beliebtesten Shows am Strip, das *Mamma Mia!*, gewichen, doch wird auch diese mehrfach ausgezeichnete Broadway-Produktion Sie nicht enttäuschen.

✠ 198 C2 ✉ Mandalay Bay, 3950 Las Vegas Boulevard South ☎ 702/632-7777; www.mandalaybay.com ⊕ Mo–Do 19.30, Sa, So 16 und 20 Uhr ✋ teuer

7 Mandalay Beach & Casino

Herrlich! Ein Strand inmitten der Wüste. Surfen Sie im Wellenpool oder lassen Sie sich von einem sanft dahingleitenden Fluss treiben, der in einem künstlich angelegten Sandstrand eingebettet ist. Das Beachside Casino stellt mit seiner lichtdurchfluteten Spielhalle eine willkommene Abwechslung zu den sonst eher dunklen Lobbys der hiesigen Kasinos dar. Freunde des Glücksspiels können hier sogar in Badebekleidung, z. B. beim BlackJack, ihr Glück versuchen und gleichzeitig eines der Strandkonzerte (Mai–Sept.) beobachten. Auf dem Dachgeschoss kann man eine *cabana* mieten, einen kleinen Pavillon, ausgestattet mit großem Flachbildfernseher, privatem Pool und Getränken. Der Moorea Beach Club erlaubt Über-21-Jährigen das Sonnenbaden oben ohne.

✠ 198 C2 ✉ Mandalay Bay, 3950 Las Vegas Boulevard South ☎ 702/632-7997; www.mandalaybay.com ⊕ tägl. 24 Std.; Strandbereich für Nichthotelgäste Mo–Do, vorausgesetzt, sie mieten eine *cabana*

8 Minus5 Ice Lounge

Relaxen auf etwas andere Art können Sie in dieser vollständig aus Eis gefertigten Lounge im Mandalay Bay bei einer Temperatur, wie der Name verrät, von –5 °C. Hier können Sie wunderschöne Eisskulpturen bestaunen, und selbst die Stühle, die Bar sowie die Gläser, aus denen Sie einen auf Wodka basierenden Cocktail trinken, sind gefroren. Es empfiehlt sich, lange Hosen zu tragen. Eine Jacke, Handschuhe, Stiefel sowie ein Getränkegutschein sind im Eintrittspreis enthalten.

✠ 198 C2 ✉ Mandalay Bay, 3950 Las Vegas Boulevard South ☎ 702/632-7777;

Cremige Gaumenfreuden im Four Seasons

www.minus5experience.com ⊕ tägl. 11–3 Uhr ✋ preiswert

9 Afternoon Tea

Afternoon tea mag eine Erfindung der Engländer sein, doch auch das Four Seasons zelebriert das britische Ritual absolut stilvoll. Im Verandah Restaurant des Hotels gibt es eine gute Auswahl köstlicher Tee- und Champagnersorten und hervorragendes französisches Gebäck sowie englische Sandwiches und Scones; Letztere werden mit Marmelade, Sahne und Zitronencreme serviert. Ein Pianist sorgt für musikalische Untermalung. Reservierung wird empfohlen.

✠ 198 C2 ✉ Four Seasons Hotel, 3960 Las Vegas Boulevard South ☎ 702/632-5000; www.fourseasons.com ⊕ Mo–Do 15–16 Uhr ✋ preiswert

10 BODIES...The Exhibition

Vegas ist die letzte Station dieser weltweit gelobten und faszinierenden Wanderausstellung, die 13 echte menschliche Körper, gehäutet und plastiniert nach einem einzigartigen Verfahren mit Polymer, in alltäglichen Posen zusammen mit über 200 ebenfalls konservierten Körperteilen zeigt. Die Ausstellung, wenn auch etwas makaber, gibt einen einmaligen Einblick in die Anatomie des Menschen und ist höchst aufschlussreich. Viele Raucher überdenken ihr Laster, nachdem sie die schwarze Lunge eines Rauchers neben einer gesunden rosafarbenen Lunge gesehen haben. Auswirkungen der Fettleibigkeit und mangelnder sportlicher Ertüchtigung werden ebenfalls demonstriert.

✚ 198 C2 ✉ Luxor, 3900 Las Vegas Boulevard South ☎ 702/262-4400; www.luxor.com ⏰ tägl. 10–22 Uhr; letzter Einlass 21 Uhr ✋ preiswert

⑩ Fantasy

In der ausschließlich für Erwachsene gedachten Erotikshow präsentiert sich als Extraschmankerl Angelica Bridges, die sowohl durch die erfolgreiche TV-Serie *Baywatch* bekannt wurde als auch schon für den *Playboy* Modell stand. *Fantasy* feiert nun schon das zehnte Bühnenjahr und lockt allabendlich mit einer bunten Mischung aus erotischen Tanzdarbietungen, Livegesang und Unterhaltung durch den Comedian und Impressionisten Sean E. Cooper nach wie vor jede Menge Zuschauer an. Die von R&B- und Popmusik begleitete, aufreizende Choreografie, für die Cris Judd, Jennifer Lopez' Ex-Ehe-

mann, und Eddie Garcia verantwortlich sind, ist erstaunlich gut gelungen.

✚ 198 B4 ✉ Luxor, 3900 Las Vegas Boulevard South ☎ 702/262-4400; www.luxor.com/entertainment/entertainment_fantasy.aspx ⏰ tägl. 22.30 Uhr ✋ mittel

⑫ Menopause the Musical

Hinter diesem sonderbaren Namen versteckt sich reichlich Humor, der dem etwas reiferen Publikum allen Grund zu lachen gibt. Die Geschichte handelt von vier Frauen im gewissen Alter, die augenscheinlich nichts miteinander verbindet, bis sie sich zufällig an einem Wühltisch eines Kaufhauses begegnen. Schnell entfachen sich Gespräche über Hitzewallungen, Vergesslichkeit, Stimmungsschwankungen und Fressattacken auf Schokolade. Die seit 2001 in den USA erfolggekrönte Produktion nimmt auf erbauliche Weise die Wechseljahre auf die Schippe und greift dabei altbekannte Musical-Hits der 1960er- und 1970er-Jahre wie beispielsweise *Puff, the Magic Dragon, My God I'm Draggin'* oder Disco-Klassiker wie *Stayin' Awake, Stayin' Awake,* parodierend auf.

✚ 198 B4 ✉ Luxor, 3900 Las Vegas Boulevard South ☎ 702/262-4400; www.luxor.com/entertainment/entertainment_menopause.aspx ⏰ Mi–Mo 17.30, Di 20 Uhr ✋ mittel

⑬ Carrot Top

Dieser preisgekrönte Comedy-Act hat wie der Blitz in Las Vegas' Unterhaltung eingeschlagen. Am besten lässt er sich

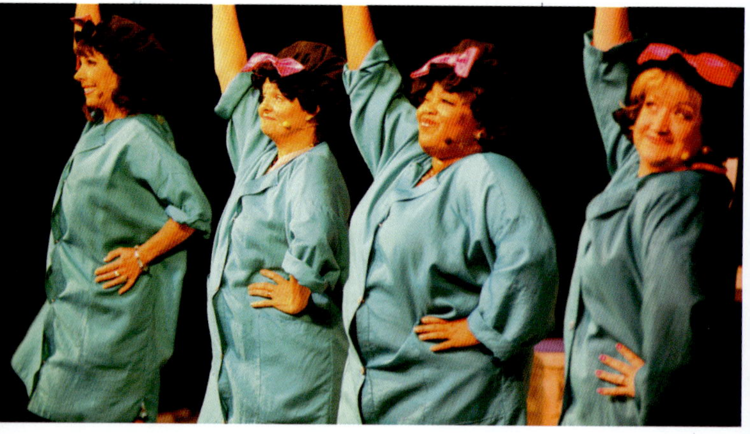

als energiegeladene Rock-'n'-Roll-Comedy-Nummer beschreiben, die sich tosender Musik, Nebelmaschinen, Stroboskop-Blitzlicht und anderer verrückter Erfindungen bedient. Über 200 Requisiten verwendet Scott »Carrot Top« Thompson in seiner Show. Es bleibt also stets spannend und genau das macht den Reiz des »Rotschopfs« aus. Rechtzeitig buchen! Denn die Show ist sehr beliebt.
✚ 198 B4 ✉ Luxor, 3900 Las Vegas Boulevard South ☎ 702/262-4400; www.luxor.com/entertainment/entertainment_carrot_top.aspx ◷ Mi–Mo 20.30 Uhr ✋ mittel–teuer

14 Medieval Village

Wenn Sie die lange Rolltreppe zum ersten Stock des Excalibur hinauffahren, landen Sie mitten in einem Dorf, das aus einem Bilderbuch zu stammen scheint. Einladende Geschäfte, von denen einige »mittelalterliche Waren« verkaufen, gute Restaurants sowie Gaukler und Straßenmusikanten sorgen für Atmosphäre. Auf der zentral gelegenen Bühne finden kostenlose Showdarbietungen statt, beispielsweise treten Jongleure und Puppenspieler auf. Sie können entweder im Stehen zusehen oder sich zu den Kindern auf den Boden setzen.
✚ 198 C3 ✉ Excalibur, 3850 Las Vegas Boulevard South ☎ 702/597-7777; www.excalibur.com ✋ frei

15 Liberace Museum

Das Museum huldigt dem ultimativen Glitzer und Glamour – und dem schrillen Entertainer Walter Valentino Liberace. Zwischen Bettüberwürfen aus Pelzen, Kostümen mit Juwelenbesatz, verblüffenden Bühnenutensilien, opulenten Samtvorhängen und vergoldeten Spiegeln stehen hier ein vergoldeter Flügel, ein rot-weiß-blauer Rolls-Royce und ein von Putten umrahmtes Porträt der Mutter des Künstlers.
✚ 199 bei F3 ✉ 1775 East Tropicana Avenue ☎ 702/798-5595; www.liberace.org ◷ Mo–Sa 10–17, So 12–16 Uhr ✋ preiswert

16 »Welcome to Fabulous Las Vegas«-Schild

Seit beinahe einem halben Jahrhundert begrüßt dieses Neonschild im Googie-

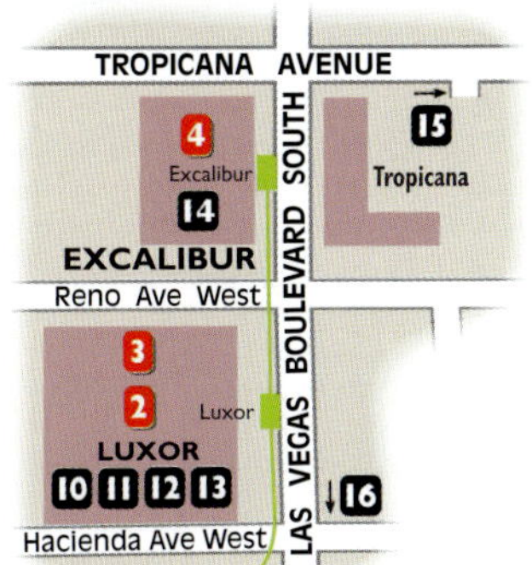

Design die Besucher bei ihrer Ankunft in Las Vegas. Es besteht aus einem achtzackigen Stern und sieben großen Silberdollarmünzen, in denen der jeweilige Buchstabe des Willkommengrußes »Welcome« aufleuchtet (Miniaturversionen des Schildes sind ein beliebtes Mitbringsel). Um ein Foto davon schießen zu können, verlangsamen vorbeifahrende Reisebusse das Tempo etwas, denn das Anhalten an dieser Stelle ist untersagt. Wenn Sie Vegas wieder verlassen, grüßt Sie die Rückseite des Schildes, das sich von Ihnen mit einem »Drive Carefully« und »Come Back Soon« verabschiedet.
✚ 198 C1 ✉ 5200 Las Vegas Boulevard South ✋ frei

Links: Menopause the Musical
Unten: Vergoldeter Flügel im Liberace Museum an der Tropicana Avenue

Wohin zum ...
Essen und Trinken?

Preise
Die Preise gelten pro Person für ein Essen ohne Getränke, Steuern und Service:
$ unter 30 US$ $$ 30–60 US$ $$$ über 60 US$

RESTAURANTS

⬦⬦⬦ Aureole $$$

Eines von mehreren Restaurants in Las Vegas, die Charlie Palmer gehören. Das Aureole und sein fantastischer vierstöckiger verglaster Weinturm zählen zu den derzeit meistfotografierten Objekten in Las Vegas. Schon das Beobachten der schwarz gekleideten »Wein-Engel«, die – akrobatisch auf- und abturnend – die Flaschen holen, ist ein Vergnügen für sich. Das Lokal selbst hat die Aura und auch in etwa die Größe einer Kathedrale: Helle Hölzer, Wasserfälle (hinter Glas) und riesige Fenster, die den Raum mit natürlichem Licht füllen, machen es zu einer hervorragenden Wahl für alle, die von der Flut optischer und akustischer Reize auf der Straße genug haben. Die Fleisch- und Fischgerichte sind ausgezeichnet, auch die preisgünstige Kostprobe aus verschiedenen Gerichten ist zu empfehlen. Die Desserts sind leicht und delikat, vor allem der Schokoladenkuchen, gefüllt mit warmer Schokolade, und der Nachspeisenteller mit neun winzigen Sorbets. Und der Weinturm ist keineswegs nur zum Anschauen gedacht: Er beherbergt eine exzellente Auswahl französischer, deutscher und amerikanischer Jahrgänge.

✚ 198 C2 ✉ Mandalay Bay Resort & Casino, 3950 Las Vegas Boulevard South
☎ 702/632-7401; www.aureolelv.com
🕓 Abendessen tägl. 17.30–22.30 Uhr

⬦⬦⬦ Border Grill $$

Die in Amerika bekannten TV-Köchinnen Mary Sue Miliken und Susan Feniger haben ihr berühmtes kalifornisches Restaurant gleich neben dem Shark Reef im Mandalay Bay wiederaufleben lassen. Bei milder Witterung ist die Veranda des Border Grill ein wunderbarer Platz für ein Mittagessen. Die Speisekarte basiert auf Rezepten der mexikanischen Küche. Zu den Spezialitäten gehören das Oaxaca-Club-Steak sowie innovativ zubereitete Tacos und Enchiladas. Probieren Sie in Bananenblättern gebratenes Yukatan-Schwein an Zimtreis. Auf jeden Fall sollten Sie *très leches*, Kuchen aus drei verschiedenen Milchsorten, mit Passionsfrüchten verfeinert, kosten. Außerdem ist Border Grill für seine starken Cocktails bekannt.

✚ 198 C2 ✉ Mandalay Bay Resort & Casino, 3950 Las Vegas Boulevard South
☎ 702/632-7403; www.bordergrill.com
🕓 Mo–Fr 11–22, Sa, So 10–22 Uhr

⬦⬦ Carluccio's Tivoli Gardens $$

Dieser alteingesessene und beliebte Italiener ist nur eine kurze Taxifahrt vom Strip entfernt. Hier werden gute traditionelle Gerichte – dazu Chianti-Wein und Brot im Weidenkörbchen – aufgedeckt. Der Entertainer Liberace selbst ist für das Innendesign dieses Restaurants verantwortlich, das über mehrere Lounges im Schummerlicht verfügt. Gleich nebenan befindet sich das ihm gewidmete Museum, das zu besichtigen sich von hier aus anbietet.

✚ 199 off F3 ✉ 1775 E. Tropicana Avenue
☎ 702/795-3236; www.carlucciosvegas.com
🕓 Di–So 16.30–22 Uhr

⬦⬦⬦ Charlie Palmer Steak $$$

Das Restaurant ist für Las-Vegas-Verhältnisse klein – es fasst nur 100 Gäste – und wirkt dadurch besonders exklusiv. Bronze- und Brauntöne ergänzen die wunderschönen Hölzer. Die Speisekarte reicht von Austern über Schweinefilet mit Cidre und würziger Cocktailsoße bis hin zu gegrilltem Rindersteak und gedämpftem Heilbutt mit Polenta. Die Weinkarte ist klein, aber fein.

198 C2 ⊠ Four Seasons Hotel, 3950 Las Vegas Boulevard South ☎ 702/632-5000; www.charliepalmer.com Abendessen tägl. 17.30–22.30 Uhr

China Grill $$$

Wenn Sie mit einer größeren, abenteuerlustigen (und gut betuchten) Gruppe unterwegs sind, sollten Sie ein Abendessen im China Grill in Erwägung ziehen. Das futuristisch angehauchte, im neoasiatischen Stil gehaltene Lokal erinnert stark an einen Industriegarten: Große baumartige Metallskulpturen überragen die Tische und eine beeindruckende Lichtshow illuminiert die Decke. Hinter einem Perlschnurvorhang liegen die Toiletten: Jeder *restroom* ist in einem eigenen beleuchteten Gebäude untergebracht. Die Speisekarte zeigt asiatische Einflüsse – vorwiegend gibt es Grill- und Wokgerichte – und einen Hang zum Ausgefallenen: Fische werden oft im Ganzen serviert, inklusive Augen etc. (eine chinesische Delikatesse). Die Portionen sind riesig.

198 C2 ⊠ Mandalay Bay Resort & Casino, 3950 Las Vegas Boulevard South ☎ 702/632-7404; www.chinagrillmgt.com Abendessen tägl. 17–24 Uhr

The Noodle Shop $

Wenn Ihnen in den frühen Morgenstunden der Sinn nach Udon-Nudeln oder Chow Mein steht, ist der Noodle Shop im Mandalay Bay die richtige Adresse. Die Nudeln sind weich und haben dennoch Biss, die Brühe schmeckt kräftig – genau das, was man braucht, um frisch gestärkt an die Spieltische zurückzukehren. Es gibt rund zwei Dutzend Nudel-, Reis- und Reispuddinggerichte, die schnell und heiß serviert werden. Wer es deftiger mag, bestellt Chow Mein mit Huhn oder wählt aus den Grillgerichten.

198 C4 ⊠ Mandalay Bay Resort & Casino, 3950 Las Vegas Boulevard South ☎ 702/632-4934; www.mandalaybay.com So–Do 11–23, Fr, Sa 11–1 Uhr

TENDER Steak & Seafood $$$

Fisch und Meeresfrüchte sowie Rind aus ökologisch und biologisch kontrollierter Herkunft werden täglich frisch aus Hawaii, Kalifornien und Alaska eingeflogen. Das Weinangebot ist buchstäblich ausgezeichnet. Eröffnen Sie Ihr Abendessen mit *charcuterie*, einer Auswahl an sechs verschiedenen Fleischsorten, die mit Knoblauchcrackern serviert werden, oder mit einem Suppen-Trio. Zum Hauptgang bietet sich ein hervorragendes Steak oder eins der exzellenten Fisch- oder Meeresfrüchtegerichte an. Doch fällt die Wahl bei diesem großen Angebot schwer.

198 C2 ⊠ Luxor, 3900 Las Vegas Boulevard South ☎ 702/262-4852; www.luxor.com tägl. 17–23 Uhr

Verandah $$$

Das Verandah mit seinem großzügigen Speisesaal und seiner Außenterrasse bietet sowohl Frühstück, an den Wochenenden auch Brunch, als auch eine Mittags- und Abendkarte an. Italienische Küche steht hier im Mittelpunkt – mit einigen fantasievollen Gerichten. Der holzbefeuerte Pizzaofen sorgt für Gaumenfreuden, ebenso frischer Fisch, Meeresfrüchte und hausgemachte Pasta. Eine gute Auswahl an Beilagen ergänzen Grillfleisch, Huhn und Fisch. Lassen Sie noch Platz für hauseigenes Eis in einer Schokowaffel.

198 C2 ⊠ Four Seasons Hotel, 3950 Las Vegas Boulevard South ☎ 702/632-5000; www.fourseasons.com tägl. 11–14.30, 17–22 Uhr; auch für Frühstück und *afternoon tea* geöffnet.

BAR

Red Square $$

Das Red Square zu finden ist selbst in den riesigen Weiten des Mandalay Bay nicht schwer: Eine enthauptete Statue des russischen Revolutionärs Lenin – inklusive falschem Vogeldreck – wacht über den Tempel des Kapitalismus (das Kasino). Im Inneren entspannt man sich zwischen roten Samtvorhängen und Plüschsesseln. Frei erfundene kommunistische Propagandasprüche schmücken die Wände und der Lüster stammt aus Moskau. Das Essen ist gut, eine Kombination aus typisch russischen Gerichten (wie *latkes* und *blinis*) und moderner amerikanischer und französischer Küche. Der Hauptgrund für einen Besuch des »Roten Platzes« ist ein Platz an der Bar, wo über 100 russisch inspirierte Cocktails, Martinis und Wodka-Rezepturen sowie eine Auswahl an Kaviar aufs Probieren warten. Durch die Theke zieht sich ein Streifen mit Eis, in dem Ihr Drink kalt bleibt. Werfen Sie einen Blick in den *vodka locker*: Promis und betuchte Gäste mieten hier einen Platz für ihre bevorzugten Wodka-Sorten und schlürfen diese dann – in einen Zobel oder russischen Armeemantel gehüllt – in der frostigen Kälte des Raumes (–10 °C)!

✠ 198 C2 ✉ Mandalay Bay Resort & Casino, 3950 Las Vegas Boulevard South
☎ 702/632-7407; www.mandalaybay.com
🕓 Abendessen Fr, Sa 17–23, So–Do 17 bis 22.30 Uhr; Bar 16–1 Uhr

Wohin zum ...
Einkaufen?

An diesem Ende des Strip finden Sie einige durchaus exotisch anmutende Dinge im Angebot – von Schwertern und Schilden über Schnitzkunst bis hin zu kostbaren Miniaturen. Echte Antiquitäten sollten Sie freilich nicht erwarten, aber viele Geschäfte führen ausgezeichnete Nachbildungen. **Die Läden in den Kasinos haben gewöhnlich von 9 oder 10 Uhr bis 20 oder 21 Uhr geöffnet.**

Mandalay Place (3930 Las Vegas Boulevard South; Tel. 702/632-9333; tägl. 9–23 Uhr) ist eine neue Einkaufspassage in einer »Sky Bridge«, die das Mandalay Bay Hotel mit dem nahe gelegenen Luxor verbindet. In knapp 100 m Höhe und auf einer Fläche von gut 9000 m² bietet es über 40 Geschäfte, darunter die amerikanische Modekette Urban Outfitters, eine große Auswahl an Läden für Freizeitbekleidung und Fashiondesign sowie verschiedene Boutiquen, Sportgeschäfte, eine Kunstgalerie und ein höchst anerkanntes Wein-Outlet.

Einige Geschäfte im Mandalay Bay (3950 Las Vegas Boulevard South; Tel. 702/632-7777) liegen gleich neben dem Kasino. Die **Pearl Moon Boutique** führt Bademoden für Damen, Herren und Kinder sowie Hüte, Sonnenbrillen und Sandalen – sie sind nicht gerade billig, aber von sehr guter Qualität (weit besser als in den übrigen Strandbekleidungs-Boutiquen am Strip). Das Geschäft verkauft auch die im Spa des Mandalay verwendeten Schönheitsmittel.

Die **Giza Galleria** im Luxor (3900 Las Vegas Boulevard South, Tel. 702/262-4444) liegt gleich oberhalb der Lobby. Das Luxor Shopping (Luxor; Tel. 702/262-4444) beherbergt verschiedenste Outlets – von aufdringlichem Kitsch über Designermode bis zu wahren Schnäppchen hochwertiger Kinderbekleidung in der »Everything's $10 Boutique«.

Die **Dragon's Lair** am Excalibur Castle Walk (3850 Las Vegas Boulevard South; Tel. 702/597-7850) verkauft Schwerter und Schilder in Originalgröße und manchmal sogar ganze Ritterrüstungen. Zu den leichter zu transportierenden Objekten zählen Drachenskulpturen und Merlinfiguren.

Weitere Orte im Excalibur, in denen sich die Glücksspielgewinne gleich wieder ausgeben lassen, sind **Jester's Court**, wo Sie die Kleinen so richtig verwöhnen können.

Spätestens bei **Kids of the Kingdom** dürften sich mit Märchenkostümen und ulkigen Souvenirs die Wünsche der Kinder erfüllen.

Wohin zum ... Ausgehen?

Das Angebot für Nachtschwärmer ist an diesem Ende des Strip exzellent. Jeweils nur eine kurze Taxifahrt voneinander entfernt, liegen hier mit Rumjungle und LAX ein paar der besten Nachtclubs der Stadt.

Actionfans und Sportfreunde werden das **Sport Center of Las Vegas** (121 E. Sunset Boulevard; Tel. 702/317-7777; www.sportcenteroflasvegas.com; Mo–Do 11–23, Fr, Sa 11–24, So 11–22 Uhr; preiswert) schätzen, das südlich vom McCarran International Airport liegt. Mit dem Taxi ist man in 5–10 Minuten dort. Bei **Fastkarts** können Erwachsene und Kinder Gokart fahren. Im MLB Slugger Stadium kann man Baseballschläge üben oder eine der größten Kletterwände von Las Vegas nutzen. Zu diesem Zweck können Sie einen individuellen Kletterkurs belegen.

Das **Orleans Casino Bowling** im The Orleans Hotel (4500 W. Tropicana Avenue, im Orleans Hotel; Tel. 702/365-7400; www.orleanscasino.com; tägl. 24 Std.) liegt westlich des Excalibur. Es gibt 70 Bahnen und einen guten Coffeeshop. An manchen Abenden finden hier Liga-Wettkämpfe und Turniere statt, es empfiehlt sich also, besser nachmittags oder am späteren Abend zu kommen. Bei **Time Out Arcade** ganz in der Nähe kann man in eine virtuelle Welt abtauchen und interaktiv Jetski, Autorennen oder Ski fahren. Auch das **Kids Tyme** befindet sich im Orleans Casino und ist für die 3– bis 12-Jährigen interessant, die sich beim Dschungelturnen, in der Bastelecke oder bei anderen spannenden Spielen austoben können. Zum Orleans gehört ferner ein Multiplex-Kino mit 18 Sälen. Golffreunde können auf dem 9-Loch-Platz oder der mit 113 Abschlagplätzen ausgestatteten Driving Range des **Callaway Golf Center** (6730 Las Vegas Boulevard South, Tel. 702/897-9500; www.cgclv.com; tägl. 24 Std.; preiswert) den Schläger schwingen.

Nachtclubs

Rumjungle (Mandalay Bay Resort & Casino, 3950 Las Vegas Boulevard South; Tel. 702/492-3960; tägl. ab 23 Uhr; Eintritt: teuer) ist zweifellos einer der schicksten Plätze der Stadt. Das riesige Restaurant und der Nachtclub liegen versteckt hinter einer 8 m hohen Wand aus Feuer (Flammen auf der einen Seite) und Wasser (Kaskade und Wassergraben auf der anderen Seite). Die karibisch angehauchte Küche (tägl. 12–21 Uhr) ist gut – und auch die Präsentation ein echter Augenschmaus. Hauptgrund für einen Besuch ist allerdings das Publikum, das ab etwa 23 Uhr eintrifft (dann beginnt auch die Musik). Auf der zweigeschossigen, über 25 m langen Bar unterhalten Tänzer(innen) das Publikum, Akrobaten fliegen durch die Luft und die Tanzfläche wird von zwei der weltgrößten Conga-Trommeln flankiert. Auch wenn Sie selbst nicht tanzen wollen, ist das Zuschauen bestimmt amüsant – und neben ausgeflippten Touristen und den üblichen Reichen und Schönen ist auch der eine oder andere Prominente aus der Sport-, Film- oder Rockszene zu sehen. An Wochenenden sind zwei Stunden Wartezeit eher die Regel. Entweder stellen Sie sich also frühzeitig (ab ca. 21 Uhr) an, oder aber Sie gehen schon zum Abendessen hinein und bleiben dann einfach, bis der Club aufmacht.

Einer der beliebtesten Nachtclubs der Stadt ist im Luxor zu Hause: **LAX Nightclub** (Tel. 702/262-4529; www.laxthenightclub.com). Um längere Warteschlangen zu vermeiden, sollten Sie vor Mitternacht dort sein. Mit einem VIP-Ticket können sie eine solche sogar elegant umgehen. Halten Sie sich unbedingt an den Dresscode: keine Turnschuhe oder Jeans.

Lounges

Das **MIX** (3950 Las Vegas Boulevard South; Tel. 702/632-9500; von 17 Uhr bis in die Morgenstunden) im Mandalay Bay Resort & Casino ist eine nette und quirlige Club-Lounge. Gönnen Sie sich hier einen exotischen Cocktail, und vielleicht haben Sie Glück und erwischen auf dem Balkon im 64. Stock eine angenehme Brise. Diverse DJs fordern Sie mit unterschiedlicher Musik zum Tanzen heraus. Im selben Gebäude ist das **Fleur de Lys** (17.30–22.30 Uhr) untergebracht, eine schicke Bar und ein Restaurant, in dem DJs auflegen. Die im marrokanischen Stil errichtete Terrasse des **Foundation Room** (Tel. 702/632-7614) im House of Blues eröffnet Ihnen eine Aussicht auf den Strip und lädt zu einem Getränk ein.

Steht Ihnen der Sinn nach Jazz, empfiehlt sich das **Bourbon Street Cabaret** (Orleans, 4500 W. Tropicana Avenue; Tel. 702/365-7111; Di–So bis 3 Uhr).

Im Tropicana (3801 Las Vegas Boulevard South) laden **Celebration Lounge & Casino** sowie die **Tropics Lounge** zum Entspannen ein; die exzellenten Margaritas werden nur noch vom Unterhaltungsprogramm übertroffen: Singende Barkeeper begeistern das Publikum, Karaoke-Abende sorgen außerdem für Spaß.

Spas

Ganz dem Ambiente des Hotels gemäß bietet das **The Spa at Four Seasons Hotel** (3950 Las Vegas Boulevard South; Tel. 702/632-5000; tägl. 8–20 Uhr; Behandlungen: sehr teuer) eine ruhige, exklusive Oase zum Sich-verwöhnen-Lassen. Der außergewöhnliche Service, für den die Hotelkette berühmt ist, erstreckt sich auch auf den Wellnessbereich. So wird man nach einer Joggingrunde auf dem 1,6 km langen Kurs durch die landschaftlich wunderschön gestaltete Anlage mit gekühlten Handtüchern und Evianwasser empfangen.

Das Fitness-Center hat spezielle Angebote für Herzmuskeltraining und Gewichtsreduktion, dazu kostenlose Gewichte, Saunas, Dampfbäder und Jacuzzis.

In sechs Einzelräumen werden Gesichtsbehandlungen, Aromatherapien, Schlammbäder und klassische Massagen angeboten. Zwei Suiten haben eigene Spa-Bereiche mit Sauna und Dampfbad, Massageliegen und je einem Whirlpool-Bad.

Das **Spa Mandalay** (Mandalay Bay Resort & Casino, 3950 Las Vegas Boulevard South; Tel. 702/632-7220; tägl. 17–22 Uhr; preiswert für Hotelgäste, mittel für Nichtgäste) besticht durch großzügige Räumlichkeiten, Opulenz und einen wunderschönen Blick über die Lagunen- und Gartenlandschaft des Hotels. Es gibt 26 Behandlungsräume für traditionelle und eher ausgefallene Massagen (z. B. Ayurveda). Getrennte Bereiche für Männer und Frauen bieten Dampfbad, Sauna und Whirlpool mit Wasserfällen. Im Fitness-Center gibt es Geräte für Herzmuskeltraining, Gewichtsreduktion, Wassergymnastik und Yoga-Unterricht. Nach einem anstrengenden Workout oder einer Verwöhnmassage können Sie sich dann an der Saftbar mit exotischen Säften, Obst und vielen Teesorten erfrischen.

Zum **Nurture Spa** im Luxor (3900 Las Vegas Boulevard South; Tel. 702/730-5730; Tageskarte für Nicht-Hotelgäste 30 US$; tägl. 6–20 Uhr) gehört ein Fitness-Center mit Geräten für jeden Geschmack. An Behandlungen werden Körperwickel und -peelings, Massagen, Gesichtsbehandlungen, Hydrotherapie und Bräunungsliegen angeboten.

Theater/Bühnen/Arenen

Im **Mandalay Bay Events Center** finden häufig bedeutende Boxkämpfe von Las Vegas und viele große Konzerte statt und im **Orleans Showroom** des Hotels Orleans (4500 W. Tropicana; Tel. 702/365-7075) sorgen verschiedene Musiker und Entertainer für Stimmung.

Von Tropicana bis Flamingo

Erste Orientierung

Zu diesem Abschnitt des Strip, der mit dem MGM Grand auf der einen und dem New York-New York auf der gegenüberliegenden Straßenseite beginnt, gehören noch mit dem Monte Carlo, dem Bellagio, dem Planet Hollywood, dem Paris Las Vegas und dem Bally's nicht weniger als sieben spektakuläre Mega-Resorts. Wo sonst auf der Welt findet man Attraktionen wie die Freiheitsstatue und den Eiffelturm nur einen Steinwurf voneinander entfernt? Und in der Harmon Avenue liegt das erste Hard-Rock-Kasino.

Die Eröffnung des Bellagio im Oktober 1998 markierte einen wichtigen Wendepunkt für Las Vegas. Die Stadt kehrte ihren Wildwest-Wurzeln endgültig den Rücken zu und gab sich fortan elegant-international. Als eines der mondänsten und nobelsten Hotels überhaupt führte das Bellagio neue Elemente in der Kasinowelt von Las Vegas ein, die man dort nie erwartet hätte: die schönen Künste, Grünanlagen, Blumen und Mode.

Die erfolgreiche Umsetzung des Bellagio, etwas Einmaliges in Las Vegas auf die Beine zu stellen, schob indes noch einmal die Messlatte für alle nachfolgenden Kasinohotels nach oben.

Nicht viel später gesellten sich das Paris Las Vegas und das Aladdin (jetzt Planet Hollywood) in dieselbe Liga und bereicherten die Hotellandschaft der Stadt, so auch jüngst der Gebäudekomplex CityCenter.

Seite 69: Schnuppern Sie Pariser Atmosphäre im Le Boulevard des Paris Las Vegas

Unten: Die Fountains of Bellagio sind bei Nacht noch eindrucksvoller

★ Nicht verpassen!

1. Lion Habitat ➤ 76
2. CityCenter ➤ 78
3. Le Boulevard ➤ 80
4. Jubilee! ➤ 82
5. Fountains of Bellagio ➤ 84

Nach Lust und Laune!

6. Studio 54 ➤ 86
7. GameWorks ➤ 86
8. M&M's World Las Vegas ➤ 86
9. Harley-Davidson Café ➤ 87
10. Steve Wyrick: Mind Blowing Magic ➤ 88
11. The Joint ➤ 88
12. Eiffelturm-Besichtigung und -Restaurant ➤ 89
13. Napoleon's ➤ 89
14. Bellagio Gallery of Fine Art ➤ 89
15. Bellagio Shops ➤ 90
16. O ➤ 90
17. Monte Carlo Pub ➤ 91
18. Jabbawockeez ➤ 92
19. Der Roller Coaster des New York-New York ➤ 92
20. Zumanity – The Sensual Side to Cirque du Soleil ➤ 92

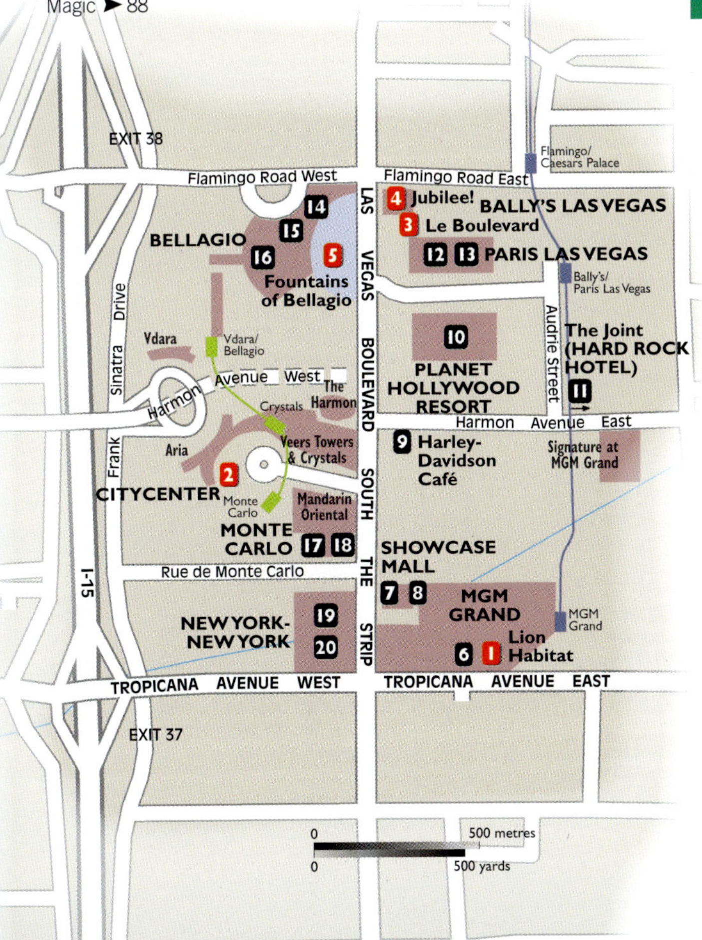

Viele der Shows, Ausstellungen und Attraktionen von Las Vegas finden in den Hotelanlagen selbst statt, die sich wiederum deren unterschiedliche Themen zu eigen gemacht haben. Von der Tropicana Avenue bis zur Flamingo Road finden Sie von italienischen Seen bis zum Eiffelturm einfach alles.

Die Fassade des MGM Grand

ARIA

Das dem neuen CityCenter angeschlossene, moderne Hotel verfügt über 4004 Zimmer, 16 Restaurants, Spa, Kasino sowie die angesagten Nachtclubs Gold Lounge und Haze.
✚ 198 3C ✉ 3730 Las Vegas Boulevard South ☎ 702/590-7757; www.arialasvegas.com

MGM Grand

Der Resort-, Kasino- und Unterhaltungskomplex bietet über 5000 Gästezimmer, dazu zählen die Penthouse-Suiten des Signature und die luxuriösen »Skylofts«. Des Weiteren bietet er Gourmet-Restaurants, zwei riesige Showrooms, einen 2,7 ha großen Pool- und Spa-Bereich sowie den 16 000 Zuschauer fassenden MGM Grand Garden für Konzerte von den ganz großen Stars.
✚ 199 D3 ✉ 3799 Las Vegas Boulevard South ☎ 702/891-7777; www.mgmgrand.com

Planet Hollywood Resort

Der Nachfolger des Hotels Aladdin zielt nach milliardenschwerer Sanierung auf ein hipperes, jugendlicheres Publikum ab. Das bisherige »Tausendundeine Nacht«-Ambiente wurde überwiegend durch ein Design ganz à la Hollywood ersetzt. Dazu gehören funkelnde Empfangshallen, Go-go-Tänzer und Hollywood-Memorabilien. Das Theater for Performing Arts mit 7000 Sitzplätzen blieb erhalten und holt weltbekannte Künstler aus der Rock-, Pop- und Hip-Hop-Szene auf seine Bühne. Die 2500 Zimmer sind relativ klein, dafür recht preisgünstig.
✚ 199 D4 ✉ 3667 Las Vegas Boulevard South ☎ 702/785-5555; www.planethollywoodresort.com

Hard Rock Hotel

Das elf Stockwerke hohe Haus mit 657 Gästezimmern liegt neben dem Strip und gehört dem früheren Hard-Rock-Cafe-Besitzer Peter Morton. Er hat das Kasino mit Memorabilien berühmter Rockstars, einem Spa und ansprechenden Restaurants ausstaffiert. Im mit 1200 Sitzplätzen bestückten Theater des Hotels – The Joint – spielen die angesagtesten Bands.
✚ 199 F4 ✉ 4455 Paradise Road (Ecke Harmon) ☎ 702/693-5000; www.hardrockhotel.com

Paris Las Vegas

Mit den Nachbildungen des Eiffelturms und des Arc de

Triomphe sowie der Fassaden der Oper und des Louvre versucht das Hotel, Pariser Flair nach Las Vegas zu holen. Sein Highlight ist der 50-stöckige Eiffelturm, wo Besucher 30 m über dem Strip in einem Gourmet-Tempel speisen können.
✚ 199 D4 ✉ 3655 Las Vegas Boulevard South ☎ 702/946-7000; www.harrahs.com

Bally's Las Vegas

Die Standardzimmer des 2814 Gästezimmer umfassenden Resorts gehören zu den größten der Stadt. Der Poolbereich ist mit einer von Palmen gesäumten Sonnenterrasse, einer Snackbar und *cabanas* mit eigenem Kühlschrank, TV, Floß und Privattelefon ausgestattet. Das Bally's ist die Heimat von **Jubilee!**, der zweiten großen klassischen Las-Vegas-Revue. Eine Monorail verbindet das Bally's mit dem MGM Grand.
✚ 199 D4 ✉ 3645 Las Vegas Boulevard South ☎ 702/967-4111; www.harrahs.com

Bellagio

Die Inspiration für dieses Haus lieferte der gleichnamige am Comer See gelegene Ort. Zum Bellagio gehört ein 3 ha großer See mit einer eindrucksvollen Fontänenanlage, bei der sich Springbrunnen, Musik und Beleuchtung zu einem regelrechten Wasserballett verbinden.
✚ 198 C4 ✉ 3600 Las Vegas Boulevard South ☎ 702/693-7111; www.bellagio.com

Monte Carlo

Das Hotel ist der Place du Casino in Monte Carlo nachempfunden und besticht mit malerischen Arkaden, Kuppeln mit Lüstern, Marmorböden, verzierten Brunnen und einem Empfangsbereich im gotischen Stil. In der 13 ha großen Anlage finden sich ein Pool und *cabanas* sowie das 1200 Zuschauer fassende Monte Carlo Theater.
✚ 198 C3 ✉ 3770 Las Vegas Boulevard South ☎ 702/730-7777; www.montecarlo.com

Mandarin Oriental Las Vegas

Luxus pur, hervorragender Service, fantastisches Spa und preisgekrönte Restaurants erwarten Sie im orientalisch designten Hotel ohne Kasino im CityCenter-Komplex.
✚ 198 3C ✉ 3753 Las Vegas Boulevard South ☎ 702/590-8888; www.mandarinoriental.com/lasvegas

New York-New York

Mit 47 Stockwerken eins der höchsten Kasinohotels Nevadas und der New Yorker Skyline nachempfunden. Hinter einer Imitation der Freiheitsstatue ragen zwölf »Wolkenkratzer« gen Himmel, darunter ein verblüffend echt wirkendes Empire State Building. Adrenalin verspricht die bis zu 105 km/h schnelle Coney-Island-Achterbahn.
✚ 198 C3 ✉ 3790 Las Vegas Boulevard South ☎ 702/740-6969; www.nynyhotelcasino.com

Von der Spitze des Eiffelturms, Paris Las Vegas, eröffnet sich ein fantastischer Blick auf den Strip

An einem Tag

Sie wissen nicht genau, wo Sie Ihre Tour beginnen sollen? Nehmen Sie diesen Tourenführer und lassen sich zu den interessantesten Attraktionen von der Tropicana Avenue bis zur Flamingo Road geleiten. Die Karte (➤ 71) hilft Ihnen dabei. Detailliertere Informationen finden Sie unter den jeweiligen Haupteinträgen (➤ 76ff).

9 Uhr

Genießen Sie ein Frühstück im Rainforest Café (➤ 96) des MGM Grand. Wenn Sie durch den Hoteleingang kommen, liegt das Restaurant linker Hand. Das witzige Lokal vermittelt in der Tat den Eindruck, als befände man sich im brasilianischen Regenwald. Kinder werden es lieben.

10.30 Uhr

Fast angrenzend an das Rainforest Café liegt das **❶ Lion Habitat** (oben, ➤ 76f). Zu den Löwen wird man zwar erst ab 11 Uhr eingelassen, doch der Laden öffnet bereits um 10 Uhr.

11.30 Uhr

Verlassen Sie das Hotel wieder durch den Haupteingang und biegen Sie rechts in den Strip zur Showcase Mall ein. Besuchen Sie die ultimative Spiele-Arkade **❼ GameWorks** (links, ➤ 86) oder das interaktive Shoppingzentrum **❽ M&M's World Las Vegas** (➤ 86f).

12.45 Uhr

Weiter in nördlicher Richtung am Las Vegas Boulevard sehen Sie an der Ecke zur Harmon Avenue das Planet Hollywood Resort. Besuchen Sie die **Miracle Mile Shops** (► 24f), den schicken Einkaufsbereich der Hotelanlage. Lassen Sie sich dort nicht die Gewittershow entgehen und überqueren Sie den Strip für eine Shoppingtour durch die Designerboutiquen oder für eine Stärkung im Crystals (► 79).

14.30 Uhr

Neben dem Planet Hollywood Resort liegt das Paris Las Vegas. Vom **12 Eiffelturm** (► 89) aus haben Sie eine spektakuläre Aussicht über den Strip (unten).

15 Uhr

Das Paris ist mit seinem Schwesterhotel Bally's über eine wunderschöne »französische« Einkaufspassage namens **3 Le Boulevard** (► 80f) verbunden. Spazieren Sie über die kopfsteingepflasterten Gassen und stöbern Sie in den Geschäften. Oder bestellen Sie sich ein Dessert im Mon Ami Gabi (► 95) und beobachten Sie die **5 Fountains of Bellagio** (► 84f).

16.30 Uhr

Eine Rolltreppe beim Bell Desk des Bally's und eine weitere zur Straße bringen Sie zu einem Walkway, der den Strip überquert und zum Bellagio führt. Die vornehmen **15 Bellagio Shops** (► 90) des Hotels leeren jeden Geldbeutel schneller, als es einem lieb ist. Danach bietet sich ein Abendessen in einem der zahlreichen fantastischen Restaurants an – wie wär's im renommierten Picasso? Einige haben eine Kleiderordnung, erkundigen Sie sich sicherheitshalber vorher.

19 Uhr

Bleiben Sie im Bellagio und holen Sie Ihr reserviertes Ticket für die 19.30-Uhr-Vorstellung von **16 O** (► 90) ab, nehmen Sie ein Taxi zum Monte Carlo für **18 Jabbawockeez** (► 92), oder gehen Sie über den Walkway zurück zum Bally's und genießen Sie **4 Jubilee!** (► 82f).

21.15 Uhr

Jetzt sind starke Nerven für eine Fahrt mit dem **19 Roller Coaster des New York-New York** (► 92) gefragt. Gönnen Sie sich danach ein paar Drinks in der Mandarin Bar (► 73).

❶ Lion Habitat

Das MGM Grand hat nicht umsonst einen Löwen als Logo – hier bekommen Sie garantiert einen Löwenanteil an Spaß und Unterhaltung. Tierliebhabern und Tierschützern ist das Habitat vielleicht nicht ganz geheuer, wobei die meisten ausgewachsenen Löwen die Zeit ohnehin schlafend verbringen.

Im Kasino neben dem Studio 54 (➤ 86) können Sie eine Reihe afrikanischer Löwen bewundern, darunter Goldie, Metro und Baby Lion, einen direkten Nachkommen des berühmten Markenlöwen der MGM-Filmstudios.

Das Lion Habitat ist eine der Attraktionen des MGM Grand

Lion Habitat

Das Lion Habitat ist ein echtes **Rundumerlebnis**. Oben und unten, rechts und links – überall sehen Sie die majestätischen Großkatzen, die durch das dreigeschossige verglaste Löwenhaus streifen. Die über 10 m hohen Wände des von oben mit Tageslicht versorgten Geheges bieten Gelegenheit, jede Bewegung der herrlichen Geschöpfe zu verfolgen. Man ist buchstäblich **mitten unter den Raubtieren** – ab und zu spaziert ein Löwe direkt über die Köpfe der Besucher hinweg. Furchtsame Gemüter mag es beruhigen, dass es sich um 4 cm dickes kugelsicheres Glas handelt, das problemlos das Gewicht eines ausgewachsenen Löwen trägt.

Die Löwen gehören dem erfahrenen Tiertrainer Keith Evans. Er überwacht, trainiert, füttert und pflegt seine Raubkatzen. Auch bei der Gestaltung des Habitats hat er mitgewirkt. Es besteht aus vielen Felsen, heimischen Bäumen sowie vier Wasserfällen und einem Teich. Damit soll der natürliche Lebensraum der Tiere so gut wie möglich nachempfunden werden.

Haltung der Löwen

Evans arbeitet seit über 30 Jahren mit Großkatzen. In seinem Anwesen in Las Vegas, das er liebevoll »The Cat House« nennt, leben derzeit 42 Katzen, darunter diese Löwen, drei Tiger und zwei Schneeleoparden. Zwei- bis dreimal am Tag transportiert er Löwen von seinem 20 km entfernt liegenden Wohnort zum Hotel und zurück.

Im Lion Habitat des MGM Grand befinden sich jeweils zwischen einem und fünf Tieren; keine Gruppe ist dort länger als sechs Stunden. Da die Weibchen nicht sterilisiert sind, werden sie von den Männchen getrennt gehalten. Und da männliche Löwen Revierkämpfe ausfechten, ist gewöhnlich nur ein »König des Tierreichs« anwesend; die Ausnahme bilden drei Brüder, die gemeinsam aufwuchsen.

Manch ein Besucher mag die Haltung der Tiere und den aufklärerischen Nutzen dieser Attraktion infrage stellen. Zwar werden die Raubkatzen in regelmäßigen Abständen ausgewechselt und müssen nicht den ganzen Tag im Hotel verbringen, doch auch wenn das Habitat dem Lebensraum der afrikanischen Savanne nachempfunden sein soll, so ist es letztlich nicht mit dem natürlichen Lebensraum des Dschungelkönigs zu vergleichen. Am liebevollen Umgang des Tierhalters und der Trainer besteht jedoch kein Zweifel.

Im Glaskäfig kommen Sie den schlafenden Raubkatzen ganz nah

✚ 199 D3 ✉ MGM Grand, 3799 Las Vegas Boulevard South ☎ 702/891-1111
◷ Lion Habitat: tägl. 11–19 Uhr; Geschenke-Shop: 9–22 Uhr ✋ frei

MGM GRAND LION HABITAT: INSIDER-INFO

Top-Tipps: Für ein paar Dollar können Sie sich **mit einem Löwenbaby fotografieren lassen**; die Aufnahmen werden sofort entwickelt.

■ **Am aktivsten** sind die Löwen bei ihrer Ankunft **um 11 und um 16 Uhr** oder zur Fütterung. In der übrigen Zeit regt sich hinter dem Glas nicht sehr viel.

② CityCenter

Seit einem Jahrzehnt ist das CityCenter der größte und glamouröseste Komplex in Las Vegas. Es versammelt Hotels, Restaurants, Bars, Clubs und einige der exklusivsten Geschäfte der Stadt.

Das CityCenter erstreckt sich über 27 ha am Strip zwischen den Resorts Monte Carlo und Bellagio. Das Gemeinschaftsprojekt von MGM Resorts International und Dubai World ist ein glänzendes und funkelndes Ensemble aus futuristischen Hochhäusern – ganz in der Tradition der beiden Unternehmen.

Die Hotels des CityCenter

Das CityCenter beherbergt vier neue, sehr unterschiedliche Hotels. Das schicke Mandarin Oriental Las Vegas (▶ 73) hat sich unter Geschäftsleuten und Promis bereits einen Namen gemacht. Versteckt neben dem Crystals, der Einkaufs- und Vergnügungsmeile des CityCenter, ist es ohne eigenes Kasino eine Oase der Ruhe am betriebsamen Strip. Ganz anders verhält es sich beim 61-stöckigen ARIA (▶ 72) mit 4004 Zimmern: Mit 16 Restaurants, großem Kasino und der beliebten Viva-ELVIS-Show des Cirque Du Soleil ist es nicht gerade bescheiden. Das Vdara (2600 West Harmon Avenue; Tel. 866/745-7111; www.vdara.com) ist ein kleines, komplett rauch- und spielfreies Boutiquehotel, das ausschließlich Suiten anbietet. Es liegt neben dem ARIA und ist mit dem Bellagio verbunden. Auf der Dachterrasse befindet sich ein Pool und ein Wellness-Spa. Als letztes der neuen Hotels wird 2011 The Harmon (www.theharmon.com) eröffnen, das Luxus-Boutiquehotel ist mit 400 Zimmern für Vegasverhältnisse klein.

Unten: Das futuristische CityCenter

Gegenüber: Innen tummeln sich Hotels, Geschäfte, Restaurants, Clubs und Lounges

Die Crystals Shops

Wenn man den Strip hinunterschlendert, ist Crystals (▶ 25) kaum zu übersehen: Das mit einem gigantischen Glasbaldachin überspannte Shoppingparadies ist einem Quarzkristall nachempfunden. Kauflustige (und Spaziergänger) finden hier die teuersten Marken der Stadt unter einem Dach – z. B. einen der weltweit größten Louis-Vuitton-Läden oder Prada, Lanvin, Gucci, Roberto Cavalli, Ermenegildo Zegna, Tom Ford, Versace, Miu Miu, Paul Smith und Carolina Herrera. Auch exklusive Schmuckhändler wie Tiffany & Co., Van Cleef, Christian Dior und Cartier sind auf den drei Etagen der Mall vertreten.

Das Nachtleben

Zum Ausgehen ist das CityCenter genau der richtige Ort: Zu den Spitzenrestaurants gehören das Jean Georges Steakhouse und Sage im ARIA (▶ 29, 72), Twist by Pierre Gagnaire im Mandarin Oriental (▶ 73) sowie Beso im Crystals (▶ 29). Teileigentümerin des Letzteren ist *Desperate Housewives*-Star Eva Longoria, die Karte stammt von Chefkoch Todd English. Im zweiten Stock liegt der Hochglanzclub Eva, das Haze im ARIA und der GOLD Nightclub and Lounge, mit üppigem Interieur, aber lässiger Atmosphäre, zählen zu den angesagten Szeneclubs.

✚ 198 C3 ✉ CityCenter liegt zwischen den Resorts Bellagio und Monte Carlo, zwischen Las Vegas Boulevard South und Frank Sinatra Drive ☎ www.citycenter.com; www.crystalsatcitycenter.com

CITYCENTER: INSIDER-INFO

Top-Tipp: Überall im CityCenter stehen beeindruckende Kunstobjekte wie die Skulptur »Feeling Material XXVIII« von Anthony Gormley im ARIA-Resort: Eine 2,5 m hohe Stahlspirale windet sich um eine menschliche Silhouette.

Außerdem Obwohl das millionenteure CityCenter so einige Rahmen sprengt, ist es äußerst umweltfreundlich. Ein Novum in Las Vegas: Alle Gebäude wurden vom US Green Building Council mit dem goldenen LEED-Zertifikat klassifiziert. Die Baufirmen haben viel Müll direkt vor Ort recycelt, außerdem wurde auf sehr sparsamen Wasserverbrauch geachtet und Holz aus nachwachsenden Wäldern verarbeitet.

❸ Le Boulevard

Zum Le Boulevard gehören rund 20 Boutiquen im französischen Stil, die die kopfsteingepflasterten Gassen säumen. Als Teil der Paris-Las-Vegas-Experience bietet er echte französische Markenartikel und somit einen Eindruck europäischer Lebensart.

Pariser Flair

Die Fassaden der Geschäfte erinnern jeweils an ein Pariser Bauwerk und künstliche Patina lässt das Ganze auch zeitgemäß verwittert wirken. Moos überzieht die Backsteinmauern, vor den Fenstern hängen Blumenkästen – das Ganze entspricht genau dem, was Amerikaner sich unter europäischem Charme vorstellen, ist aber auch für Europäer durchaus reizvoll.

Entlang der Bally's-Paris-Promenade liegen eine Reihe Geschäfte, dann erreicht man Paris mit Terrazzoböden und herrlichem Brunnen. Eine Treppe führt hinauf zu einer Buntglaskuppel über einem Mosaikboden. Boutiquen säumen die Wege des Boulevards.

Bally's French Connection umfasst u. a. das Schmuckgeschäft Clio Blue, L' Art de Paris (eine Art Museumsshop), La Menagerie de Paris (Bekleidungsgeschäft), Lunettes (Sonnenbrillen und Accessoires), Paris Line (Designermode für Damen) und Le Paradis (Schmuck und Kristall). Ebenfalls in diesem Teil liegt das Tres Jazz (3655 Las Vegas Boulevard South, Tel. 702/948-6937, tägl. 18–1 Uhr), ein einladendes Restaurant, das in stilvollem Art-déco-Ambiente Livejazz und eine gute Küche bietet.

Kulinarische Genüsse wie in Frankreich

Auf der »Pariser« Seite der Einkaufspassage erwartet Sie **Napoleon's Champagner Bar** (► 89): Clubatmosphäre mit Livejazz, Zigarren-Lounge, warmen und kalten Hors d'oeuvres, französischen und

Ganz wie in Frankreich: Le Boulevard in Paris Las Vegas

anderen Weinen und Bieren und einem begehbaren Humidor. La Boutique verführt mit Designermode von Gucci und Fendi. Les Elements bietet Geschenke für Haus und Garten. Und La Vogue lockt die Damenwelt mit französischer Unterwäsche und Parfüms.

La Cave hat erstklassige französische Weine, aber auch Käse, andere Gourmet-Spezialitäten und Geschenkkörbe. Versäumen Sie nicht das nach dem kulinarischen Meister Gaston Lenôtre benannte Geschäft, wo verführerisch frische Croissants und andere Backwaren, Pralinées, Trüffel und Marmeladen locken.

Es gibt **verschiedene Restaurants**, darunter Le Village Buffet, das Gerichte aus fünf französischen Regionen und französische Küche auf Bestellung bietet. La Provencal, ein kleiner Italiener, bietet eine offene Küche und singende Kellnerinnen und Kellner. Ebenfalls empfehlenswert ist das noble, asiatische Restaurant Al Sin.

KLEINE PAUSE

In **JJ's Boulangerie** (Tel. 702/946-7000; tägl. 7–24 Uhr; preiswert) sitzt man mitten in einer französischen »Bäckerei« und lässt sich Sandwiches aus ofenwarmem Brot sowie Gebäck, Croissants, Salate oder Suppen schmecken.

✠ 199 D4 ✉ Paris Las Vegas, 3655 Las Vegas Boulevard South ☎ 702/946-7000; www.parislasvegas.com ⊕ tägl. 10–23 Uhr (je nach Geschäft verschieden)

Top-Tipp: Sobald Sie über die Kasinoebene des Hotels Paris Las Vegas den Boulevard erreicht haben, sehen Sie die Füße des 165 m hohen **Eiffelturms.**

Geheimtipp: Im Restaurant **Le Provençal** (Tel. 702/967-7999; tägl. 17–22 Uhr; mittel) lassen die Bedienungen zu bestimmten Zeiten alles stehen und liegen und unterhalten ihre Gäste mit Gesang.

4 Jubilee!

Was ist das: Es hat 200 Beine, viel nackte Haut und ist nur nachts zu sehen? Die Antwort: Ein 30-jähriger »Dinosaurier« des Showbusiness in Gestalt von Jubilee! im Bally's Las Vegas.

Die rund 100 Mitglieder der Show mögen jung, Bühnenbild, Kostüme, Ton, Beleuchtung und Choreografie neu und modern sein: Doch Jubilee! versetzt seine Zuschauer immer noch in eine andere Zeit. Es ist die Show am Strip, die – nach der inzwischen abgesetzten Show der *Folies Bergère* – am zweitlängsten läuft, und die einzige noch vorhandene echte Las-Vegas-Revue im traditionellen Sinn. Ein Relikt aus einer Zeit, als Revuegirls den Strip regierten und **opulente Gesangs- und Tanznummern, prächtige Kostüme** und aufwendige Szenenbilder die Bühne beherrschten.

Gründer war der kürzlich verstorbene Donn Arden, der seinerzeit mit dem *Lido de Paris* im Stardust das erste Revuegirl nach Las Vegas brachte: Am 30. Juli 1981 feierte Jubilee! seine Premiere. Die Anfangskosten von rund 10 Mio. US$ schlossen die traumhaften Kostümentwürfe von Bob Mackie und Pete Menefee mit ein.

WUSSTEN SIE DAS?

- Der Aufzug bringt die Personen und Requisiten in 30 Sekunden vom Untergeschoss auf die Bühne.
- Fast 100 Tänzerinnen, die Hälfte davon barbusig, sorgen hier für Unterhaltung.
- Wartung und Ersatz der Beleuchtungskörper kosten alleine 50 000 US$ pro Jahr.
- Pro Woche werden knapp 2 t Trockeneis für Nebeleffekte verbraucht.
- Mit rund 900 kg die schwerste hydraulische Kulissenvorrichtung.
- Die *Titanic* ist eine exakte Nachbildung des Originalschiffes und auf einem um 60 Grad geneigten beweglichen Boden befestigt.
- Der schwerste Kopfschmuck wiegt 16 kg.
- Zwei Frauen sind 75 Stunden pro Woche damit beschäftigt, die 325 Perücken für die Show in Ordnung zu halten.

Links: Wie wäre es mit einer Backstage-Tour in Begleitung eines echten Jubilee!-Showgirls?

Das Ensemble besteht aus Sängerinnen, Tänzerinnen und den Darstellern dreier Varieténummern. Die Show umfasst sieben Akte mit Originalsongs und -choreografie und enthält Sequenzen, die niemals anderswo auf der Welt gezeigt wurden, u. a. *The Sinking of the Titanic* und *The Destruction of the Temple of Samson*. Schon die Bühne – eine der größten weltweit – ist einzigartig.

Millionen von Dollars fließen regelmäßig in die Gestaltung neuer Bühnenbilder, Musik, Spezialeffekte, Beleuchung, Choreografie und Kostüme. Auch das 1035 Zuschauer fassende Jubilee!-Theater bleibt dabei nicht unberücksichtigt.

Unten: Jubilee! ist eine traditionelle Show am Strip

✚ 199 D4 ✉ Bally's Las Vegas, 3645 Las Vegas Boulevard South ☎ 702/967-4111; www.harrahs.com 🕐 Sa–Do 19.30 und 22.30 Uhr; Reservierung empfohlen ✋ mittel–teuer

JUBILEE!: INSIDER-INFO

Top-Tipp: Da in den Shows die Darstellerinnen »oben ohne« auftreten (außer Sa 19.30 Uhr), **müssen alle Zuschauer über 18 Jahre alt sein. (Ausweis/Pass** mitbringen!)

Geheimtipp: Bei einer **einstündigen Backstage-Tour** (Mo, Mi und Sa 11 Uhr) führt Sie ein echtes **Jubilee!-Showgirl** durch die Bühnenkulisse, Sie können einen Blick in die Umkleidekabinen werfen und dürfen so viele Fragen stellen, wie Sie möchten (▶ 97).

5 Fountains of Bellagio

Spektakulär inszeniert und begleitet von Klängen, die von Luciano Pavarotti über Elvis Presley zu Frank Sinatra reichen, schießt das Wasser der Fontänen am Bellagio bis zu 75 m hoch in die Luft.

Spektakel und Statistik

Mehr als 1000 Fontänen »tanzen« vor dem Hotel, begleitet von Musik und stimmungsvoller Beleuchtung. Mit über 75 Mio. l Wasser und einer Fläche von rund 3,5 ha dürfte es sich um das größte und sicherlich am besten choreografierte und mit Musik untermalte **Wasserspiel** der Welt handeln. Der See selbst ist rund 310 m lang und an seiner breitesten Stelle knapp 160 m breit.

Zum Lake Bellagio gehören drei verschiedene Arten von Düsen: *Oarsman*-Zerstäuberdüse, Mini-Shooter und Super-Shooter. Alle drei können unabhängig voneinander, aber auch kombiniert zum Einsatz kommen. Die *Oarsmen* spritzen

Die Fountains of Bellagio bilden ein unvergessliches Zusammenspiel aus Wasser, Nebel und Lichtern

DIE BESTE SICHT ...

und die beste Chance auf ein gutes Foto vom Wasserspektakel hat man:

- vom Bürgersteig vorm Hotel aus,
- wenn man in einem der Zimmer des Bellagio, die zum See hinaus liegen, wohnt – denn dann hat man eine uneingeschränkte Sicht und ist dazu ganz unter sich,
- von der Aussichtsplattform des Eiffelturms aus.

Wasser in einem beweglichen Strom bis zu 23 m hoch, wobei jeder einzeln programmierbar ist. Sie sind die einzigen Düsen, die auch die Richtung des Wasserstrahls verändern, die Fontänen also »tanzen lassen« können. Die Durchflussrate eines *Oarsman* liegt bei 530 l pro Minute.

Mini- und Super-Shooter schießen mithilfe von Luftkompressoren das Wasser senkrecht nach oben. Die Mini-Shooter erreichen 30 m, die Super-Shooter knapp 75 m. Beide Arten können jeweils nur Sekundenbruchteile betrieben werden, weil ihnen andernfalls das Wasser in den Reservoirs ausgeht. Wenn die *Oarsmen* 2,5 Sekunden lang mit voller Leistung arbeiten und gleichzeitig alle Shooter Wasser pumpen, befinden sich insgesamt 79 500 l in der Luft. Das heißt, ein durchschnittlich großer Swimmingpool wäre in 2,5 Sekunden voll. Im Hochsommer verliert der See pro Tag an die 380 000 l Wasser durch Verdunstung – das entspricht der Füllmenge von fünf Schwimmbecken pro Tag über die Dauer von drei Monaten!

Zu den Wasserspielen am Bellagio gehören auch ausgefeilte Nebel-, Beleuchtungs- und Audioanlagen. Zur Untermalung bestimmter Shows wird zusammen mit der Musik ein Nebelsystem aktiviert. Der Nebel entsteht, indem Wasser zu mehr als 5000 Düsen im See gepumpt wird, die das Wasser zerstäuben und einen eindrucksvollen Sprühnebel erzeugen. Da die Wasserspiele auch abends gezeigt werden, benötigt man Beleuchtung. Dazu gibt es 4792 Lichtquellen; genug, um eine 20 000-Einwohner-Stadt mit Energie zu versorgen.

Das Klangsystem hat 55 900 W Ausgangsleistung. Bei einem durchschnittlichen Rockkonzert liegt diese zwischen 10 000 und 30 000 W. Und das Beste: Die Show der Superlative ist für alle Las-Vegas-Besucher kostenlos!

✚ 198 C4 ✉ Bellagio, 3600 Las Vegas Boulevard South ☎ 702/693-7111; www.bellagio.com 🕑 Mo–Fr 15–20 Uhr, halbstündlich; von 20–24 Uhr viertelstündlich; Sa, So ab 12 Uhr ✋ frei

FOUNTAINS OF BELLAGIO: INSIDER-INFO

Top-Tipps: Natürlich wirkt die Show aus jeder Perspektive beeindruckend. Von der Brücke aus, die zwischen dem Bally's und dem Bellagio den Strip überquert, lassen sich die **Wasserspiele von oben betrachten.**

- Hotelgäste des Bellagio können über den Fernsehkanal »22« die synchron auf die Fontänentänze abgestimmte Musik empfangen.

Geheimtipp: Wenn Sie das Schauspiel bei einem guten Essen genießen möchten, empfiehlt sich ein **Mittag- oder Abendessen** auf der Terrasse des Mon Ami Gabi (➤ 95) im Paris Las Vegas: Es liegt direkt gegenüber auf der anderen Straßenseite.

Nach Lust und Laune!

Stylish und der Club schlechthin: das Studio 54 im MGM Grand

⑥ Studio 54

Das Studio 54 ist eine Kopie des berühmten New Yorker Clubs aus den 1970er-Jahren, seinerzeit der Promi-Treff schlechthin. Die noble »Lagerhaus«-Atmosphäre umfasst vier Etagen mit jeweils eigener Tanzfläche, Bar und Service. Wie das Original kommt auch in dieses Studio 54 reichlich Prominenz. Lichteffekte, Audiosystem und Musik sind gelungen und decken das Spektrum von 1970 bis heute ab.

✚ 199 D3 ✉ MGM Grand, 3799 Las Vegas Boulevard South ☎ 702/891-7254; www.mgmgrand.com/nightlife/studio-54.aspx ◷ Di–Sa 22–3 Uhr ✋ Herren: preiswert; Damen: frei

⑦ GameWorks

Der Preis pro Spiel variiert zwischen 50 Cent und 5 US$; die Spieler kaufen am Eingang eine *game card* mit festgesetztem Limit und können dann an einem Bobrennen teilnehmen, einen Kampfjet fliegen oder einen Panzer fahren – alles natürlich nur virtuell. Darüber hinaus gibt es die klassischen Computer- und Geschicklichkeitsspiele wie Ms. Pac-Man bzw. Air-Hockey, das wunderbar altmodische Pinball (Flipper) sowie virtuelles Bowling und Achterbahnfahren.

✚ 199 D3 ✉ Showcase Mall, 3785 Las Vegas Boulevard ☎ 702/432-4263; www.gameworks.com ◷ So–Do 10–24, Fr, Sa 10–1 Uhr ✋ frei; Spiele: preiswert

⑧ M&M's World Las Vegas

Der süße Geschmack des Erfolgs erwartet Sie in M&M's World, und zwar in Gestalt eines vierstöckigen Schokoladendenkmals, dem Traum eines jeden Schleckermäulchens. Der interaktive Einkaufs- und Unterhaltungskomplex bietet mehrere Tausend Original-M&M-Artikel, ein erst kürzlich renoviertes 3-D-Kino, den M&M's-Racing-Team-Store, Colorworks (mit 21 verschiedenfarbigen Schoko- und Peanut-M&M's) sowie mit Ethel M. Chocolates die ultimative Gourmet-Schokoladen-Boutique.

Außerdem gibt es die Showcase Mall, eine Fresszeile (Food Court) mit den Restaurants Wendy's Subway, Del Taco, Starbucks und La Salsa. Dazu kommen noch ein Internetcafé, ein zweistöckiger Adidas-Outlet, die Grand Canyon Experience (im Grunde ein Geschenke-Shop) und Coca-Cola Vegas, ein in Form einer riesigen Coca-Cola-Flasche entworfenes Geschäft, das alles rund ums Thema Coca-Cola bietet.
✚ 199 D3 ✉ Showcase Mall, 3785 Las Vegas Boulevard ☎ 702/736-7611; www.mymms.com 🌐 tägl. 9–24 Uhr 🖐 frei, Kino ausgenommen (preiswert)

9 Harley-Davidson Café

Motorradfans und -freaks kommen in diesem Themenrestaurant voll auf ihre Kosten: Drei Etagen voller Motorrad-Memorabilien, dazu ein Fließband mit verschiedenen Motorrädern, darunter ein Knight Rider und ein Gatboy. Das Harley-Davidson Café präsentiert mit großem Stolz sogar eine Maschine von Elvis. Die Wände schmücken Andenken anderer Stars, etwa eine Zeichnung von Jimi Hendrix

Der verlockende Eingang in die Videospielhalle *GameWorks* in der Showcase Mall

Ein Highlight im Harley-Davidson Café ist die 10 t schwere Kettenflagge

und eine handsignierte Lederkombi von Cher. Im Hauptgeschoss gibt es Speisen und Getränke, im oberen Bereich kann man sich hinsetzen und z. B. während eines Frühstücks das Geschehen am Strip beobachten. ✚ 199 D3 ✉ 3725 Las Vegas Boulevard South an der Harmon Avenue ☎ 702/740-4555; www.harley-davidsoncafe.com ⏱ So–Do 9–23, Fr, Sa 9–24 Uhr ✋ preiswert

🔟 Steve Wyrick: Mind Blowing Magic

Steve Wyrick steht an der Spitze einer neuen Gruppe von Illusionskünstlern in Las Vegas, die keine anderen Grenzen kennen als die ihrer Fantasie. In seiner Show im Aladdin schafft er neue Illusionen. Bei seinem größten Trick, »The Largest Illusion In Las Vegas«, lässt er ein echtes Flugzeug, eine zweimotorige Beechcraft Baron 58, aus dem Nichts erscheinen. Doch das ist längst nicht alles. Ein Motorrad löst sich in Luft auf, um mitten im Publikum wieder aufzutauchen, und später entkommt Steve Wyrick den Sägeblättern eines 9 m hohen »Todeskrans«, der über den Zuschauern der vorderen Reihen kreist. Darüber hinaus lässt er einen Hummer H2 auf einer Glasplatte auftauchen. Während der Show unterhält er sein Publikum mit Geschichten darüber, wie er die Magie dazu benutzt, dem Alltag zu entfliehen. ✚ 199 D4 ✉ Steve Wyrick Theatre, Planet Hollywood Resort, 3667 Las Vegas Boulevard South ☎ 702/650-5081; www.stevewyrick.com ⏱ Shows: Mi–Mo 19 und 22 Uhr ✋ teuer

⓫ The Joint

Dieser Veranstaltungsort hat seit seiner Eröffnung 2009 eine ganze Reihe großer Stars auf seine moderne Bühne geholt. Wenn Sie nicht inmitten der Publikumsmassen mitfiebern möchten, können Sie auch mit einem Sitzplatz auf einem der Balkons vorliebnehmen oder einen der Tische auf Bühnenhöhe reservieren, die einen guten Blick auf die Bühne sowie Bedienservice bieten. Wer es ganz dekadent und protzig mag, mietet eine Luxussuite des Hotels und sieht dem Star über einen Plasmabildschirm zu. Zuletzt waren Sheryl Crow, The Black Crowes und Dauergast Carlos Santana (bis Mai 2011) im The Joint zu sehen. ✚ 199 F4 ✉ Hard Rock Hotel & Casino, 4455 Paradise Road (Ecke Harmon Avenue) ☎ 702/693-4000; http://thejointlasvegas.com ⏱ je nach Event verschieden ✋ mittel

Das Foyer der Bellagio Gallery of Fine Art

12 Eiffelturm-Besichtigung und -Restaurant

Es mag kein richtiges Fahrgeschäft sein, aber die Fahrt hinauf zur Spitze des »Eiffelturms« des Paris Las Vegas bringt jede Menge Spaß. Der Nachbau ist genau halb so hoch wie das Original. Von der Aussichtsplattform im 46. Stock hat man eine atemberaubende Aussicht über Las Vegas und die umliegenden Berge; besonders spektakulär wird es bei Einbruch der Dämmerung, wenn am Strip die Lichter angehen.

Elf Etagen über dem Strip liegt das vornehme – und teure – Eiffel Tower Restaurant & Bar. Das Dekor ist im Techno-Disco-Design mit etwas Art déco gehalten. Melden Sie sich unten am Schalter an und fahren Sie dann mit dem Glaslift hinauf ins Lokal, wo Sie von freundlichem Personal an Ihren Tisch begleitet werden. Die Küche ist französisch, der Blick grandios.

✚ 199 D4 ✉ Paris Las Vegas, 3655 Las Vegas Boulevard South ☎ 702/946-7000; www.parislasvegas.com ◷ Turmführung: tägl. 10–1 Uhr (preiswert); Restaurant: Mittagessen tägl. 11.30–14.30 Uhr, Abendessen So–Do

17–22, Fr, Sa 17–22.30 Uhr (sehr teuer); Bar: So–Do 17–24, Fr, Sa 17–1 Uhr

13 Napoleon's

Wo Rauch ist, da ist auch eine Zigarren- und Pfeifenraucher-Lounge – zumindest im Paris Las Vegas, wo Napoleon Hof hält. Diese Champagner-Bar bietet warme und kalte Hors d'oeuvres, französische Weine und Biere sowie Liveunterhaltung in Form eines Jazztrios, das allabendlich von 21 bis 1 Uhr spielt.

Im Napoleon's bekommen Sie eine Auswahl guter Zigarren, darunter Opus X aus der Dominikanischen Republik und Padron aus Nicaragua. Der Tabak für die kubanische Cao stammt aus der Dominikanischen Republik und Nicaragua, die auch eine nach dem französischen Kaiser benannte Zigarre herstellt. Von 16 bis 21 Uhr herrscht Happy Hour.

✚ 199 D4 ✉ Paris Las Vegas, 3655 Las Vegas Boulevard South ☎ 702/946-7000; www.harrahs.com ◷ So–Do 16–2, Fr, Sa bis 3 Uhr

14 Bellagio Gallery of Fine Art

Bei der Eröffnung der Bellagio Gallery of Fine Art, der ersten Galerie am Strip, wurde deutlich, dass Kunst in Las Vegas nicht länger ein Stiefkind ist. Die Galerie, die sich nicht selbst finanzieren muss, präsentiert pro Jahr zwei hochwertige Wechselausstellungen mit Leihgaben namhafter Museen aus der ganzen Welt. Jede Ausstellung läuft sechs Monate. Eine Audioführung ist im Eintrittspreis inbegriffen; Sie können also vor jedem Kunstwerk stehen bleiben und interessante Details über das jeweilige Kunstobjekt anhören. Ergänzend gibt es einen Museumsladen, in dem z. T. sehr schöne Nachbildungen aus den verschiedenen Sammlungen zum Verkauf stehen.

✚ 198 C4 ✉ Bellagio, 3600 Las Vegas Boulevard South ☎ 702/693-7111; www.bellagio lasvegas.com ◷ Galerie und Laden: So–Do 10–18, Fr, Sa 10–21 Uhr ✋ preiswert

Nobelboutiquen noch und nöcher in der Einkaufspassage Via Bellagio

15 Bellagio Shops

Hier sind Zeitloses und Avantgardistisches, Schlichtes und Extravagantes unter einem Dach vereint. Die Via Bellagio, die Einkaufspassage des First-Class-Hotels, bietet eine einzigartige Sammlung von Nobelboutiquen. Noch nie hat man die Firmen, die Geschäfte in der Via Bellagio unterhalten, so dicht beisammen gesehen. Giorgio Armani etwa präsentiert seine Armani-Kollektion gewöhnlich nur exklusiv, dasselbe gilt für Chanel, Hermès und Prada.

Dennoch ist es gelungen, sie in der Via Bellagio unter einem Dach zu vereinen. Schau- und Kauflustige können das Angebot von Moschino, Prada, Hermès, Giorgio Armani, Gucci, Tiffany & Co. und Chanel vergleichen und die kostbaren Schmuckstücke von Fred Leighton kaufen. Leighton handelt ausschließlich mit Exklusivschmuck, und jedes seiner Stücke hat eine eigene Geschichte.

198 C4 ✉ Bellagio, 3600 Las Vegas Boulevard South ☎ 702/693-7111; www. bellagiolasvegas.com ⏱ tägl. 10–24 Uhr

16 O

Die Show hat einen einzigen Star: Wasser, und zwar 5,7 Mio. l davon. *O* – der Titel steht für den Lebenszyklus – ist eine ehrfürchtig stimmende Show des Cirque du Soleil, der auch *Mystère* im Treasure Island präsentiert. Mit *O*, dem ersten Ausflug von Cirque du Soleil ins nasse Element, hat das berühmte Performing-Arts-Ensemble neue Maßstäbe gesetzt. Von dem Augenblick an, in dem sich der Vorhang öffnet und den Blick auf eine waldartige Landschaft freigibt, beginnen auch die Mysterien von *O*: Böden verschwinden in Wasserflächen, Wände lösen sich im Sprühnebel auf. Die 74 Synchronschwimmer, Taucher, Schlangenmenschen und Trapezkünstler vollbringen fantastische Leistungen auf dieser »flüssigen« Bühne, die sich binnen Sekunden von einem Wasserkörper in einen anderen wandelt.

O, eine wahre Fantasie mit geradezu traumhaften Elementen, ist grandiose Kunst in Bewegung. Bewegungen, nicht Worte, erzählen die Handlung in symbolhafter Schönheit. Wie *Mystère* entführt diese Show den Zuschauer in eine andere Welt.

Bar und Speisesaal im Monte Carlo Pub

✚ 198 C4 ✉ Bellagio, 3600 Las Vegas Boulevard South ☎ 702/693-7111; www.bellagiolasvegas.com ⊕ Shows: Mi–So 19.30 und 22 Uhr ✋ sehr teuer (Reservierung unbedingt notwendig)

🔳 Monte Carlo Pub

Wenn Sie gerne Bier trinken, werden Sie sich hier sicher wohlfühlen. Im Monte Carlo Pub haben Sie die Möglichkeit, sich in wunderbar altmodischer Atmosphäre zwischen riesigen Kupferkesseln ein Bier zu genehmigen und dazu einen Happen zu essen. Die solide Speisekarte bietet Ofenpizzen, Sandwiches, Wurstplatten, Burger und Salate, aber auch die Brezeln mit Senf ergänzen den Biergenuss optimal. Im Sommer werden die Gerichte auf der Terrasse mit Blick über den beeindruckenden Poolbereich serviert. Freitags und samstags gibt es von 23 bis 2 Uhr Livemusik von Zowie Bowie, dem Sohn David Bowies. An den übrigen Tagen finden Liveshows statt. Die Mini-Brauerei produziert sechs verschiedene Biersorten, die alle den Namen Monte Carlo tragen, darunter High Roller Red (vollmundiges Helles), Las Vegas Lite, Winter Wheat (amerikanisches Weizen), Silver State Stout (traditionelles irisches Bier) und ein »Brewmaster's Special«, das monatlich wechselt.

✚ 198 C3 ✉ Monte Carlo, 3770 Las Vegas Boulevard South ☎ 702/730-7777; www. montecarlo.com ⊕ Mo–Do 11–3, Fr, Sa 11–2, So 11–24 Uhr; für die 21-Uhr-Show liegt die Altersbeschränkung bei 21 Jahren ✋ frei

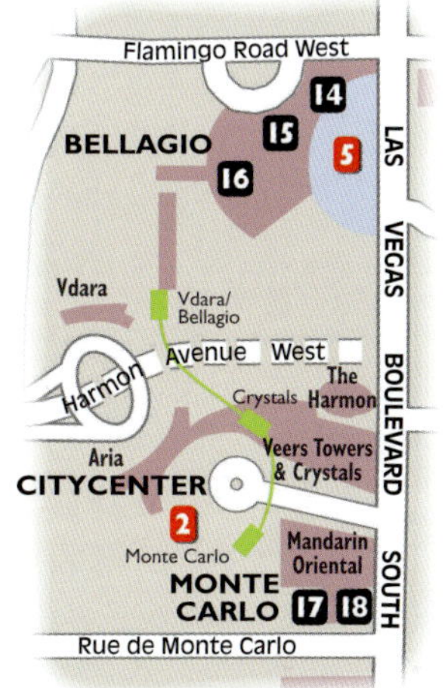

Das Jabbawockeez-Tanzensemble

18 Jabbawockeez

Hinter diesem Namen versteckt sich weniger eine Hommage an den britischen Schriftsteller Lewis Carroll, aus dessen Feder dieser Titel für das Fantasiegedicht in *Alice hinter den Spiegeln* floss, als vielmehr eine funkige Tanztruppe, die derzeit mit MÜS.I.C. die Herzen des Publikums erobert. Die Show lief in Las Vegas so gut an, dass das dynamische Ensemble nun seit September 2010 als Dauerheadliner im Monte Carlo Resort & Casino zu sehen ist. Die Tänzerinnen und Tänzer – ausgetattet mit weißen Masken und Handschuhen – begeistern die Zuschauer mit Hip-Hop-Moves zu funkigem Soundtrack. Die Jabbawockeez genießen in den USA große Beliebtheit und heimsten neben zahlreichen anderen Auszeichnungen auch den von MTV zu vergebenden Titel als *America's Best Dance Crew* ein. Nicht nur die jüngere Generation wird von der spektakulären und originellen Choreografie angetan sein!

✚ 198 C3 ✉ Monte Carlo, 3770 Las Vegas Boulevard South ☎ 702/730-7160; www.jabbawockeez.com ⊕ Di–Sa 21.30 Uhr ✋ mittel

19 Der Roller Coaster des New York-New York

Schneller als eine Gewehrkugel, kraftvoller als eine Lokomotive und fähig, selbst hohe Gebäude (und die Freiheitsstatue) in nur einer Runde zu überwinden … das ist die Achterbahn der Superlative. Mit über 100 km/h jagen die Wagen rund um die Wolkenkratzer und Miss Liberty und stellen die Welt dabei mitunter buchstäblich auf den Kopf. Das Action-Fahrgeschäft ist das erste, bei dem die Fahrgäste nachfühlen können, was ein Pilot beim Fliegen einer Schraube empfindet. In diesem Abschnitt dreht sich der Zug um 180 Grad und lässt seine Fahrgäste 25 m über dem Kasinodach hängen, um anschließend in einen Looping überzugehen. Ringen Sie sich zumindest während der letzten paar Sekunden ein Lächeln ab – dann werden nämlich Fotos geschossen.

✚ 198 C3 ✉ New York-New York, 3790 Las Vegas Boulevard South ☎ 702/740-6969; www.nynyhotelcasino.com ⊕ So–Do 11–23, Fr, Sa 11–24 Uhr ✋ preiswert; keine Kreditkarten

20 Zumanity The Sensual Side to Cirque du Soleil

Die als »sinnliche Seite des Cirque« angekündigte Show voller Sex-Appeal richtet sich ausschließlich an Erwachsene. Zwei barbusige Damen eröffnen die Vorstellung mit akrobatischen Kunststücken innerhalb und außerhalb eines riesigen Wasserbeckens. Ihnen folgen Burlesque-Tänzerinnen, ein nur wenig Fantasie abverlangendes, doch wunderschönes Liebesspiel zwischen Gleichgeschlechtlichen sowie ein Striptease eines gut gebauten Tänzers. Kostüme, Make-up und Musik sind fantastisch und auch die Mischung aus Posse und Erotik stimmt.

✚ 198 3C ✉ New York-New York, 790 Las Vegas Boulevard South, ☎ 702/740-6815; www.zumanity.com ⊕ Fr–Mi 19.30 und 22 Uhr ✋ teuer

Nervenkitzel im Roller Coaster des New York-New York

Wohin zum ...
Essen und Trinken?

Preise
Die Preise gelten pro Person für ein Essen ohne Getränke, Steuern und Service:
$ unter 30 US$ $$ 30–60 US$ $$$ über 60 US$

RESTAURANTS

◤◤◤ Les Artistes Steakhouse $$$

Dieses extravagante Restaurant im Art-déco-Stil befindet sich nebem dem gleichnamigen Kasino und serviert traditionelle französische Gerichte. Lassen Sie sich neben französischer Zwiebelsuppe diverse Köstlichkeiten von Filet mignon über Kobe-Steak bis hin zu Prime-Rib-Steak in Salzkruste munden. Die Speisekarte bietet außerdem eine breite Auswahl an Fisch und Meeresfrüchten wie z. B. Maine-Hummer. Nicht minderen Genuss versprechen die Desserts, kosten Sie die Granny-Smith-Apfelspieße und den karamellisierten Reisbrei. Die beiden Wendeltreppen erzeugen nicht nur eine besonders dramatische Stimmung, sondern eignen sich auch ideal, um Leute zu beobachten.

✚ 199 D4 ⊠ Paris Las Vegas, 3655 Las Vegas Boulevard South ☎ 702/967-7999; www.parislasvegas.com ◉ Abendessen tägl. 17.30–22.30 Uhr

◤◤◤ Emeril's New Orleans Fish House $$$

Liebhaber der kreolischen und Cajun-Küche treffen sich in diesem Lokal im MGM Grand, wo Küchenchef Emeril Lagasse sein beliebtes Restaurant aus New Orleans wiederaufleben lässt. Die Atmosphäre – blaue Farben, Holz und Skulpturen aus Metall zieren sein Inneres – ist elegant und entspannt, zu bestimmten Zeiten kann es freilich etwas laut werden. Das beliebteste Gericht sind die Barbecue Shrimps, gefolgt von Jumbo Shrimp in Schinken, Kalbsfilet und Knoblauch-Schweine-Koteletts. Der Banana Cream Pie mit Karamell ist eine dekadente Versuchung.

✚ 199 D3 ⊠ MGM Grand Hotel & Casino, 3799 Las Vegas Boulevard South ☎ 702/891-7374; www.emerils.com ◉ tägl. 11.30–14.30, 17–22 Uhr; Bar und Café 11.30–22 Uhr

◤◤ Gandhi Indian Bistro $$

Las Vegas kommt Ihnen vielleicht nicht als Erstes in den Sinn, wenn Sie an indische Gourmet-Küche denken, doch dürfen Sie sich durchaus positiv überraschen lassen. Neben Steak- und eleganten französischen Restaurants bietet die Stadt auch diese exzellente Adresse nur wenige Straßen von den üblichen Touristenpfaden entfernt. Nehmen Sie sich genügend Zeit, um das große Angebot in vollen Zügen zu genießen. Als Vorspeise eignet sich die Papadam-Variation (hauchdünn frittierte Fladen), dazu pikante Minzsauce, angereichert mit Koreander, Frühlingszwiebeln, Paprikaschoten und Ingwer. Hauptgerichte können mit verschiedenen Komponenten kombiniert werden, so z. B. das Garnelen-Curry – mit Samosas (vegetarischen Teigtaschen), Fladenbrot und Reis – oder Thali mit regionalen indischen Zutaten; beide Gerichte inklusive Dessert.

✚ 199 F4 ⊠ 4080 Paradise Road ☎ 702/734-0094; www.gandhicuisine.com ◉ tägl. 11–14.30, 17–22.30 Uhr

◤◤◤◤ Michael Mina $$$

Einer der Höhepunkte des Bellagio – und mit Blick auf die grüne Oase des Conservatory (► 97). Mit kostbaren Hölzern, Terrazzofliesen und exotischen Textilien ist die Atmosphäre weniger formell als in einem anderen Bellagio-Restaurant, z. B. dem Picasso (► 95), die

Küche aber experimenteller. Das Lokal serviert die modernsten Meeresfrüchtegerichte der Stadt. Highlights sind ein Muschelsoufflé, Muscheln mit Feigen und ein Hummer-Pie. Die Speisekarte wechselt sehr häufig. Interessant ist auch das Festpreismenü. Für Vegetarier gibt es ein verführerisches Fünf-Gänge-Menü.

✚ 198 C4 ⊠ Bellagio, 3600 Las Vegas Boulevard South ☎ 702/693-7223; www.bellagio.com ⊕ Abendessen tägl. 17.30–22 Uhr

◈◈ Mon Ami Gabi $$

Die einzige Gelegenheit, am Strip im Freien zu essen. Hier können Sie in französischem Ambiente ausgezeichnet essen und wunderbar das Treiben auf der Straße um Sie herum beobachten. Die besten Tische (sofern das Wetter mitspielt) stehen auf der Veranda. Man sitzt unter funkelnden Lichtern und blickt auf das Trottoir und die Bellagio-Fontänen gegenüber. Wer es süß mag, muss unbedingt ein Dessert probieren. Insbesondere die Backwaren sind eine Sünde wert.

✚ 199 D4 ⊠ Paris Las Vegas, 3655 Las Vegas Boulevard South ☎ 702/944-4224; www.monamigabi.com ⊕ Mo–Fr von 11.30 bis 15.45, Sa, So 11–16, Mo–Fr, So 16–23, Sa 16–2 Uhr

◈◈◈◈ Nobhill Tavern $$$

Promi-Koch Michael Mina wollte offensichtlich San Francisco nach Las Vegas bringen. Versuchen Sie, einen Tisch in einer der Nischen für geruhsame Zweisamkeit zu bekommen. Kartoffelfreunde greifen beim »Potato Cart« zu, wo Kartoffelpüree in fünf Geschmacksrichtungen zur Auswahl steht. Unter den Vorspeisen sind Minas ureigene Hummertopf-Pies ein Muss. Und als Dessert empfehlen sich mit Ahornsirup verfeinerte Crème brûlée mit Apfeltaschen oder Schokoladen-Madeleines an Kirsch-Schokoladen-Eis.

✚ 199 D3 ⊠ MGM Grand, 3799 Las Vegas Boulevard South ☎ 702/891-7337; www.mgmgrand.com ⊕ Abendessen So–Do 17.30–22, Fr, Sa 17.30–22.30 Uhr

◈◈ Nobu Las Vegas $$$

Seit dieses mehrfach ausgezeichnete New Yorker Restaurant eine Dependance in Las Vegas eröffnete, gibt es hier die besten Sushis der Stadt. Nobu ist der Ort zum Sehen und Gesehenwerden; die Gäste sind vornehm und schick, ebenso das minimalistisch gehaltene Ambiente. Knabbern Sie *edamame* (Sojabohnen), während Sie die Karte studieren, auf der Fisch- und Meeresfrüchtegerichte dominieren. Zum Nachtisch sollten Sie den Brotpudding mit Birne probieren.

✚ 199 F4 ⊠ Hard Rock Hotel & Casino, 4455 Paradise Road ☎ 702/693-5090; www.hardrockhotel.com ⊕ Abendessen tägl. 18–23 Uhr

◈◈◈◈ Picasso $$$

Feinschmecker dürfen sich die Gelegenheit nicht entgehen lassen, einmal im Picasso im Bellagio zu schlemmen: Es zählt zu den besten Gourmet-Lokalen der Stadt. Der dezente, elegante Raum überblickt den See und die Wasserspiele, doch selbst diese Aussicht verblasst neben den Picassos, deren Wert auf mehr als 50 Mio. US$ geschätzt wird. Inspiriert von der Küche Südfrankreichs und Spaniens, wo Picasso den größten Teil seines Lebens verbrachte, offeriert das Festpreismenü u. a. Salat vom Maine-Hummer mit Champagner-Vinaigrette sowie *fois gras*. Die Weinkarte enthält viele europäische Jahrgänge.

✚ 198 C4 ⊠ Bellagio, 3600 Las Vegas Boulevard South ☎ 702/693-7223 ⊕ Abendessen Mi–Mo 18–21.30 Uhr

BÜFETT-LOKALE UND CAFÉS

◈◈ The Buffet at Bellagio $$

Dieses sehr preisgünstige Büfett-Lokal gilt als eines der besten der Stadt. In einem Ambiente, das an einen europäischen Marktplatz erinnert, kann man über ein Dutzend internationale Küchen probieren, darunter Gerichte aus der von Fisch- und Meeresfrüchten geprägten amerikanischen, aus der japanischen, chinesischen und italienischen Küche. Wein und Bier werden ebenfalls ausgeschenkt, Samstag und Sonntag gibt es auch die

Möglichkeit zu einem Sektbrunch.

✠ 198 C4 ✉ Bellagio, 3600 Las Vegas Boulevard South ☎ 702/693-7111 🕐 Frühstück Mo–Fr 7–11 Uhr; Mittagessen Mo–Fr 11–16 Uhr; Abendessen So–Do 16 bis 22 Uhr

Il Fornaio $

Wunderbar zum Frühstücken oder für einen kurzen Lunch bietet die Bäckerei des New York-New York frische Pastetchen, Muffins, Desserts, Säfte, Kaffeespezialitäten, Suppen, Salate und Sandwiches. Ein Espresso-Mocha-Scone macht Sie für die nächsten paar Stunden quicklebendig.

✠ 198 C3 ✉ New York-New York Hotel & Casino, 3790 Las Vegas Boulevard South ☎ 702/740-6403; www.nynyhotelcasino.com/restaurants 🕐 Frühstück tägl. 7.30–10.30 Uhr; Mittag- und Abendessen 11.30–24 Uhr

Rainforest Café $$

Kleine wie große Kinder werden es lieben, in Urwald-Atmosphäre zu frühstücken, zu Mittag oder Abend zu essen. Inmitten einer dem Regenwald nachempfundenen Kulisse – etwa neben donnernden Wasserfällen oder einem Riesenaquarium – kann man sich exotische Leckereien wie *Caribbean shrimp*, *Tribal salmon* (Lachs) und *Jungle chop salad* schmecken lassen.

✠ 199 D3 ✉ MGM Grand, 3799 Las Vegas Boulevard South ☎ 702/891-8580; www.mgmgrand.com 🕐 So–Do 8–23, Fr, Sa 8–24 Uhr

BAR

Gordon Biersch Las Vegas $

Das Publikum in diesem traditionellen Brauerei-Restaurant ist bunt gemischt. Freiliegende Leitungen und schimmerndes Brauerei-Equipment geben den Ton an. Die Bierarten wechseln je nach Jahreszeit und reichen von diversen Hellen über Hefeweißbiere bis zu dunklen Stouts. Später am Abend spielen lokale Livebands. Essen gibt es auch, doch die meisten Gäste kommen her, um ein Bier zu trinken.

✠ 199 F4 ✉ 3987 Paradise Road und Flamingo Road ☎ 702/312-5247; www.gordonbiersch.com 🕐 So–Do 11–24, Fr, Sa 11–1 Uhr

Wohin zum ... Einkaufen?

Das umfassendste Angebot auf diesem Abschnitt des Strip haben die großen Malls, z. B. die Shops im Bellagio (▶ 90), die Miracle Mile und Le Boulevard (▶ 80) im Paris Las Vegas. Einige Kasinos bieten freilich auch kleinere, durchaus attraktive Einkaufsbereiche mit mitunter ungewöhnlichen Souvenirs.

Das **MGM Grand** (3799 Las Vegas Bolulevard South, Tel. 702/891-1111) bietet zwei Shopping-Arkaden. Die meisten Geschäfte führen die für Kasinohotels typischen Waren, doch einige heben sich davon ab. Die größere ist **Studio Walk** unweit des Kasinos. Zwischen den Restaurants und Bars liegt die **Watch Boutique** mit preiswerten, dennoch wunder-schönen Uhrenmodellen von namhaften Designern wie Cartier, Gucci oder Bulgari. Aber auch edelsteinbesetzten Schmuck gibt es zu erstehen.

Das **Grand Candy** in der **Star Lane** ist die Adresse schlechthin für Naschkatzen, denen sündhaft süße Cremetörtchen oder, etwas gesünder, in Schokolade getauchte Obststückchen zur Auswahl stehen. Vielleicht finden Sie auch etwas für Ihre Lieben zu Hause.

Ein Stückchen den Strip hinauf vom MGM präsentiert die **Showcase Mall** u. a. **M&M's World** (▶ 86f), 3785 Las Vegas Boulevard South; Tel. 702/740-2520; So–Do 9–23, Fr, Sa 9–24 Uhr). Hier erwarten Sie verblüffende Variationen der beliebten Süßigkeit, darunter M&Ms in 21 verschiedenen grellen Farben. Einen kleinen Bereich nimmt Ethel M. Chocolates ein. Die z. T. mit Alkohol gefüllten Pralinen sind ein absolutes Muss für jeden »Schokoholic« (bzw. für alle, die ein Mitbringsel für einen solchen suchen). Wer Lust und Zeit hat, kann auch die Fabrik besichtigen (13 km vom Strip entfernt; 2 Cactus Garden Drive; Tel. 702/433-2500; www.ethelschocolate.com). Vor dem Gebäude liegt ein riesiger Kakteengarten.

Die **Street of Dreams** im Monte Carlo ist nicht so groß wie die meisten Kasinohotel-Einkaufsbereiche; im Normalfall hat man alles gesehen, bis der Tisch im **Monte Carlo Pub** frei wird. Bei **Harley-Davidson of Las Vegas** bekommt man Kleidung, Accessoires, mit denen Sie Ihr Stahlross aufmöbeln können, sowie Souvenirs.

Showcase Slots & Antiquities (430 Industrial Road South; Tel. 702/740-5722) verkauft ausgediente Einarmige Banditen, betagte Video-Poker-Automaten, Leuchtreklameschilder und Jukeboxes.

Wohin zum ...
Ausgehen?

Auf diesem Abschnitt des Strip erwartet Sie eine Fülle großartiger Unterhaltungsprogramme – ein Teil davon ist sogar kostenlos. Dasselbe gilt natürlich auch für viele Attraktionen innerhalb der Kasinohotels.

Die prächtigen Grünanlagen des Bellagio-**Conservatory** sind allgemein zugänglich und ein schöner Zeitvertreib beim Warten auf den Einlass in die **Bellagio Gallery of Fine Art** (▶ 89). Die Bepflanzung wechselt mit den Jahreszeiten, manchmal aber auch zwischendurch. An ein und demselben Tag können Sie hier Hortensien, Osterglocken, Lavendel, Rosen, Löwenmäulchen, blühende Zypressen und Apfelbäume sehen. Alle Pflanzen – auch die Bäume – werden in Gewächshäusern kultiviert, bis sie für eine bestimmte Ausstellung benötigt werden. Einen solchen Garten mitten in der Wüste zu unterhalten, erfordert einen enormen Aufwand – das Conservatory beschäftigt allein über hundert Gärtner.

Hinter die Kulissen einer Las-Vegas-Revue zu schauen ist nicht weniger unterhaltsam, als das Geschehen auf der Bühne zu verfolgen. Allerdings lassen sich nur wenige Shows hinter die glamouröse Fassade blicken. Eine Ausnahme ist **Bally's Showgirl Tour** (Tel. 702/967-4111; Führungen Mo, Mi und Sa um 11 Uhr; Reservierung empfohlen; mittel), sie bietet Einblick hinter die Kulissen von *Jubilee!* (▶ 82f). Eines der Revuegirls verrät einer kleinen Gruppe die Geheimnisse der Show. Sie erfahren, wie die Mädchen es schaffen, innerhalb kürzester Zeit das Kostüm zu wechseln, in hochhackigen Schuhen zwei Treppen hochzuhasten und einen gewichtigen Kopfschmuck zu balancieren. Am Ende der Tour schminkt sich die Führerin und verwandelt sich vom netten Mädel in ein glamouröses Revuegirl. Sehr empfehlenswert!

Das **Coney Island Emporium** (Tel. 702/736-4100) des New York-New York ist dem berühmten New Yorker Vergnügungspark nachempfunden (So–Do 9.30–24, Fr, Sa bis 2 Uhr). Die riesige Anlage bietet alle erdenklichen Amüsements – von Virtual-Reality-Spielen bis hin zum Autoskooter. Highlights sind freilich die altmodischen Schießstände, wo Sie Ihrer Liebsten ein überdimensionales Plüschtier schießen können.

Lounges

Andere Kasinos mögen stilvollere Lounges besitzen, aber das **Coyote Ugly** (Tel. 702/740-6969) im New York-New York ist sehr unterhaltsam. Die (Tanz-)Bar im Südstaatenstil basiert auf dem legendären New Yorker Lokal, das den gleichnamigen Film inspirierte. Zu seinen Besonderheiten gehören die verrückten Barkeeper, die schon mal auf dem Tresen tanzen.

Ebenfalls im New York-New York kann man in der **Bar at Times Square** dem Pianisten-Duell beiwohnen. Und die im Art-déco-Stil gehaltene **Empire Bar** serviert eine überraschend hochwertige Auswahl an offenen Weinen.

Euro-Popbands spielen in der **Le Cabaret Lounge** im Paris Las Vegas; weitere Lounges mit Liveunterhaltung sind **Le Central, Le Bar du Sport** und **Gustav's Casino Bar.**

Das Bellagio hat eine der stilvollsten und romantischsten Lounge-Szenen der Stadt – sie laden zu guten Drinks und guter Musik ein. Die **Fontana Bar** liegt im Herzen des Kasinos; die **Caramel Bar and Lounge** mischt Musik und Cocktails. In der **Petrossian Bar** gibt es Kaviar und russischen Sekt und die gleich neben der Baccarat Lounge gelegene **Baccarat Bar** serviert die besten **Sidecars** der Stadt.

Theater/Bühnen/Arenen

In der 17 000 Zuschauer fassenden **Grand Garden Arena** im MGM Grand (Tel. 800/929-1111) finden einige der bedeutendsten Großveranstaltungen von Las Vegas statt – von Boxweltmeisterschaften bis hin zu Rockkonzerten. Großartige Comedy sehen Sie im kleineren **Hollywood Theater** des MGM. Hier finden Sie auch **La Femme Theatre,** das auf der Originalshow des Pariser Nachtclubs Crazy Horse basiert.

Im **Le Théâtre des Arts** (Tel. 702/946-4567) im Paris Las Vegas und im **Theater for the Performing Arts** im Planet Hollywood (Tel. 702/785-5555) gastieren regelmäßig große Entertainer. Was hip, hot und einfach supermodern ist, tritt im **The Joint** (▶ 88f) Tel. 702/226-4650) auf, dem 1400 Plätze fassenden Theater des Hard Rock. Mit etwas Glück taucht der eine oder andere Künstler nach der Vorstellung noch im Nachtclub Vanity auf.

Nachtclubs

Wet Republic (MGM Grand; Tel. 702/891-3563; www.wetrepublic. com, tägl. 11 Uhr bis in die Abenddämmerung; das Mindestalter liegt bei 21 Jahren; Eintritt Herren: 20 US$; Damen: frei). Um den »Ultra Pool« nutzen zu können, ist zeitgemäße Badebekleidung Vorschrift. Die Wet Republic macht die Nacht zum Tage und vereint Clubatmosphäre mit Badespaß. Für Musik sorgen DJs, die eher Chill-out- und entspannte House-Musik auflegen. Gäste können sich an zwei Salzwasserbecken, einer Cocktail-Lounge unter freiem Himmel und einer Sonnenterrasse, auf denen verschiedene Performances stattfinden, erfreuen.

Das **Privé** (Planet Hollywood Resort & Casino; Tel. 702/727-8344; www.privelv.com; Fr, Sa, Mo ab 22 Uhr) mischt South-Beach-Miami-Style mit vornehmem Vegas-Glamour und setzt einiges daran, sich zu einer angesagten Adresse der Reichen und Schönen zu etablieren. Das Interieur ist sehr vornehm; eine etwas gemütlichere und intimere Atmosphäre hingegen schaffen die Ledersofas im angrenzenden **Living Room.** Veranstaltungen und interessante Gäste gehören zum Programm. **Rehab** (Hard Rock Hotel; Tel. 702/693-5555 für VIP-*cabanas*; www.rehablv.com; So 11–19 Uhr; Eintritt Herren: 30 US$ – Hotelgäste ausgenommen; Damen normalerweise frei) ist einer der ersten und besten Pool-»Nachtclubs« mit Öffnungszeiten am Tag. Zu schwungvoller Musik bewegen sich die Damen, die im Bikini und nicht selten auf High Heels gern die Blicke der männlichen Tanzgenossen auf sich ziehen. Für das Strandfeeling sorgt die künstlich angelegte Lagune, Sand und Palmen dürfen natürlich nicht fehlen. Die kleine Wasserrutsche und der Whirlpool bieten zusätzlichen Spaß. Seien Sie so früh wie möglich da – das gilt insbesondere für die Herren –, denn die Warteschlangen sind lang (außer für Hotelgäste und jene, die eine *cabana* (teuer!) gemietet haben).

Von Flamingo bis Spring Mountain

Erste Orientierung

In diesem Teil des Strip findet man Altes, Neues, Geliehenes und »Blaues«. Hier vermischt sich das ursprüngliche Vegas – mit seinen traditionellen Shows und beliebten, alteingesessenen Hotels – mit neuen Attraktionen und Resorts, die diesem Straßenblock insgesamt mehr Sex-Appeal verleihen.

Caesars Palace war das allererste Themenhotel in Las Vegas, es wurde bereits 1966 eröffnet. Auch heute glänzt es in seiner bekannten Pracht, die alten Gebäude wurden lediglich modernisiert und mit allen Errungenschaften des 21. Jahrhunderts ausgestattet. In dem weitläufigen Gebäudekomplex steht in einer Rotunde im Eingangsbereich sogar eine Miniaturausgabe der Stadt Rom um Christi Geburt! Das Mirage im polynesischen Baustil wurde 1989 eröffnet. Mit seiner größten Attraktion – dem Feuer speienden Vulkan direkt am Strip – begann der neue Trend, riesige Hotelkomplexe unter einem speziellen Thema zu bauen.

Das Venetian lehnt sich, wie auch das Palazzo, architektonisch an die Lagunenstadt Venedig an. Hier können die Besucher sogar mit Gondeln durch Kanäle fahren. Eines der ersten Hotels am Strip war das legendäre Flamingo Las Vegas, das auch heute noch begeistert. Dass TI im Mirage wiederum hat eine neue spektakuläre Variante des Vergnügens in die Stadt gebracht: sehr viel Wasser.

Seite 99: Fahren Sie mit der Gondel durch die Grand Canal Shoppes

Unten: Die Fassade der Forum Shops des Caesars Palace

Rechts: Leuchtreklame des Flamingo-Hotels

★ Nicht verpassen!

1. The Forum Shops ➤ 106
2. The Colosseum ➤ 108
3. Volcano und Sirens
   of TI ➤ 110
4. LOVE ➤ 114

Nach Lust und Laune!

5. Masquerade Village ➤ 116
6. Sapphire Pool ➤ 116
7. Secret Garden ➤ 116
8. Mystère ➤ 117
9. *Phantom* ➤ 118
10. The Grand Canal
    Shoppes ➤ 118
11. Madame Tussauds Celebrity
    Encounter ➤ 119
12. Blue Man Group ➤ 119
13. The Jersey Boys ➤ 119
14. Mac King/The Improv at
    Harrah's ➤ 120
15. Legends In Concert ➤ 120
16. Frank Marino's Divas Las
    Vegas ➤ 121
17. Imperial Palace The Auto
    Collections ➤ 121
18. Flamingo Wildlife
    Habitat ➤ 121

Viele der Shows, Ausstellungen und Attraktionen von Las Vegas finden in den Hotelanlagen selbst statt, die sich wiederum deren unterschiedliche Themen zu eigen gemacht haben. Von der Flamingo bis zur Spring Mountain Road finden Sie von griechischen Palästen bis zu Piratenschiffen einfach alles. Ein Besuch dieser Spektakel lohnt sich – schon allein, um die Atmosphäre aufzusaugen.

Das Caesars Palace ist ein eindrucksvoller Hotelkomplex

Caesars Palace

Das vornehme Hotel wurde in einem monumentalen griechisch-römischen Stil errichtet und hat eindrucksvolle Fontänen, drei Spielkasinos, zahlreiche Restaurants, eine Wellnessanlage und einen Schönheitssalon. Der Augustus Tower wurde aufwendig umgestaltet, und der Forum sowie der Octavius Tower wurden um 1 Mrd. US$. aufpoliert. Niemals Langeweile kommt in den Forum Shops auf: Dort gibt es sprechende Statuen, einen bewegungssimulierten 3-D-Ride im IMAX und ein Aquarium. ✚ 198 C5 ✉ 3570 Las Vegas Boulevard South ☎ 702/731-7110; www.caesarspalace.com

The Mirage

Beim Betreten des Mirage findet man sich inmitten eines polynesischen Tropenparadieses wieder, zu dem sogar ein 27 m hoher Wintergarten mit riesigen Palmen und tropischen Pflanzen gehört. Draußen vor dem Hotel explodiert zu jeder vollen Stunde ab Einbruch der Dunkelheit bis Mitternacht ein riesiger Vulkan in einer künstlichen Landschaft mit einer Lagune, Wasserfällen und Grotten. Zum Hotel gehören insgesamt elf Restaurants und drei Türme mit jeweils 29 Etagen und über 3000 Zimmern. ✚ 200 A1 ✉ 3400 Las Vegas Boulevard South ☎ 702/791-7111; www.mirage.com

TI at the Mirage

Wer kennt nicht den berühmten Roman *Die Schatzinsel* von Robert Louis Stevenson? Im Treasure Island vor dem Mirage legen die spärlich bekleideten Sirenen von 19.30 bis 23.30 Uhr ein Programm hin, bei dem Jim Hawkins vor Neid erbleichen würde. Vom Strip aus führt eine Zugbrücke direkt ins Hotel, sie überspannt eine künstliche Bucht, in der Wellen an ein kleines Dorf branden. Das Mirage hat mehrere Tausend Zimmer, seine größte Attraktion ist die franko-kanadische Tanztruppe Cirque du Soleil mit ihrer Show Mystère. ✚ 200 B2 ✉ 3300 Las Vegas Boulevard South ☎ 702/894-7111; www.treasureisland.com

The Venetian

1,5 Mrd. US$ hat der Neubau dieses Themenhotels gekostet,

es wurde auf dem Gelände des Sands Hotel Casino errichtet. Das Venetian ist der größte Hotelkomplex der Welt und eine perfekte Kopie Venedigs – weder der markante Campanile noch der Markusplatz oder der Canal Grande fehlen. Das 2008 eröffnete Schwesterhotel The Palazzo verfügt über 3000 Suiten und manchmal überlastetem Personal.
✚ 200 B2 ✉ 3355 Las Vegas Boulevard South ☎ 702/414-1000; www.venetian.com

Harrah's

Das Harrah's ist eins der älteren und sehr beliebten Hotels in exzellenter Lage. Sein Markenzeichen ist und bleibt voraussichtlich der farbenprächtige *Mardi Gras* (Karneval) mit neuen Unterhaltungsshows, darunter die sehr beliebte *Legends in Concerts* mit Doubles echter Weltstars. Eine weitere Attraktion ist die Bar La Playa. In dieser ersten Indoor- und Outdoor-Bar der Stadt sitzen die Gäste direkt am Strip und können die Leute beobachten.
✚ 200 B1 ✉ 3475 Las Vegas Boulevard South ☎ 702/369-5000; www.harrahslasvegas.com

Imperial Palace

Hinter dem Kasino mit seinem Pagodendach steckt mehr, als man auf den ersten Blick vermuten würde: Im Inneren des ausgedehnten Hotelkomplexes mit 2700 Zimmern und Aufenthaltsräumen auf mehreren Ebenen verbergen sich ein riesiger Showroom, in dem Frank Marino's Divas Las Vegas zu sehen ist, viele Restaurants, ein Schwimmbad mit olympischen Ausmaßen, ein Spa, Fitness-Räume, ein Schönheitssalon und Tagungsräume. Im Sommer findet am Pool das berühmte *luau* – ein hawaiianisches Fest – statt.
✚ 199 D4 ✉ 3535 Las Vegas Boulevard South ☎ 702/731-3311; www.imperialpalace.com

Flamingo Las Vegas

Der Name Flamingo hat überlebt, auch wenn die Hotelkette Hilton im Jahre 1993 die alten Motelgebäude bis auf die Grundmauern abgetragen hat, mitsamt den irreführenden Treppen und dem kugelsicheren Büro der legendären »Bugsy Suite« (benannt nach Bugsy Siegel, dem Erbauer des Hotels). Heute befinden sich hier Timeshare-Wohnungen mit Karibikflair und vielen Swimmingpools und eine Hochzeitskapelle.
✚ 199 D4 ✉ 3555 Las Vegas Boulevard South ☎ 702/733-3111; www.flamingolasvegas.com

The Venetian rühmt sich damit, Teil des größten Hotelkomplexes der Welt zu sein

An einem Tag

Sie wissen nicht genau, wo Sie Ihre Tour beginnen sollen? Nehmen Sie diesen Tourenführer und lassen sich zu den interessantesten Attraktionen von der Flamingo Road bis zur Spring Mountain Road geleiten. Die Karte (➤ 100f) hilft Ihnen dabei. Detailliertere Informationen finden Sie unter den jeweiligen Haupteinträgen (➤ 106ff).

9.30 Uhr
Beginnen Sie den Tag mit einem ausgiebigen Frühstück im Büfett-Lokal Café Lago (➤ 124) im Caesars Palace.

10.30 Uhr
Gehen Sie im Hotel zu ❶ **The Forum Shops** (oben, ➤ 106f), die Sie am nördlichen Ende hinter dem Kasino des Forums finden. Sie sollten sich auf alle Fälle eine der sprechenden Statuen ansehen, die zu jeder vollen Stunde in Aktion treten. Der künstliche Himmel verändert sich ständig! Fürs Mittagessen sind das Spago, das Trevi, The Palm oder Il Mulino New York empfehlenswert.

13.30 Uhr
Machen Sie einen schönen Spaziergang zum Mirage! Falls Sie noch nicht zu Mittag gegessen haben, können Sie in der Californian Pizza Kitchen einen Salat, eine vorzügliche Pizza oder ein Nudelgericht bestellen. Oder

Sie gehen zu **7** **Secret Garden** (➤ 116f) und zum **Dolphin Habitat** (➤ 118)
hinter dem Mirage. Beide Vergnügungsparks schließen im Winter um 17.30
Uhr, im Sommer um 19 Uhr.

15.30 Uhr

Gehen Sie hinauf zum TI at the Mirage und überqueren Sie den Strip, um zum
Venetian zu kommen. Hier können Sie in **10** **The Grand Canal Shoppes** (oben,
➤ 118) bummeln oder bei **11** **Madame Tussauds Celebrity Encounter** (➤ 119)
Berühmtheiten aus Wachs bestaunen, danach lädt der St. Mark's Square
(Markusplatz) zu einer entspannenden Gondelfahrt durch die Kanäle ein.

17.30 Uhr

Das Canaletto (➤ 122) ist eines der Restaurants von The Grand Canal
Shoppes, das sich für ein frühes Abendessen anbietet.

18.45 Uhr

Überqueren Sie den Strip zurück zum TI. Bei schönem Wetter beginnt um
19 Uhr die grandiose Show **3** **Sirens of TI** (➤ 110ff). Falls Sie Karten reserviert haben: Die erste Show von **8** **Mystère** (➤ 117) beginnt um 19.30 Uhr.

21.15 Uhr

Zurück am Mirage wartet das Spektakel des **3** **Volcano** (➤ 110f) auf Sie, der
hier zu jeder vollen Stunde von 19 Uhr bis Mitternacht ausbricht. Im Anschluss
daran kann es mit Künstlern wie derzeit Cher oder Celine Dion in **2** **The
Colosseum** (➤ 108f) des Caesars Palace weitergehen. Andere Optionen
sind die spektakuläre Show **4** **LOVE** (➤ 114f, Reservierung für beide
Shows erforderlich) oder **16** **Frank Marino's Divas Las Vegas** im Imperial
Palace.

❶ The Forum Shops

Ein altes Sprichwort sagt: »Alle Wege führen nach Rom.« Wenn man sich die unzähligen Leute ansieht, die es hierher in die Forum Shops mit ihrer römisch inspirierten Architektur zieht, gilt das Sprichwort auf alle Fälle: Jeden Tag besuchen etwa 50 000 Leute die Einkaufsmeile. Die Forum Shops im Caesars Palace direkt am Strip gelten als Dreh- und Angelpunkt für Mode, Restaurants und Entertainment.

Die mehr als 160 Geschäfte des einzigartigen Einkaufskomplexes zeigen einen Überblick über die römischen Baustile zwischen 300 v. Chr. und 1700 n. Chr. Ein künstlicher Himmel simuliert innerhalb einer Stunde die Lichtverhältnisse eines ganzen Tags. Hier findet man Geschäfte von DKNY, Kade Spade, Versace, St. John, Gucci, Christian Dior, Judith Lieber und Armani bis hin zu The Discovery Store und Endangered Species: In den Forum Shops erleben Besucher einen Einkaufsbummel der Superlative.

Die Besucher haben die Qual der Wahl zwischen einer Reihe an Restaurants: Geht man in Wolfgang Pucks Spago oder Trevi, zu The

DIE SPRECHENDEN STATUEN

Alle Figuren haben eine Haut aus Silikon, die ein Stahlskelett überspannt, das sich mit hydraulischen Klappen an den Gelenken der Figuren bewegen lässt. Gesteuert werden die Figuren über ein Computerprogramm. Die Figuren der Atlantis-Show haben zusätzlich im Gesicht hydraulische Vorrichtungen, die die Mimik der Gesichter steuern. Während die Statuen im Festival of Fountains von der Taille abwärts unbeweglich sind, können die Statuen der Atlantis-Show ihren ganzen Körper bewegen.

Palm, Sushi Roku, La Salsa, Planet Hollywood oder in The Cheesecake Factory? Nichtsdestotrotz befinden Sie sich nach wie vor in einem Einkaufszentrum.

Zu den interessantesten Geschäften gehörten der Amen Wardy Home Store mit seinem außergewöhnlichen Sortiment an Wohnaccessoires und das Geschäft von Estée Lauder, in dem man alle Lippenstifte und Schminkutensilien sofort ausprobieren kann. Ausgefallene Sammlerstücke für das ganze Haus bietet der bekannte Designer Jay Strongwater. Er arbeitet mit ausgefallenen Farben, Formen und fantastischem Design.

Unterhaltung

Zu jeder vollen Stunde werden die Figuren des **Festival of Fountains** lebendig: Bacchus erwacht und lädt die Besucher des Forums zu einem Fest ein: Er zählt die Verdienste von Apollo, dem Gott der Musik, Venus, der Göttin der Liebe, und Pluto, dem Gott der Unterwelt, auf und bereitet das Fest vor. Die Feier beginnt, die Statuen sprechen und bewegen sich und werden mit Lasereffekten und Lichtstrahlen effektvoll in Szene gesetzt.

In der **Roman Great Hall** steht die **Atlantis-Statue:** Feuer, Wasser, Rauch und spezielle Effekte setzen den bewegten Kampf von Atlas, Gadrius und Alia um die Herrschaft über die sagenhafte Insel Atlantis in Szene (10–23 Uhr, zu jeder vollen Stunde).

Den Hintergrund für die Atlantis-Show bildet das riesige **Aquarium** mit 189 300 l Fassungsvermögen, in dem mehr als 100 verschiedene Fischarten, darunter Haie und Stachelrochen, schwimmen. Nicht versäumen sollten Sie die Fütterungszeiten um 13.15 und um 19.15 Uhr. Von Montag bis Freitag um 15.15 Uhr ermöglichen Führungen einen Blick hinter die Kulissen des Aquariums.

KLEINE PAUSE

Sie können zu **The Palm**, **Spago**, **Trevi**, **Sushi Roku** oder **The Cheesecake Factory** gehen.

✚ 198 C5 ✉ Caesars Palace, 3570 Las Vegas Boulevard South ☎ 702/ 731-7110 🕐 Geschäfte: tägl. 10–23, Fr, Sa 10–24 Uhr. Führung hinter die Kulissen: 13.15 und 17.15 Uhr ✋ Forum und Führungen: frei; IMAX: preiswert

② The Colosseum

Mit dem Bau des gigantischen, 4500 Zuschauer fassenden Colosseum entstand eine Bühne, die legendären Künstlern wie Elton John und Bette Midler einschließlich ihres Egos ausreichend Platz bieten sollte. Derzeit begeistern die vegaserprobten Diven des Showbusiness Cher und Celine Dion die Zuschauer.

The Colosseum wurde extra für Celine Dions Show »A New Day …« gebaut – benannt nach ihrem Album *A New Day Has Come*. Dieses Engagement endete 2008 – **nach fünf Jahren vor restlos ausverkauftem Haus!** Die spektakuläre, von Kritikern

Nicht zu übersehen: der Wegweiser zu Chers Show

THE COLOSSEUM

Die Rotunde des Colosseum hat einen Durchmesser von 78 m und erhebt sich 36,5 m hoch über dem Las Vegas Boulevard. Die Bühne ist 2086 m² groß und wird von einem 36,5 m breiten und 13,5 m hohen Bogen überspannt. Zur Bühnenausstattung gehören eine Musikanlage mit 125 000 W (ausgerichtet für 115 Stimmen), 1300 Lampen und ein spezielles Ventilationssystem, das die trockene Wüstenluft befeuchtet, um damit der Künstlerin das Singen zu erleichtern. Allein für die Filmteams stehen zehn Lifte und Aufzüge zur Verfügung. Im etwa 95 Mio. US$ teuren Rundbau liegt kein Sitzplatz weiter als 36,5 m von der Bühne entfernt!

mit großem Lob bedachte Show fand unter der Leitung eines schon für diverse Cirque-du-Soleil-Produktionen mitverantwortlichen Regisseurs statt und stellte wohl die teuerste Vegas-Show aller Zeiten dar. Bis vor Kurzem betraten außerdem Elton John mit seiner Show *The Red Piano* sowie Bette Midler mit *The Showgirl Must Go On* regelmäßig die Bühne des Colosseum.

Cher

Im Jahre 2008 verpflichtete sich dann Oscar- und Emmy-Preisträgerin Cher mit *Cher at the Colosseum at Caesars Palace* zu 200 Auftritten im Jahr. Nachdem ihre Karriere einst in Las Vegas begann, tanzt und springt sie heute erneut, zu neuen wie zu alten Hits und **in wechselnden Kostümen,** von einem Bühnenende zum anderen – und das genauso leidenschaftlich wie eh und je.

Celines Comeback

Celine Dion begeistert ein Riesenpublikum

2011 ist es endlich so weit: Celine Dion kehrt nach Las Vegas zurück, nachdem Sie ein Jahr durch 25 Länder tourte und 3 Mio. Fans beehrte und ein weiteres Jahr für das Familienglück pausierte. Die fünffache Grammy-Gewinnerin wird altbekannte Ohrwürmer wie *My Heart Will Go On*, den Mega-Hit aus dem Film *Titanic*, sowie weitere vertraute Melodien anderer Hollywood-klassiker zum Besten geben. Begleitet wird sie dabei von **31 Musikern** (Band und Orchester), und auch an visuellen Effekten wird nicht gespart.

Cher
✝ 198 C5 ✉ Caesars Palace, 3570 Las Vegas Boulevard South ☎ 866/510-CHER (2437); www.caesarspalace.com
🕐 Show: 19.30 Uhr (für Termine siehe Website) ✋ teuer

Celine Dion
✝ 198 C5 ✉ Caesars Palace, 3570 Las Vegas Boulevard South ☎ 877/4CELINE (423-5463); www.caesarspalace.com
(für Termine siehe Website)
🕐 Show: 19.30 Uhr ✋ teuer

THE COLOSSEUM: INSIDER-INFO

Top-Tipps: Informationen zu Sitzplänen sowie Ermäßigungen oder Pauschalpaketen für beide Shows inklusive Übernachtung und Abendessen und manchmal auch Getränken bietet die Website *www.caesarspalace.com.*

Außerdem Wie bei allen Shows im Colosseum dürfen atemberaubende Choreografien, Lichteffekte und Kostüme nicht fehlen. Doch haben die Verantwortlichen entschieden, dass keine Show länger als anderthalb Stunden dauert, damit sich die Besucher schnellstmöglich wieder dem Glücksspiel zuwenden können.

3 Volcano und Sirens of TI

Vulkane und Sirenen gibt es am Strip genug, aber die verführerischen Sirenen in Sirens of TI stechen eher ins Auge, als dass sie den Ohren schaden würden: Sie wollen die Piraten in ihre Höhle locken, während sich der Vulkan vor dem Mirage lautstark auf seinen nächsten Ausbruch vorbereitet und abends die Besucher scharenweise anzieht.

Volcano

Der Vulkan des Mirage steht direkt vor dem Haupteingang des polynesischen Themenhotels. Jeden Abend fängt er an, laut zu rumoren, Nebelschwaden steigen auf und schließlich schleudert er seine Rauchschwaden 30 m über der Lagune in die Luft. Die Designer der Bellagio Fountains legten auch hier Hand an und entwickelten einen **hochmodernen audiovisuellen Vulkanausbruch,** der von Feuerschützen vervollkommnet und mit einzigartigen Musikkompositionen des durch die Rockband Greatful Dead weltbekannten Schlagzeugers Mickey Hart und des indischen Tabla-Spielers Zakir Hussain untermalt wird. Der Vulkan bricht ab Einbruch der Dunkelheit bis 23 Uhr **zu jeder vollen Stunde** aus. Das Spektakel dauert etwa zwei Minuten. Gesteuert wird der Vulkan von einem Computerprogramm – dennoch überwachen drei Leute alles und sorgen dafür, dass kein Besucher zu Schaden kommt. Der Vulkan wird von 34 (Fiberglas-)Gasleitungen versorgt, von denen die meisten in die Lagune münden. Dadurch entstehen auf dem Wasser echte Flammen, die – kombiniert mit künstlichen Lichteffekten – einem echten Vulkanausbruch täuschend ähnlich sehen.

Sirens of TI

In den vergangenen Jahren wurde auf Treasure Island jeden Abend ein **wilder Piratenkampf** in Szene gesetzt. Inzwischen haben sich jedoch der Publikumsgeschmack und auch die Stadt verändert. Heutzutage sollen vor allem Erwachsene in die Hotels und in die Spielkasinos gelockt werden, deshalb ist auch diese Show eher für Erwachsene denn für Kinder konzipiert (wie unschwer zu erkennen ist). Selbst der Name des Hotels wurde geändert: Heute nennt es sich nicht mehr Treasure Island, sondern ganz modern TI at the Mirage, auch wenn dies bei vielen Besuchern noch nicht angekommen ist.

Unten links: Allabendlich zu jeder vollen Stunde spuckt der Vulkan vor dem MGM Mirage Feuer

Unten rechts: Sirenen und Piraten aus Sirens of TI

Auch heute noch lebt die Show von den vielen Spezialeffekten, die an den Kinofilm *Fluch der Karibik* erinnern: **Schiffe explodieren und Piraten fliegen hoch über die Reling ins Wasser**. Jetzt müssen sich die Eltern nur den Fragen der Kinder stellen, ob diese Frauen sich mit so wenig Kleidung eigentlich keinen Schnupfen holen …

Auch **die beiden Schiffe,** die britische Fregatte *HMS Britannia* und das Piratenschiff *Hispaniola*, sind noch Teil der Show, ebenso der kleine Seehafen aus dem 18. Jahrhundert, der mitten in die Lagune vor das Hotel gebaut wurde. Hier liegt das Piratenschiff vor Anker – nur die *Britannia* kann sich bewegen. Beide Schiffe sind aber voll aufgetakelt und vor allem nachts schon von Weitem zu sehen. Die *Britannia* besteht aus einer 215 t schweren Stahlkonstruktion. Bewegt wird sie von vier riesigen Rädern und einem 3 cm dicken Antriebskabel, die aber vom Publikum nicht zu sehen sind.

Zum allgemeinen Tohuwabohu der Explosionen, der Lichteffekte und der ohrenbetäubenden Geräusche gesellen sich die **lüsternen Sirenen,** was der Show eine Prise Erotik verleiht. Um einen guten Platz zu bekommen, sollte man zeitig dort (oder Hotelgast) sein.

Oben: Die Piraten von TI

Rechts: Das aufgetakelte Piratenschiff ist toll anzusehen

The Mirage Volcano

✠ 200 A1   ✉ The Mirage, 3400 Las Vegas Boulevard South ☎ 702/791-7111; www.mirage.com   ⊕ Vulkanausbruch: stündl. 18–23 Uhr, wenn es nicht zu windig ist ✋ frei

Sirens of TI

✠ 200 B2   ✉ TI at the Mirage, 3300 Las Vegas Boulevard South ☎ 702/894-7111; www.treasureisland.com   ⊕ tägl. 17.30 Uhr im Winter; sonst 19, 20.30, 22 und 23.30 Uhr ✋ frei

VOLCANO UND SIRENS OF TI: INSIDER-INFO

Top-Tipp: Heute besteht die Show nicht mehr wie früher nur aus Piraten-kämpfen. Sie ist eher **für Erwachsene konzipiert** und deshalb nur bedingt für Kinder geeignet. Kinderwagen sind nicht erlaubt.

4 LOVE

LOVE ist eine erfolgreiche und anspruchsvolle Show, die mit modernen Tanzdarbietungen der Truppe Cirque du Soleil die Musik der Beatles gekonnt in Szene setzt. Poesie, Dramatik und atemberaubende Akrobatik lassen die Musik der Kultband neu aufleben, sodass Kritiker wie Laien diese Show lieben.

Die Produzenten wählten diesen Namen, da sie der Ansicht waren, »Love« sei das Thema, das alle Beatles-Songs bestimmte, und zwar vom ersten bis zum letzten Album. Moderne Tanzelemente, Luftakrobatik und Surround-Sound füllen die Theaterbühne des Mirage.

Akrobaten auf Roll- schuhen verzaubern das Publikum

Das Ensemble besteht aus 60 Artisten, darunter dynamische Rollschuh- läufer, BMX-Trickfahrer und ehemalige Laien- **Straßenkünstler** sowie **professionelle Tänzer,** und liefert eine Show voller Dramatik – u. a. wird eine Station in der Kindheit der späteren »Fab Four« bewegend in Szene gesetzt. Erleben Sie Zirkusartistik und Extremsport zu entweder vollständigen **Beatles- Songs** oder Auszügen davon, die die Seele berüh- ren. Der hierfür neu abge- mischte Soundtrack ge- wann zwei Grammys und ist ein ideales Mitbringsel.

Mit LOVE wurde im Mirage eine neue Ära ein- geläutet. Das Hotel hatte über einige Jahre keine hoteleigene Attraktion mehr, nachdem die Show von Siegfried und Roy ein abruptes Ende nahm, als Roy Horn von einem seiner Tiger beinahe tödlich verletzt wurde.

Für die musikalische Zusammenstellung engagierte man George Martin, den Produzenten jeder einzelnen Beatles- Platte. Zwei Jahre

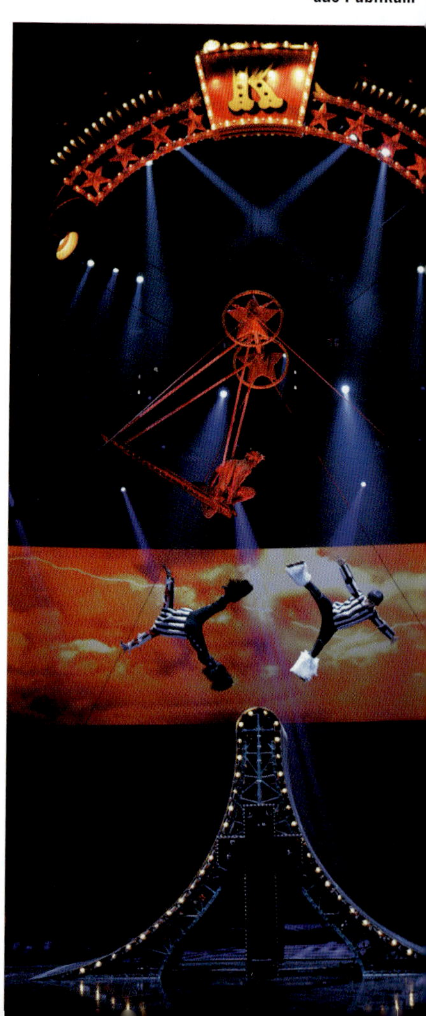

HINTER DEN KULISSEN

Wer einen Blick hinter die Kulissen werfen möchte, benötigt ein Ticket für die *Tapis Rouge Experience*, welche um 20.30 Uhr vor der eigentlichen Vorstellung beginnt. Die wesentlichen Vorzüge eines solchen »VIP«-Tickets bestehen darin, dass Sie die langen Warteschlangen umgehen und in der Lounge *REVOLUTION* zu essen und trinken bekommen. Außerdem erhalten die Gäste ein kleines Geschenk, das an die Show erinnert, sowie zwei Sitzkarten in der ersten Reihe – besser noch: Sie wählen ein bis zwei Reihen weiter hinten. Das Mindestalter für die »VIP«-Tickets beträgt 21 Jahre.

arbeitete er gemeinsam mit seinem Sohn Giles an der Bühnenmusik.

LOVE ist eine technisch sehr aufwendig gestaltete Bühnenshow. Allein der Bau des Theaters dauerte zwei Jahre. Spektakuläre **visuelle Effekte** sowie **digitale Videoprojektionen** von 30 m Höhe tragen zu diesem fantastischen Erlebnis bei. Das neue Sound-System vermittelt dem Besucher das Gefühl, selbst mit den Beatles im Studio zu stehen und die Originalbänder zu hören. Das Theater ist ein Rundbau, sodass es im Grunde keine schlechten Sitzplätze geben dürfte.

Oben: Profitänzer machen die Produktion zu einer atemberaubenden Show

🕇 200 A1 ✉ The Mirage, 3400 Las Vegas Boulevard South
☎ 702/792-7777; www.mirage.com 🕐 Do–Di 19 und 21.30 Uhr; überprüfen Sie jedoch die aktuellen Öffnungszeiten 💲 teuer

LOVE: INSIDER-INFO

Top-Tipps: Während der Vorstellung werden Stroboskoplicht und Nebel eingesetzt. Personen mit entsprechender Sensibilität besuchen die Show **auf eigene Verantwortung.**
■ Für **Kinder unter fünf Jahren** ist der Besuch der Show untersagt.

Nach Lust und Laune!

Sapphire Pool im Rio

5 Masquerade Village

Im 2800 m² großen Masquerade Village warten 26 einzigartige Outlet-Läden, viele Restaurants und Spielhallen auf Gäste. Das ganze Dorf ist architektonisch einem toskanischen Dorf nachempfunden. Im berühmten Weinkeller Rio meint man, heilige Hallen zu betreten, die eigentlich nur für Könige oder die oberen Zehntausend vorbehalten waren: Die etwa 50 000 Flaschen im Weinkeller (► 124) sollen angeblich mehr als 50 Mio. US$ wert sein. Zu den Highlights der bedeutenden Weinsammlung gehört u. a. eine Flasche eines alten Madeiras, die früher in Besitz von Thomas Jefferson war. Das Schönste an diesem Ort ist jedoch die kostenlose *Show in the Sky,* die neue Dimensionen der Fantasie erschließt

und sich hoch über den Köpfen des Publikums abspielt. Im 50. und 51. Stock des Masquerade Village gibt es die Voodoo Lounge, die Steaks und exotische Cocktails (nach 17 Uhr) im Angebot hat und obendrein Unterhaltung und einen atembeaubenden Blick auf den Strip.

✚ 198 A4 ✉ Rio, 3700 Flamingo Road West
☎ 702/252-7777; www.harrahs.com
🕐 Geschäfte: tägl. 10 bzw. 11–23 bzw. 24 Uhr;
Show in the Sky: Do–So 19–24 Uhr ✋ frei

6 Sapphire Pool

Der Sapphire Pool mit brasilianischem Flair ist ein Gemeinschaftsprojekt des Hotels Rio und des Herrenclubs Saphire. Zu diesem angeblich größten Stripclub von Vegas haben nur Erwachsene Zutritt. Hier setzt man auf Erotik (auch das Caesars, Wynn, das Venetian und Mandalay Bay haben inzwischen Pools eröffnet, an denen das Sonnenbaden auf die »europäische« Art, also oben ohne, gestattet ist). Im Sapphire Pool können Besucher sogenannte VIP-*cabanas* mit bis zu acht Personen, kreisrunde Liegen sowie Klubsessel mieten, die den einer Lagune nachempfundenen Pool mit drei Wasserfällen und Tropengarten säumen. DJs spielen moderne Popmusik, während Kellnerinnen in Bikinis exotische Cocktails servieren. Die meisten der barbusigen Damen sind Stripperinnen, die – im Pool umherschwimmend – Gäste zu einem Bad animieren sollen.

✚ 198 A4 ✉ Rio, 3700 Flamingo Road West
☎ 702/252-7777; www.harrahs.com
🕐 tägl. 10–18 Uhr ✋ preiswert–mittel

7 Secret Garden

In Las Vegas standen Siegfried und Roy erstmals im Jahre 1967 auf der Bühne, als sie im Tropicana kleine Gepardenkätzchen verschwinden ließen. Ab 1970 waren die Magier praktisch im Mirage zu Hause, bis Roy von einem seiner Tiger während der Vorstellung so schwer verletzt wurde, dass dies für die Karriere der beiden Künstler das Ende bedeutete. Doch kann man in dem von ihnen gegründeten zooähnlichen Garten seltene Großkatzen in einem »dem natürlichen Lebensraum nachempfundenen« Gehege sowie ein Delphin-Habitat bewundern. Viele der Raubtierzüchtungen sind in freier Wildbahn nicht mehr zu beobachten – ein Grund mehr, ihr Überleben mit dieser Attraktion zu unterstützen. 🕇 200 A1 ✉ The Mirage, 3400 Las Vegas Boulevard

South ☎ 702/791-7188; www.miragehabitat. com 🕓 Sommer tägl. 10–19 Uhr; Winter Mo–Fr 11–17.30, Sa, So 10–17.30 Uhr ✋ mittel; Kinder unter drei Jahren frei

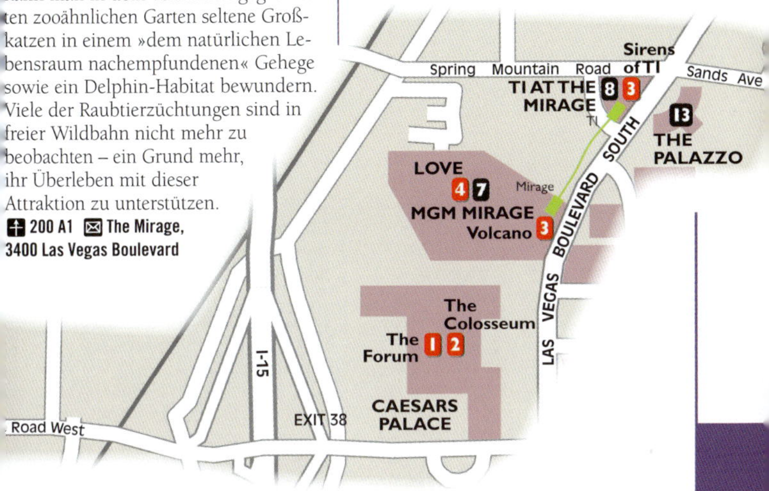

🎱 Mystère

Wenn Sie im Treasure Island Schätze finden wollen, brauchen Sie nicht länger zu suchen: Das Mystère ist eine Vorstellung, die alle Grenzen sprengt – eine surrealistische Darbietung mit Musik, Tanz, Akrobatik und Comedy. Die Artisten des Cirque du Soleil verzaubern mit ihren Illusionen die Zuschauer wie keine andere Truppe weltweit. Obwohl die Artisten viele Zirkuselemente in einer unübertroffenen Perfektion zeigen und das Theater im TI einem riesigen Zirkuszelt gleicht, sind alle Vergleiche mit bisher Gesehenem unmöglich. Die Darbietungen am Trapez, das Ballett am langen Seil, die Künststücke der Koreaner und Chinesen und alle übrigen Nummern sind einzigartig! Die 72 Künstler starke Truppe entführt die Zuschauer auf eine imaginäre Reise in ein Reich der Fantasie. Mystère ist ein Erlebnis für die Seele – jeder findet hier, was er schon immer gesucht hat.

Trommler des Cirque du Soleil in der bunten und lebhaften Show Mystère

DOLPHIN HABITAT

Neben dem Secret Garden in The Mirage liegt das **Dolphin Habitat** (gleiche Öffnungszeiten wie von Secret Garden, ➤ 116f, Kombitickets gelten auch für den Secret Garden), in dem eine Gruppe Großer Tümmler aus dem Atlantik lebt. Das Dolphin Habitat hat zwei Zielsetzungen: Den Delphinen soll zum einen ein weitgehend naturnahes Zuhause geboten werden, Forschung und Erziehung sind der zweite Schwerpunkt. Mit dem Habitat will man die Besucher auf die Notwendigkeit des Schutzes frei lebender Delphine im Meer aufmerksam machen. Jeder Besucher kann die Delphine vom Beckenrand oder im Rahmen einer Führung unter Wasser beobachten (nicht berühren!)

✚ 200 B2 ⊠ TI at The Mirage, 3300 Las Vegas Boulevard South ☎ 702/894-7722; www.treasureisland.com ⊙ Shows: Sa–Mi 19 und 21.30 Uhr ✋ sehr teuer

🗇 Phantom ...

the Las Vegas Spectacular, so lautet die glamouröse Neuinszenierung des Musicals *Das Phantom der Oper* – mit noch kraftvollerem Sound, noch eindrucksvolleren Lichteffekten und noch dürftigeren Kostümen. Obgleich auf 95 Minuten gekürzt, sind alle Hits Andrew Lloyd Webbers zu hören. Das Auditorium des 40 Mio. US$ teuren Theaters wurde im Stil einer Pariser Oper aus dem 19. Jahrhundert erbaut und soll den Zuschauer in die Welt dieses Musicals eintauchen lassen. Bei einer VIP-Führung (teuer) inklusive Blick hinter die Kulissen (Di–Fr) können Sie sogar ein paar Darsteller kennenlernen und Ehrenplätze genießen.

✚ 200 B2 ⊠ The Venetian, 3355 Las Vegas Boulevard South ☎ 702/414-9000; www.phantomlasvegas.com ⊙ Di–Fr 19, Mo, Sa 19 und 22.30 Uhr ✋ teuer

🗇 The Grand Canal Shoppes

Eigentlich fehlen nur noch die Tauben, dann könnte man meinen, man sei zum Einkaufen tatsächlich in Venedig und nicht im Venetian. Vögel gibt es hier auch, aber nur draußen vor dem Hotel. Schlendert man über das Kopfsteinpflaster der fast 47 000 m² großen Einkaufsmeile an den Häusern des nachgebauten venezianischen Canal Grande entlang, hat man die Qual der Wahl zwischen mehr als 80 Geschäften und Boutiquen. Viele der Geschäfte haben hier zum ersten Mal in Las Vegas oder in den USA eine Dependance eröffnet.

Alle Straßen münden in den St. Marks Square (Markusplatz). Für wenig Geld kann man sich in einer Gondel

The Grand Canal Shoppes im Venetian sind stets voller Besucher

den 366 m langen Canal Grande entlangrudern lassen und dabei dem Gesang des Gondoliere in authentischer Tracht lauschen.

✚ 200 B2 ✉ The Venetian, 3355 Las Vegas Boulevard South ☎ 702/414-1000; www.thegrandcanalshoppes.com 🕐 So–Do 10–23, Fr, Sa 10–24 Uhr

⑪ Madam Tussauds Celebrity Encounter

Was haben Tom Jones, Wayne Newton, Engelbert Humperdinck, Tony Bennett, Lance Burton und gut 100 andere berühmte Leute gemeinsam? Sie stehen in trauter Eintracht nebeneinander in diesem Ableger des bekanntesten Wachsfigurenkabinetts weltweit. Wann immer ein Star am Firmament auftaucht, wird seine Figur in Madame Tussauds Celebrity Encounter im Venetian aufgenommen. Mehr als hundert lebensecht wirkende Stars aus Film, Fernsehen, Musik und Sport und natürlich die Berühmtheiten der Stadt stehen hier einträchtig nebeneinander. Das Wachsfigurenkabinett in Las Vegas ist die erste Filiale des berühmten Londoner Museums in den Vereinigten Staaten.

✚ 200 B2 ✉ The Venetian, 3377 Las Vegas Boulevard South ☎ 702/862-7800; www.madametussauds.com/lasvegas 🕐 von So bis Do 10–21, Fr, Sa 10–22 Uhr ✋ preiswert

⑫ Blue Man Group

Wie hat es diese Gruppe von drei Männern mit blauen Gesichtern in Las Vegas geschafft, so viel Publikum anzuziehen und es für Dinge zu begeistern, die Kunst und Wissenschaft miteinander verbinden? Ufos, Kaugummis, Marshmallows und andere Kleinobjekte fliegen aus den Mündern an die Leinwand, Farbe spritzt durch die Luft – wie konnte so etwas Teil des Unterhaltungsprogramms von Las Vegas werden? Sicher ist nur, dass keine andere Truppe Musik und Kunst so effektvoll in Szene setzen kann wie diese Männer mit ihren kobaltblauen Gesichtern.

✚ 200 B2 ✉ The Venetian, 3355 Las Vegas Boulevard South ☎ 702/414-1000; www.blueman.com 🕐 Shows: tägl. 19 und 22 Uhr ✋ teuer

Die Show der Blue Man Group ist ein Muss

⑬ The Jersey Boys

Die Bühne des speziell für diesen Act errichteten Theaters im Palazzo bietet dem mehrfach mit den Tony Awards ausgezeichneten Musical eine Plattform. Es feierte sein Debüt am Broadway und tourt nun durch das ganze Land. Die Show erzählt zur Musik von Frankie Valli und den *The Four Season* die Geschichte dieser aus Jersey stammenden Jungs aus der Arbeiterschicht und ihren schnell erlangten Ruhm. Freuen Sie sich auf einen unterhaltsamen Abend mit Evergreens der 1950er-Jahre – wie *Big Girls Don't Cry* oder *Sherry* –, auch wenn diese manchmal zu oft von flachen Witzen unterbrochen werden. Rauch, Stroboskoplicht sowie eine ordinäre Ausdrucksweise – also keine Show für Kinder – sind Elemente dieser Unterhaltungsshow.

✚ 200 B2 ✉ The Palazzo Resort Hotel Casino, 3325 Las Vegas Boulevard South ☎ 702/414-7469; www.palazzolasvegas.com 🕐 Mo, Do, Fr, So 19, Di, Sa 18.30 und 21.30 Uhr

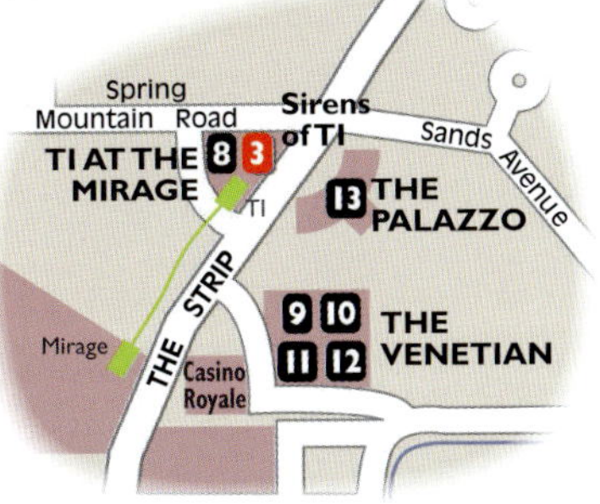

Die Imperial Palace Auto Collection soll die beste Automobilausstellung der Welt sein

⏳ Mac King/The Improv at Harrah's

Comedy beherrscht nachmittags und abends die Bühne im Harrah's. Täglich um 13 und 15 Uhr tritt hier Mac King mit einer ganz außergewöhnlichen Zauber- und Comedyshow auf. Er stülpt sich eine Papiermütze über den Kopf – und lässt seinen Kopf verschwinden. Er zieht sich eine gelbe Regenjacke an und wird unsichtbar. Über den Köpfen seines Publikums fängt er lebendige Goldfische und verwandelt sich in Siegfried & Roy und diese wiederum in weiße Tiger. Versuchen Sie bitte nicht, das zu Hause nachzumachen. Und immer wieder wird das Publikum in seine Zauberkunststücke mit eingebunden. The Improv präsentiert pro Woche drei bis vier neue Talente der Comedyszene. Der legendäre Comedyclub mit mehreren Ablegern gehört Budd Friedman.
✚ 200 B1 ✉ Harrah's, 3475 Las Vegas Boulevard South ☎ 702/369-5222; www. mackingshow.com ◉ Mac King: Di–Sa 13 und

15 Uhr; The Improv: Di–So 20.30 und 22.30 Uhr
✋ beides preiswert

⏳ Legends In Concert

Die Show des Produzenten John Stuart ist selbst schon legendär und gehört zu den am längsten laufenden Shows, die es in Las Vegas gibt. Heute produziert das Ensemble weltweit Revuen. Stuart sucht sich sehr sorgfältig Darsteller aus, die nicht nur in der Lage sind, die Stimme von Künstlern zu imitieren, sondern ihnen auch als Persönlichkeit und im Aussehen sehr ähneln. Außerdem müssen sie live singen können.

Weil Stuart so unglaublich viele Leute im Programm hat, ähnelt auch kaum eine Show der anderen. Kann man heute Whitney Houston, Tom Jones, The Blues Brothers, Dolly Parton oder Willie Nelson auf der Bühne erleben, stehen am nächsten Abend wahrscheinlich die Doppelgänger von Madonna, Garth Brooks, The Temptations, Neil Diamond und Cher auf dem Programm. Eines der beliebtesten Stücke der Show ist der Auftritt von

Graham Patrick als Elvis Presley. Der blauäugige, in Dublin geborene Patrick ist das genaue Ebenbild des jungen Elvis und singt auch noch genauso gut wie der King des Rock 'n' Roll.
✛ 199 D4 ✉ Harrah's, 3475 Las Vegas Boulevard South ☎ 702/369-5111; www.harrahslasvegas.com ◉ Shows: So–Fr 19.30 und 22 Uhr ✋ mittel

16 *Frank Marino's Divas Las Vegas*

Nachdem der Travestiekünstler Frank Marino weit über ein Jahrzent lang in *La Cage* im Riviera zu sehen war, zieht er nun mit seiner herrlichen, 75-minütigen Travestieshow in der Rolle als Joan Rivers, der US-amerikanischen Entertainerin, im Imperial Palace das Publikum in seinen Bann. In paillettenbesetzter Robe und mit Federboas geschmückt, bittet Marino ein weibliches Stardouble nach dem anderen auf die Bühne – von Lady Gaga in kurzen weißen Lacklederoutfits und mit blonder Perrücke bis hin zu Britney Spears, Cher, Diana Ross und Beyoncé – und nutzt jeden dieser Auftritte für einen aufwendigen Kostümwechsel. Der begleitende Soundtrack umfasst legendäre Hits wie Whitney Houstons *I Wanna Dance With Somebody*. Promi-Gäste sollen schon Madonna und Dolly Parton gewesen sein.
✛ 199 D4 ✉ Imperial Palace, 3535 Las Vegas Boulevard South ☎ 702/794-3174; www.imperialpalace.com ◉ Sa–Do 22 Uhr ✋ teuer

17 Imperial Palace The Auto Collections

Die wohl weltweit einzigartige Sammlung an Automobilen wurde im Dezember 1981 mit 200 Autos eröffnet. Mittlerweile gehören über 750 Oldtimer, Klassiker der Autoproduktion und Spezialfahrzeuge zur Sammlung, die eine fantastische Auswahl aus über 100 Jahren Automobilgeschichte zeigt. 250 dieser Ausstellungsstücke sind im fünften Stock des Imperial Palace zu sehen.

Die immer wieder neu gestaltete Sammlung von Autos, die früher berühmten und berüchtigten Leuten wie Elvis Presley, Al Capone oder Benito Mussolini gehörten, besitzt einige der ungewöhnlichsten und historisch bedeutendsten Autos, die jemals produziert wurden. Dazu zählt auch die einzigartige und weltweit größte Sammlung des Model I Dusenberg.
✛ 199 D4 ✉ Imperial Palace, 3535 Las Vegas Boulevard South ☎ 702/794-3174; www.autocollections.com ◉ tägl. 10–18 Uhr ✋ preiswert

18 Flamingo Wildlife Habitat

Mitten in einer kargen Wüste, in der höchstens Kakteen überleben, verströmt das Flamingo Las Vegas einen Hauch Karibik. Das Wildlife Habitat ist ein Teil des *Species Survival Program*, das mit der American Association of Zoos and Aquariums kooperiert. Das 6 ha große Tropenparadies hat vier große Wasserbecken mit Wasserrutschen, zwei große Whirlpool-Spas und Wasserfälle. Es gibt eine Bar und ein Grillrestaurant, Tennisplätze und eine Hochzeitskirche. In Lagunen schwimmen japanische Koi-Fische und Graskarpfen, in der Luft und am Boden schwirren mehr als 300 Vögel umher, darunter Schwärme von chilenischen Flamingos, afrikanischen Pinguinen und Schwäne. Manchmal sausen Kolibris durch die Luft und aus dem Wasser tauchen plötzlich Schildkröten auf. Man kann *cabanas* (Hütten) mieten, die mit Fernsehen, Telefon, Umkleidekabinen und Getränken ausgestattet sind. Im Garten steht zwischen Wasserfällen und tropischen Pflanzen eine Hochzeitskapelle.
✛ 199 D4 ✉ Flamingo Las Vegas, 3555 Las Vegas Boulevard South ☎ 702/733-3111; www.flamingolasvegas.com ◉ 24 Std. geöffnet

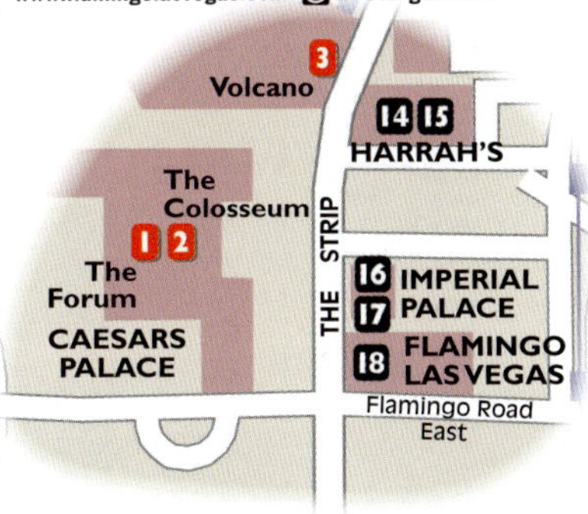

Wohin zum ...
Essen und Trinken?

Preise
Die Preise gelten pro Person für ein Essen ohne Getränke, Steuern und Service:
$ unter 30 US$ $$ 30–60 US$ $$ über 60 US$

RESTAURANTS

Battista's Hole in the Wall $$

Das Battista's ist seit seiner Eröffnung vor über 30 Jahren eine Institution, und das aus gutem Grund: Der Service ist ausgezeichnet, das Essen hervorragend, die Preise sind erschwinglich und die Portionen riesig. Auf der Karte stehen viele typische italienische Antipasti. Zum Abendesessen serviert man automatisch Knoblauchbrot und Chianti, zum Dessert selbstverständlich einen Cappuccino. Auf der Weinkarte stehen natürlich auch offene Weine. An manchen Abenden unterhält ein Musiker mit seinem Akkordeon die Gäste.
199 D4 4041 Audrie Street, gegenüber Bally's Las Vegas (Ecke Flamingo Road) 702/732-1424; www.battistaslasvegas.com tägl. 16.30–22.30 Uhr

Canaletto $$

Im Venetian gibt es mehrere hervorragende italienische Restaurants, das Canaletto hat aber sicher die schönste Terrasse. Es liegt direkt im Zentrum des neu erstandenen Markusplatzes mit herrlichem Blick auf die Kanäle. Die Atmosphäre ist sehr gemütlich und entspannt, das Ambiente sehr schön. Auf der Karte stehen norditalienische Spezialitäten wie Risottos und viele Nudelgerichte. Die Weinkarte bietet Entdeckungen aus kaum bekannten kleinen Weinkellereien Norditaliens. Die Desserts, vor allem die kleinen Kuchen, schmecken grandios.
200 B2 The Venetian, 3355 Las Vegas Boulevard South 702/733-0070; www.venetian.com So–Do 11.30–23, Fr, Sa 11.30–24 Uhr

Firefly on Paradise $–$$

Dieses lockere Tapasrestaurant und Bar ist bei Einheimischen und Touristen gleichermaßen beliebt. Zwei Straßen vom Strip entfernt, geht es hier recht stimmungsvoll zu. Es erwarten Sie spanische Klassiker wie *patatas bravas* oder mit *chorizo* (Paprikawurst) gefüllte Champignons.
199 F5 3900 Paradise Road 702/369-3971; www.fireflylv.com tägl. 11.30–2 Uhr

Hamada of Japan $$

Dieser Japaner heimste schon einige Preise ein. Seit knapp 20 Jahren füllt er abends die Mägen der Touristen, die hier je nach Stimmung und Appetit Ambiente bzw. Gericht wählen können. Der Tatami Room mit seinen niedrigen Tischen sorgt für ein authentisch japanisches Vergnügen, im Teppan Grill können Sie dem Koch auf die Finger gucken, und Gruppen, die unter sich bleiben möchten, bietet sich ein separater Essbereich an. Oder steht Ihnen der Sinn nach Sushi? Dann nehmen Sie in der beliebten Sushibar Platz. Oder doch lieber *tempura*, dazu ein kühles japanisches Bier oder Sake? Dann eignet sich die Cocktail-Lounge.
200 A1 Rio All-Suite, 3700 Flamingo Road West 702/777-2770; www.hamadaofjapan.com tägl. 17–23 Uhr

Isla Mexican Kitchen $$

Die moderne mexikanische Kitchen-& -Tequila-Bar ist ein schlichtes Lokal, das sich aber ideal für ein schnelles Getränk oder ein einfaches Abendessen anbietet. Wählen Sie aus 100 verschiedenen Tequila-Sorten und frischen exotischen Säften oder lassen Sie sich gar einen erfrischenden, wenn auch starken Margarita munden. Auf der Speisekarte sind die Klassiker der mexikanischen Küche zu finden, wie mächtige *enchiladas*, Fisch- und Meeresfrüchtegerichte und Vegetarisches.

🚩 200 B2 ⊠ **TI at the Mirage, 3300 Las Vegas Boulevard South** ☎ **866/286-3809;** **www.treasureisland.com/restaurants** ⊕ **Restaurant: tägl. 16–22 Uhr; Bar: Mo–Do, So 11–2, Fr, Sa 11–3 Uhr**

▽▽▽ Kokomo's $$

Mitten im Dschungel des Mirage liegt das Restaurant zwischen üppigen tropischen Pflanzen und plätschernden Wasserfällen. Auf der Speisekarte bietet Kokomo's »Turf and Surf« an. Ihr Gaumen darf sich an Gerichten wie »Seafood on Ice« oder einem halben Dutzend Austern erfreuen, gefolgt von einem guten Steak, saftigem Hummer oder dem Klassiker: nämlich beidem. Als Beilage sollten Sie das auf der Zunge zergehende Kartoffelpüree probieren.

🚩 200 A1 ⊠ **The Mirage, 3400 Las Vegas Boulevard South** ☎ **702/791-7223;** **www.mirage.com** ⊕ **Abendessen tägl. 17–22.30 Uhr**

▽▽▽ Neros $$$

Das Neros ist eines der beliebtesten Restaurants im Caesars. Auf der Karte stehen typische Vorspeisen wie das Rinder-Carpaccio, Krebskuchen und frische Meeresfrüchte (einschließlich Schwertfisch, gegrillten Ahis (Thunfischart) und Langusten aus Maine). Die Auswahl an Weinen und das Schokoladensoufflé sind zwei weitere Gründe, einen Tisch zu reservieren.

🚩 198 C5 ⊠ **Caesars Palace, 3750 Las Vegas Boulevard South** ☎ **702/731-7731;** **www.caesarspalace.com** ⊕ **Abendessen tägl. 17–23 Uhr**

▽▽▽ Onda $$$

Todd English, der Chef des Onda, zaubert aus seinen Zutaten wahre Köstlichkeiten; auf den Tisch kommt natürlich nur selbst gemachte Pasta. Der geniale Küchenchef kocht herrlich leichte mediterrane Gerichte mit einem verführerischen Duft nach Langusten, Trüffeln, angeschwitzem Pfeffer und Basilikum. Geradezu Gedichte sind der Atlantiklachs mit geräucherter Kruste, er wird in Pino Grigio geschmort und dann mit einer würzigen Pfeffersauce abgeschmeckt, oder auch *ossobuco* mit Safranrisotto!

🚩 200 A1 ⊠ **MGM Mirage, 3400 Las Vegas Boulevard South** ☎ **702/791-7223;** **www.mirage.com** ⊕ **tägl. 17–23 Uhr**

▽▽▽ Postrio $$

Das Postrio ist eines der vielen Restaurants von Las Vegas, die Wolfgang Puck gehören. Nach einem Nachmittag in The Grand Canal Shoppes ist es ein schöner Ort zum Erholen. Im Patio stehen die Marmortische auf einem rot-gold gekachelten Boden; die Bar ist reich mit Glasmosaiken verziert. Die Speisekarte wechselt täglich, zu den Spezialitäten zählen Holzofenpizzen, Pasta, Burger und Rib-Eye-Steaks, aber auch einige europäische Spezialitäten wie Gulasch mit Spätzle und Wiener Schnitzel.

🚩 200 B2 ⊠ **The Venetian, 3355 Las Vegas Boulevard South** ☎ **702/796-1110;** **www.venetian.com** ⊕ **So–Do 11.30–13, Fr, Sa 11–22.30 Uhr**

▽▽▽ Rao's $$$

Ganz der um die Jahrhundertwende entstanden Institution in New York nachempfunden – mit Holztischen, die weiße Leinentischtücher zieren, roten Markisen und einer Cocktailbar, an der Sie sich schon mal einen Aperitif genehmigen können –, ist dieses beliebte italienische Lokal im Caesars Palace die perfekte Adresse für einen romantischen Abend in entspannter Atmosphäre. Die (preisgünstigen) Gerichte sind herzhaft und hausgemacht, so wie man es sich von der Großmutter immer gewünscht hätte.

🚩 200 A1 ⊠ **Caesars Palace, 3570 Las Vegas Boulevard** ☎ **877/346-4642;** **www.caesarspalace.com** ⊕ **Abendessen tägl. 17–23 Uhr**

▽▽▽ Valentino $$$

Das Valentino ist nicht nur eines der besten italienischen Restaurants in Las Vegas, es besitzt wahrscheinlich auch die bequemsten Stühle der ganzen Stadt. Setzen Sie sich in einen der butterweichen Ledersessel und genießen Sie einen wunderbaren

Abend. Die Küche bietet moderne italienische Küche mit Shrimps- und Langustenrisotto, Lasagne und *ossobuco* (Kalbshaxen). Empfehlenswert ist das Festpreismenü mit einer Auswahl an köstlichen Antipasti. Die Weinkarte ist ebenfalls hervorragend. Im Eingangsbereich steht ein Grill, der preiswerte Pizzen, Sandwiches und Nudelgerichte verkauft.
✚ 200 B2 ✉ The Venetian, 3355 Las Vegas Boulevard South ☎ 702/414-3000; www.venetian.com ◷ tägl. 17.30–22 Uhr

BÜFETT-LOKALE

Carnival World Buffet $

Das Büfett-Lokal im Rio zählt schon seit Langem zu den besten der Stadt. Die Köche kochen mitten im Restaurant an mehreren Herden. Die Auswahl ist riesig, die Gerichte stammen aus elf verschiedenen Ländern – von der italienischen über die brasilianische Küche bis hin zum mongolischen Barbecue. Das Lokal ist eines der beliebtesten der Stadt, kalkulieren Sie genug Zeit ein, um es richtig zu genießen.
✚ 198 C5 ✉ Rio All-Suite, 3700 West Flamingo Road ☎ 702/967-4000; www.riolasvegas.com ◷ tägl. 8–22 Uhr
✋ Reservierung ab 14 Personen erforderlich

Lago Buffet $

Nicht unbedingt das beste Büfett-Lokal der Stadt, jedoch ein nettes Plätzchen, um seinen Hunger mit Seafood und anderen internationalen Speisen zu stillen. Sie können zwischen Frühstücks- (Kochzeit der Eier nach Wunsch und jede Menge frisches Obst), Mittags- und Abendbüfett und sogar sonntäglichen »Champagne-Brunchs« wählen.
✚ 198 C5 ✉ Caesars Palace, 3750 as Vegas Boulevard South ☎ 702/731-7845 ◷ Di, Mi 7–15, Do–Mo 7–22 Uhr
✋ Reservierung ab 12 Personen erforderlich

Village Seafood Buffet $$

Viele kennen das Restaurant nur als das »andere« Büfett des Rio. Das Village Seafood Buffet führt tatsächlich ein Schattendasein, auch hinsichtlich Qualität und Auswahl. Die Auswahl an frischen Fischen und (je nach Saison) Schalentieren, die auf alle nur erdenklichen Arten zubereitet werden, ist riesig.
✚ 198 A4 ✉ Rio All-Suite, 3700 West Flamingo Road ☎ 702/252-7777; www.riolasvegas.com ◷ So–Do 4–22, Fr, Sa 15.30–22.30 Uhr ✋ Reservierung ab 14 Personen erforderlich

BARS

I-Bar $

Mitten zwischen den Spielhallen liegt die hübsche Hotelbar des Rio, sie wurde extra als Oase inmitten der Geräuschkulisse der Glücksspielautomaten geschaffen. Hier geht es vergleichsweise ruhig zu, besonders angenehm ist es an der Bar.
✚ 198 A4 ✉ Rio All-Suite, 3700 West Flamingo Road ☎ 702/777-6869; www.riolasvegas.com ◷ tägl. von 16 Uhr bis spät

Wine Cellar & Tasting Room $

Viele der Besucher sind überrascht, ausgerechnet hier in Las Vegas einen der besten Weinkeller der Vereinigten Staaten zu finden. Im Keller des Rio lagern mehr als 50 000 Flaschen aus der ganzen Welt. Die Weine werden an der Bar glas- oder flaschenweise ausgeschenkt. Die Kellner kennen sich sehr gut aus, können mit jedem Experten fachsimpeln, aber auch dem Laien einen Wein empfehlen. Nehmen Sie sich Zeit für ein paar Kostproben! Ausgestellt ist auch die berühmte Sammlung der Château d'Yquem mit je einer Flasche der Jahrgänge 1855 bis 1990.
✚ 198 A4 ✉ Rio, 3700 West Flamingo Road ☎ 702/777-7962; www.riolasvegas.com ◷ Mo–Do 16–22, Fr–So 15–23 Uhr

V Bar in The Venetian $$

Hinter diesem mondänen Club stehen die Gründer zweier Szeneclubs in L.A. und New York. Jede Nacht legen hier DJs Musik unterschiedlichsten Genres auf – von Hip-Hop bis zu 1980er-Jahre-Hits.
✚ 200 B2 ✉ The Venetian, 3355 Las Vegas Boulevard South ◷ 702/414-3200; www.venetian.com ◷ tägl. So–Mi 17–2, Do–Sa 17–3 Uhr; Happy Hour: 17–20 Uhr
✋ Eintritt frei

Wohin zum ...
Einkaufen?

Hier bleiben keine Wünsche offen, egal ob Sie Juwelen, Kunstwerke, Voodoo-Puppen oder Karten für ein Baseballspiel suchen.

Die 2008 eröffneten **The Shoppes at the Palazzo** (Tel. 702/414-4525) – dieses Hotel wiederum ist via The Grand Canal Shoppes mit The Venetian verbunden – protzen mit 60 Luxusläden und Boutiquen – allen voran dem **Barneys New York,** dem ersten Ableger der gehobenen Kaufhauskette außerhalb des Big Apple – mit amerikanischen Designern wie Diane von Furstenberg sowie topangesagten internationalen Namen wie Jimmy Choo. Das **Masquerade Village** ist die größte Einkaufsmeile des Rio mit einem herrlichen Blick auf das Kasino und die *Masquerade Show in the Sky.* Brauchen Sie eine Voodoo-Puppe, einen Liebestrank oder einen Glücksbringer fürs Kasino? Dann sollten Sie in **Nawlins Store** gehen, der alle möglichen Voodoo-Artikel verkauft. Ob Ihnen der Voodoo-Zauber dann weiterhilft, ist eine andere Frage. Westlich vom Strip auf der anderen Seite der I-15 liegt die **Chinatown Plaza** (4255 Spring Mountain Road; Tel. 702/221-8448), die man sofort an ihrem roten Dach erkennt. Zu dieser asiatischen Einkaufsmeile gehören über zwei Dutzend Geschäfte mit asiatischem Schmuck, Porzellan, Kunsthandwerk und Kleidung.

Ausgesucht Schönes finden Sie in **The Mirage.** Die Watch Boutique führt ein schönes Sortiment an Designeruhren und Schmuckstücken. In den hauseigenen Geschäften gibt es Erinnerungsstücke an die Hotelattraktionen **Secret Garden** und **Dolphin Habitat.**

Wohin zum ...
Ausgehen?

Dieser Teil des Strip wartet mit vielfältigen Unterhaltungsmöglichkeiten auf: Vom traditionellen Glücksspiel über Theater bis zu Strandclubs für Erwachsene und pulsierenden Diskotheken. Etwas gediegener geht es in den vornehmen Lounges zu, und einige Spas dienen mit unterschiedlichen Wellnessbehandlungen der Entspannung.

Noch einmal mehr verzaubert der unersättliche Cirque du Soleil mit seiner Show **KÀ** im MGM (Tel. 702/531-2000; Di–Sa 19 und 21.30 Uhr; teuer). Sie erzählt die fesselnde Geschichte eines Zwillingspärchens im Kampf gegen das Böse und kombiniert akrobatische Künste, Puppenspiel, Kampfsport und Pyrotechnik. Elemente des traditionellen japanischen Theaters und des chinesischen Kung Fus prägen den Charakter dieser neuen Produktion.

Nachtclubs

Das Nachtleben hat sich in letzter Zeit sehr verändert, weil die Hotels selbst viele neue Clubs aufgemacht haben. Mit dem im Sommer 2008 eröffneten **Christian Audigier: The Nightclub** (TI at the Mirage; Tel. 702/894-7580; Do–Sa 22–4 Uhr; mittel) war dies der erste Club, den ein Designer je gänzlich aus eigenen Mitteln finanzierte. Beeindruckend sind die unterschiedlichen DJs sowie der Innenhof mit Weitblick über den Strip.

BARE im Mirage (Mirage; Tel. 702/588-5656; tägl. 11–19 Uhr; Eintritt Herren: mittel; Damen: frei) ist ein am Tag geöffneter »Nachtclub«, wie inzwischen einige in Las Vegas

Einzug gehalten haben. Die Gäste chillen und posieren am Pool, genießen die Livemusik der DJs und die »europäische« Art des Sonnenbadens. Kellnerinnen im Bikini servieren Cocktails und Essen und vielleicht säubern sie sogar Ihre verschmierte Sonnenbrille. Das Konzept des **TAO Nightclub** (Tel. 702/388-8588; www.taolasvegas.com; Do–Sa 22–4 Uhr; mittel) fand schon in New York großen Anklang. Gute DJs und Events ziehen auch hier Berühmtheiten an. Eine 6 m hohe Buddha-Statue unterstreicht das orientalische Ambiente des Clubs, zu dem auch ein Restaurant und eine Lounge gehören. Falls Sie zu mehreren kommen, empfiehlt es sich, einen Tisch oder, etwas dekadenter, eine VIP-Skybox zu reservieren.

Unübertroffen ist das **PURE** im Caesars Palace (3570 Las Vegas Boulevard South; Tel. 702/731-7873; Do–So, Di 22–4 Uhr; mittel), das in der **Pussycat Dolls Lounge** ein Programm bietet, das es in sich hat. Hier treten auf insgesamt vier Bühnen Stars der bekannten L.-A.-Truppe auf.

Spas

Qua Baths and Spa ist ein schickes neues Wellness-Center im Caesars Palace (Tel. 866/782-0655; tägl. 8–20 Uhr, Eintritt Spa: mittel; Behandlungen: teuer). Zu den hochmodernen Einrichtungen gehört der Arctic Ice Room, wo kalter, duftender »Schnee« von der Decke rieselt, oder entspannen Sie bei ultraheißen Behandlungen und wohltuenden Wasserfällen. Selbstverständlich verfügt das Themenhotel auch über römische Bäder.

Canyon Ranch Spa Club im Venetian und Palazzo (Tel. 877/220-2688; tägl. 5.30–22 Uhr; Eintritt Spa: mittel; Behandlung: teuer) ist der Inbegriff des Luxus.

Lounges

Ob Livepiano- oder Clubmusik, kellnernde Models oder ein Service der alten Schule, in den Lounge-Bars der Stadt ist für jeden etwas dabei. Roter Samt und Chrom, Gäste und Angestellte, die sich in puncto Schönheit in nichts nachstehen, bietet das **Rouge** im MGM Grand. Im Vergleich dazu wirkt die in Beigetönen gehaltene **Shadow Bar** des Caesars geradezu konservativ, allerdings sorgen die hier silhouettenhaft wahrzunehmenden Nackttänzer für Farbe. Ebenfalls im Caesar befindet sich die **Seahorse Lounge,** deren Interieur sich am U-Boot von Kapitän Nemo orientiert. Bei wem das Geld besonders locker sitzt, kann sich dessen in der **Pussycat Dolls Lounge** (neben dem Pure) erleichtern.

Das charmante **Caramel** im Bellagio lockt eine ältere Klientel an, die hier in zwangloser Atmosphäre gerne eine Zigarre raucht oder einen Martini trinkt. Regelmäßige Klavierkonzerte finden in der **Baccarat Bar** statt.

Neben dem Bellagio hat das Venetian die schönsten Lounges der Stadt. In der italienisch gestylten **La Scena Lounge** spielen jeden Abend Bands – das Spektrum reicht von klassischem Rock über Rock 'n' Roll bis hin zu moderner Popmusik. In der schicken **V Bar** sorgen DJs für Musik. Im Rio All-Suite liegt die **VooDoo Lounge** 51 Stockwerke über dem Strip – von der Tanzfläche haben die Gäste einen sagenhaften Rundumblick auf Las Vegas. Jede Nacht legen DJs Musik auf, manchmal spielen auch Livebands.

Theater

Das imposante Theater **The Colosseum** (Tel. 7902/731-7333; teuer) öffnet seinen Vorhang für Stars wie Cher, Bette Midler und Elton John (▶ 108f). Gegenüber begeistern der Komödiant George Wallace und The Second City Comedy mit ihrer Show im **Flamingo Showroom** (Tel. 702/733-3333; mittel).

Das **Hilton Theater** (Tel. 702/732-5755), Las Vegas Hilton und die **Gold Coast Showrooms** (Tel. 702/251-3574) sind bei Komödianten, Musikern und Magiern beliebt (mittel).

Von Spring Mountain bis Fremont

Erste Orientierung

Dieser Teil des Strip beherbergt das Riviera and das Sahara – alles Namen aus der »Goldenen Zeit« von Las Vegas in den 1950er- und 1960er-Jahren, auch das inzwischen gesprengte Stardust gehörte einst dazu. Die zwei Jahrzehnte stehen für Ratpack und Elvis Presley, Hollywood, Showgirls und Neonlichter. Am südlichen Ende des Strip hat sich inzwischen vieles verändert, vor allem durch den Bau des neuen Wynn Las Vegas. Es steht heute am Platz des ehemaligen Desert Inn, einem der berühmten Vertreter der ›golden oldies‹.

Das Desert Inn wurde 1950 eröffnet. Es hatte 300 Zimmer, ein Spielkasino, sieben Geschäfte und einen Swimmingpool mit olympischen Ausmaßen zu bieten. Damals betrugen die Baukosten 3,5 Mio. US$ – das Hotel war eine der großen Attraktionen der Stadt. Hier trat am 3. September 1951 Frank Sinatra zum ersten Mal auf. Auf dem Golfplatz des Desert Inn spielten im Laufe der Jahre die US-Präsidenten Bill Clinton, Gerald Ford, Lyndon Johnson und John Kennedy, aber auch bekannte Entertainer und Sportler.

Das Circus Circus wurde 1968 eröffnet. Es war das erste Hotel, das Unterhaltung für jede Altersstufe anbot. Damals zahlte man generell 2,50 US$ Eintritt. Weiter unten am Convention Center Drive steht das Las Vegas Hilton, das früher The International Hotel hieß und mit Elvis Presley, dem King of Rock'n'Roll, berühmt wurde. Er trat hier bis zu seinem Tod sehr häufig auf.

Seite 127: Spektakulär: *Chaos Ride* im Adventure-dome

Spaß beim Zweifach-Looping und doppelten Korkenzieher im *Canyon Blaster*

⭐ Nicht verpassen!

1. Adventuredome ➤ 134
2. Riviera Comedy Club ➤ 136
3. NASCAR Cafe und SPEED ➤ 138
4. Hochzeitskapellen ➤ 140
5. Stratosphere ➤ 144

Nach Lust und Laune!

6. Fashion Show Mall ➤ 146
7. Lake of Dreams ➤ 147
8. Le Rêve ➤ 147
9. Midway Acts ➤ 147
10. Crazy Girls ➤ 148
11. Barbra & Frank, The Concert That Never Was ➤ 148
12. Vegas Indoor Skydiving ➤ 149
13. Las Vegas Hilton Theater ➤ 149
14. Cool by the Pool ➤ 149
15. The Magic & Tigers of Rick Thomas ➤ 150
16. American Superstars ➤ 150

Viele der Shows, Ausstellungen und Attraktionen von Las Vegas finden in den Hotelanlagen selbst statt, die sich wiederum deren unterschiedliche Themen zu eigen gemacht haben. Von der Spring Mountain bis zur Fremont Road finden Sie von Elvis-Statuen bis zu Zirkuszelten einfach alles. Ein Besuch dieser Spektakel lohnt sich – schon allein, um die Atmosphäre aufzusaugen.

Wynn Las Vegas

Aus dem Schutt des alten Desert Inn entstieg wie Phönix aus der Asche Steve Wynns neuestes Las-Vegas-Projekt. Der prächtige Hotelkomplex vereint alle Superlative, die es nur geben kann: Er hat 15 Restaurants, eine Wellnessanlage mit 45 Behandlungsräumen, eine zirkusartige Wassershow und einen Golfplatz mit 18 Löchern. Die Kosten des ganzen Komplexes, an dem mehrere Jahre lang gebaut wurde, betrugen 2,7 Mrd. US$. 2009 wurde es um das Encore gleich nebenan erweitert, das wie das Wynn mit einer ebenso protzig leuchtenden Fassade aus Bronzeglas verkleidet ist. Beide Hotels sind über gemeinsames öffentliches Gelände miteinander verbunden. Nimmt man die beiden Hotels zusammen, so ist Steve Wynns Hotelkomplex einer der größten der Welt. Im Gegensatz zum Bellagio oder TI, deren eindrucksvolle Attraktionen außerhalb des Gebäudes zu finden sind, birgt das Wynn seine »Überraschungen« im Inneren, die die Besucher nur entdecken werden, wenn sie das Hotel betreten.
✚ 200 C2 ✉ 3131 Las Vegas Boulevard South ☎ 702/770-7000; www.wynnlasvegas.com

Circus Circus

Circus Circus wurde 1968 am Strip eröffnet und war die erste Show, die Unterhaltung für jedes Alter bot. Ursprünglich gab es gar kein Hotel, sondern nur ein Kasino, die Spielemeile Carnival Midway und das größte Zirkuszelt der Welt. Erst 1972 wurde das Hotel errichtet. Heute liegt das Kasino im ersten Stock des Hotels. Der zweite Stock ist eine Phantasiewelt aus Karneval, hochmodernen Glücksspielen und einer großen Zirkusarena. 1993 kam der Adventuredome dazu, er ist der größte überdachte Themenpark der Vereinigten Staaten.
✚ 200 C3 ✉ 2880 Las Vegas Boulevard South ☎ 702/734-0410; www.circuscircus.com

Riviera

Sein neunstöckiger Turm war damals der höchste der Stadt und auch heute unternimmt das Riviera viel, um sein altes Image zu pflegen. So überrascht es nicht, dass es auch häufig als Drehort für Filme dient, die in der »guten alten Zeit« Las Vegas' spielen. Auch das Kasino selbst ist ein Teil der Geschichte von Las Vegas. Viele Weltstars sind hier aufgetreten – angefangen von

Unten: Eingang zum Circus Circus

Rechts: Im Hilton Las Vegas stand Elvis 837 mal auf der Bühne

Marlene Dietrich bis hin zu Orson Welles. Erst in jüngster Zeit wurden einige Umbauten und Veränderungen vorgenommen, auch die Zahl der Stars hat abgenommen. Shows wie *Crazy Girls* oder des *Riviera Comedy Club* handeln jedoch immer noch von der guten alten Zeit. Stargäste treten vor allem am Wochenende und in den Ferien auf.

✚ 200 C3 ✉ 2901 Las Vegas Boulevard South ☎ 702/734-5110; www.rivierahotel.com

Las Vegas Hilton

Wenn Sie das Hotel betreten, werden Sie sofort das Gefühl haben, dass Elvis Presley immer noch lebt. Eine überlebensgroße Statue des »King« erinnert an die insgesamt 837 ausverkauften Vorstellungen, die er hier ab 1969 gegeben hat. Der Gebäudekomplex war auch der erste in ganz Las Vegas, der eine »Stadt in der Stadt« war, weil es im Hotel alles gab, was man brauchte: Unterhaltung, Spiel, Restaurants und Geschäfte, sodass es überhaupt nicht mehr nötig war, das Haus zu verlassen.

Immer wieder erregte der Kasino- und Hotelkomplex als Filmset national wie international Aufsehen: Hier wurden u. a. *Diamantenfieber* (1971) und *Ein unmoralisches Angebot* (1993) gedreht. Das Hotel hat hervorragende Restaurants und eine schöne Einkaufsmeile. Zudem wurde es für 100 Millionen US$ saniert und hat nun zusätzlich eine Hochzeitskapelle und ein Spa, und auf der Bühne des 1600 Zuschauer fassenden Hilton-Theaters sind Berühmtheiten wie Barry Manilow zu sehen.

✚ 201 D3 ✉ 3000 Paradise Road ☎ 702/732-5111; www.lvhilton.com

Sahara

In diesem herrlichen alten Gebäude von 1952 sind Don Rickles, Louis Prima und Keely Smith große Stars geworden. Da das Haus jedoch am entgegengesetzten Ende von jenem Teil des Strip liegt, an dem all die riesigen neuen Hotelkomplexe errichtet wurden, verlor es eine Zeit lang an Attraktivität. Das änderte sich jedoch wieder zwischen 1995 und 1997, als der Besitzer Bill Bennett über 100 Mio. US$ in die Sanierung investierte. Heute kann das Haus in jeder Hinsicht mit den großen Namen des Strip konkurrieren. 2000 wurden das NASCAR Cafe und SPEED – die schnellste Achterbahn von ganz Las Vegas – eröffnet.

✚ 201 D4 ✉ 2535 Las Vegas Boulevard South ☎ 702/737-2111; www.saharavegas.com

An einem Tag

Sie wissen nicht genau, wo Sie Ihre Tour beginnen sollen? Nehmen Sie diesen Tourenführer und lassen sich zu den interessantesten Attraktionen von der Spring Mountain Road bis zur Fremont Street geleiten. Die Karte (➤ 129) hilft Ihnen dabei. Detailliertere Informationen finden Sie unter den jeweiligen Haupteinträgen (➤ 134ff).

9.30 Uhr

Starten Sie bei der **6 Fashion Show Mall** (➤ 146f) mit einem Kaffee und Kuchen im Nordstrom Marketplace Cafe. Danach können Sie einen schönen Einkaufsbummel im Einkaufszentrum machen. Hier finden Sie Geschäfte wie Saks Fifth Avenue, Macy's, Neiman Marcus und Bloomingdale's Home.

12 Uhr

Über die den Strip überspannende Brücke geht es zum Wynn Las Vegas, um den **7 Lake of Dreams** (➤ 147) zu besichtigen. Eine Stärkung zu Mittag können Sie in einem der Hotelrestaurants – einem Poolrestaurant etwa oder Büfett-Lokal – einnehmen. Bestellen Sie sich kurz vor 13 Uhr einen köstlichen Mango-Martini (alle Cocktails sind gut) in der Parasol Bar, um die immer zur vollen Stunde startende Multimedia-Show *Lake of Dreams* zu genießen.

14 Uhr

Erleben Sie zunächst einmal die Abenteuer im Themenpark **1 Adventuredome** des Circus Circus (unten, ➤ 134). Keinesfalls versäumen sollten Sie

die kostenlosen Zirkusdarbietungen, die **9 Midway Acts,** im gleichen Hotel
(➤ 147f).

15.30 Uhr

Nehmen Sie sich vom Circus Circus ein Taxi und, wenn Sie spektakuläre
Achterbahnfahrten lieben, fahren Sie rüber ins Sahara (unten), wo es die
schnellste Achterbahn von Las Vegas gibt: **3 SPEED** (➤ 139).

17 Uhr

Reservieren Sie sich einen Tisch für das Abendessen zwischen 18.30 und
19 Uhr im Restaurant Top of the World im **5 Stratosphere** (➤ 144f) – ein
unvergessliches Erlebnis.

18.30 Uhr

Genießen Sie die vorzüglichen Gerichte im Drehrestaurant Top of the World,
das eine grandiose Aussicht bietet.

20 Uhr

Gehen Sie ins Riviera und sehen sich dort die beliebteste Comedy-Show
der Stadt an: **2 Riviera Comedy Club** (➤ 136f). Tickets im Voraus buchen!

23.30 Uhr

Falls es Samstag ist, und Sie nicht schon völlig ausgepowert sind, sollten
Sie jetzt in die freizügige Spätvorstellung von **10 *Crazy Girls*** (➤ 148) gehen.
Wem der Sinn nach Romantik steht und wer verrückt genug ist, der kann
sich in einer der **4 Hochzeitskapellen** (➤ 140ff) verehelichen.

❶ Adventuredome

Ein Sprichwort besagt, dass das ganze Leben ein ewiges Auf und Ab ist: Hier im Adventuredome im Circus Circus Las Vegas wurde dieses Sprichwort im großen Stil in die Tat umgesetzt.

Der Adventuredome ist einer der größten überdachten Themenparks der Vereinigten Staaten – seine größte Attraktion ist die einzige überdachte Achterbahn mit Doppel- und Doppel-schrauben-Looping: Der **Canyon Blaster** fährt mit einer Geschwindigkeit von bis zu 88 km/h durch die Halle. Unter der 2 ha großen Glaskuppel wurde eine künstliche Grand-Canyon-Landschaft nachgebildet. Die 19 Attraktionen sind für Kinder jeden Alters gedacht und kosteten insgesamt 90 Mio. US$.

Die Kuppel ist 61 m hoch und besteht aus insgesamt 8615 Glasplatten, von denen jede über 136 kg wiegt. Seit die Anlage 1993 mit damals vier Attraktionen eröffnet wurde, haben insgesamt mehr als 15 Mio. Gäste den Adventuredome besucht.

Der *Canyon Blaster* ist nichts für schwache Nerven

Fahrgeschäfte und andere Attraktionen

Neben dem Canyon Blaster gehört der **Rim Runner** zu den beliebtesten Attraktionen: Die Boote gleiten einen 18 m hohen Wasserfall herunter, sodass man nur selten trocken aussteigt.

Im **Chaos** werden 18 Gondeln mit Platz für je zwei Personen durch die Luft gewirbelt. Die Geschwindigkeit und Intensität der Drehungen garantieren jedes Mal ein außergewöhnliches Erlebnis.

Im **Inverter** wird man buchstäblich auf den Kopf gestellt, während im **Lazer Blast** Laserkanonen zum Einsatz kommen. In der **Xtreme Zone** können Abenteurer jeden Alters Wände hoch-

WUSSTEN SIE DAS?

Der Adeventuredome ist 365 Tage im Jahr geöffnet und auf konstant 22 °C klimatisiert. Im Kanal des Rim Runner und im Wasserfall zirkulieren 2,27 Mio. l Wasser. Die höchste »Erhebung« im Themenpark ist 43 m hoch. Viel Spaß!

klettern und auf einem Bungee-Trampolin hoch in die Luft fliegen. **Pike's Pass**, eine Minigolfanlage mit 18 Löchern, ist etwas für weniger Mutige.

Im Adventuredome entstehen ständig neue Attraktionen – die eine mehr, die andere weniger begeisternd. Recht unbeeindruckend ist der Animationsfilm *Marvin the Martian* (Marvin der Marsmensch) im 4-D-Theater. Nicht versäumen sollten Sie allerdings die kostenlosen Clown-Shows, die von 11–24 Uhr auf der Hauptbühne des Circus Circus stattfinden. Je nach Vorstellung kann man hoch fliegende Trapez-Artisten oder todesmutige Akrobaten bewundern. Der Themenpark hat aber auch etliche Attraktionen für kleinere Kinder, u. a. ein Kettenkarussell und viele andere Fahrzeuge, in die die Eltern zusammen mit ihren Kindern einsteigen können.

Chaos – ein unberechenbares Fahrgerät

✚ 200 C3 ✉ Circus Circus, 2880 Las Vegas Boulevard South ☎ 702/794-3939; www.adventuredome.com ⊛ Mo–Do 11–18, Fr–So 10–24 Uhr ✋ frei; Fahrten: preiswert; Tagesticket: mittel

ADVENTUREDOME: INSIDER-INFO

Top-Tipps: Für die einzelnen Fahrgeschäfte ist eine Mindestgröße vorgeschrieben; ausführliche Hinweise darüber sind am Eingang ausgehängt. Im Allgemeinen müssen die **Kinder** für die spektakulären Attraktionen mindestens **zwischen 1 und 1,20 m groß** sein, um mitfahren zu dürfen.

■ Im Gegensatz zu allen anderen Themenparks der Stadt befindet sich dieser im und nicht außerhalb des Hotels, was bei der draußen herrschenden Hitze eine willkommene Abwechslung darstellt. Außerdem erhellt natürliches Licht den Themenpark.

2 Riviera Comedy Club

Er verteidigt seinen Titel als bester Comedy-Club in Las Vegas nun schon seit sechs Jahren. Wer hierher kommt, hat definitiv einiges zu lachen.

In diesen anheimelnden Comedy-Club lockte es schon einige der berühmtesten Komiker der USA, darunter Lee Levine, Willie Farrell, Bob Coutreau, Diane Ford, Steve Marshall und Johnny Rizzo. Der als **große Showbühne für die ganz großen Stars** angesagte Club bietet tatsächlich nur 350 Zuschauern Platz. Anders als bei den meisten größeren Comedy-Shows der Stadt, kann das Publikum hier das Geschehen auf der Bühne hautnah miterleben.

Künstler des Riviera Comedy Club

Manhattan-Feeling

Ein überdachter Eingang, neonbeleuchtete Wände sowie dicht aneinandergereihte Sitzplätze sollen die Atmosphäre eines für Manhattan typischen Comedy-Treffs wiedergeben. Erwarten Sie daher nicht den Glamour, wie ihn etwa das Wynn bietet. Statt Marmorfußboden und Lüster finden Sie vielmehr eine mit Tischen vollgestopfte Location mit schäbigem Teppichboden vor – aber genau das macht den Charme dieses Ortes aus. An den meisten Abenden heizen zunächst ein Zeremonienmeister und diverse Komiker dem Publikum ein, ehe einer der eigentlichen Stars des Abends die

RIVIERA COMEDY CLUB: INSIDER-INFO

Top-Tipp: Das Mindestalter für einen Besuch im Riviera Comedy Club beträgt 18 Jahre, **halten Sie also ihren Pass bereit!**

Bühne betritt. Diese **macht wöchentlich einem anderen großen Namen der Comedy-Szene Platz** – und damit auch unterschiedlichem Humor – von albern bis sehr trocken. Aber auch **Bauchredner oder Hypnosekünstler** sind Teil des Programms. Über Geschmack lässt sich ja bekanntlich streiten, doch seien Sie sich sicher, ein Act mindestens wird Sie zum Lachen bringen!

Gefragte Künstler im Riviera

Vor Kurzem noch performte hier Wendy Hammers, die u. a. Starauftritte in den US-Fernseh-Comedyreihen *Lass es, Larry!* und *Die Sopranos* genoss. Es gibt zwei Vorstellungen am Abend, die spätere beginnt um 22 Uhr und **bietet sich ideal nach dem Abendessen für einen Besuch an** (reservieren Sie so früh wie möglich online!). Der Comedy-Club befindet sich im zweiten Stock des Mardi-Gras-Unterhaltungskomplexes im Riviera, in dem auch die Revueshow *Crazy Girls* (➤ 148) zu sehen ist.

Im glamourösen Riviera erwartet Sie der Riviera Comedy Club

✚ 200 C3 ✉ Riviera, 2901 Las Vegas Boulevard South ☎ 702/734-5110; www.rivierahotel.com ⊛ Show: Mo–So 20 und 22 Uhr; unbedingt im Voraus reservieren! ✋ mittel

3 NASCAR Cafe und SPEED

Das Sahara Hotel & Casino hat eine neue Attraktion mit 400 Sitzplätzen: Auf der Anlage wurde das neue NASCAR Cafe eröffnet – eine Traumattraktion vor allem für Stockcar-Fans!

NASCAR Cafe

Im 6970 m² großen NASCAR Cafe mit seinen 400 Sitzplätzen kann man bei typisch amerikanischem Essen spannende Stockcar-Rennen beobachten. Im Restaurant stehen **riesige Bildschirme** mit den allermodernsten Soundsystemen, die die neuesten Reportagen und Neuigkeiten über die Fahrer und ihre Autos bringen.

20 **echte NASCAR-Stockcars** sind hier ausgestellt, darunter auch der größte der Welt: Carzilla, ein Pontiac Grand Prix, wiegt etwa 3 t. Zu den Attraktionen des Cafés zählen auch die Treffen mit den Rennfahrern, die hier – wenn sie in der Stadt sind – mit ihren Fans plaudern und Autogramme geben.

Im ersten Stock sind unterschiedliche **Memorabilia** ausgestellt: Rennanzüge, Helme oder eine Trophäe vom Winston Cup. Sogar eine echte Box wurde hier aufgebaut, an der Profis demonstrieren, wie man einen Boxenstopp mit drei Reifenwechseln und Auftanken in nur 20 Sekunden durchziehen kann. Hier gibt es Snacks zu essen, das eigentliche

Stockcars in Originalgröße hängen im NASCAR Cafe von der Decke

Restaurant liegt oben. Im zweiten Stock hängen in einem ovalen, 9 m langen und 2,5 m breiten Raum acht Stockcars von der Decke. Die Hauptattraktion ist auch hier wieder der Carzilla, der über der Carzilla Bar hängt.

Wahre Fans, die einmal selbst fahren wollen, sollten in die 3250 m² große **Las Vegas Cyber Speedway** gehen. Dort dürfen sich alle Rennbegeisterte in einen der 24 Stockcars setzen, die hydraulisch angetrieben werden. Die Cyber-Speedway-Modelle haben fast Originalgröße und sind mit allem ausgestattet, was ein »echtes« Fahrzeug hat: die Simulatoren haben 160 verschiedene Funktionen, sodass die Fahrer den Reifendruck, die aerodynamischen Kotflügel, die PS-Zahl, die Bremsen und die Radaufhängung »ihres« Wagens festlegen können. Die Autos haben sogar einen Kollisionsschutz und ein sechsachsiges »motion system«, außerdem können die Fahrer ihrer Crew an den Boxen Anweisungen geben.

Wer gerne Autorennen oder Truckrennen sieht, aber nicht selbst in ein Auto steigen will, der kann alternativ in einem der beiden **3-D-Kinos** mit jeweils 24 Sitzplätzen Platz nehmen und sich die entsprechenden Filme anschauen. Im Restaurant wird ein typisches Rennfahrer-Menü angeboten, das vom ersten bis zum letzten Gang so typische Bezeichnungen wie Qualifying Lap, Starting Linup, Sandwiched In, Sizzlin' & Swishin', Fellin' The Heat oder Sweet Success trägt.

SPEED – die Achterbahn

Vom NASCAR Cafe aus ist es nicht weit zur Achterbahn SPEED. Noch im NASCAR Cafe steigt man ein, dann fährt die Achterbahn hinaus auf die Sahara Avenue, um dann nach rechts in Richtung Strip zu drehen. Die Achterbahn ist die schnellste des ganzen Strip und erreicht Geschwindigkeiten bis zu 113 km/h. Der totale Nervenkitzel kommt gleich am Anfang: Anders als gewöhnlich bei Achterbahnen geht es nicht wie erwartet langsam bergan, sondern mit 64 km/h in zwei Sekunden die Steigung hinauf. Anschließend folgen atemberaubende Loopings, Fahrten durch einen Tunnel, über die Sahara Avenue und dann der Stopp in 68 m Höhe – dann geht die Fahrt zurück in umgekehrter Richtung.

✚ 201 D4 ✉ Sahara, 2535 Las Vegas Boulevard South ☎ 702/734-7223; www.saharavegas.com ⊕ NASCAR Cafe: Öffnungszeiten variieren je nach Event und Jahreszeit, erkundigen Sie sich nach dem aktuellsten Stand. Cyber Speedway: So–Do 10–24, Fr–Sa 10–1 Uhr; SPEED: So–Do 11–24, Fr–Sa 11–1 Uhr ✋ NASCAR Cafe 3-D-Kino, Speedway und SPEED: preiswert

NASCAR CAFE UND SPEED: INSIDER-INFO

Top-Tipps: SPEED wurde von Premier Rides, der bekanntesten Firma für solche Fahrgeschäfte, entworfen und ist **nichts für ängstliche Naturen.** Freunde von Autorennen, die ein paar Adrenalinschübe brauchen, werden jedoch begeistert sein.
■ Kinder müssen **mindestens 1,37 m groß** sein, um in der SPEED-Achterbahn mitfahren zu dürfen.

4 Hochzeitskapellen

Was wäre Las Vegas ohne Hochzeitskapellen? Am Strip nördlich der Sahara Avenue gibt es einige »Wedding Chapels«. Auch wenn diese – manche kaum größer als ein Pavillon, andere so unecht und märchenhaft wie eine Filmkulisse – von den luxuriösen Themenhotels, die zunehmend hoteleigene Hochzeitskapellen bieten, buchstäblich in den Schatten gestellt werden, so haben sie sich doch zu einer festen Größe im alten Las Vegas etabliert.

Dieses Schild an der **Little White Wedding Chapel** dürfte auch für Joan Collins und Michael Jordan geleuchtet haben, und dazu noch ein rosa Herz mit ihren Namen. Beide Berühmtheiten heirateten hier, allerdings nicht einander, und bis heute rühmt sich diese Kapelle vieler prominenter Paare, die hier ihr Jawort schworen.

Lassen Sie sich nicht blenden von all den Herzen, Blumen und Liebesgedichten, mit denen diese Kapelle auf ihrer Website wirbt. Das Geschäft ist knallhart und erstickt jegliche Romantik bereits im Keime. Viele der hier getrauten Paare beklagen eine zu dürftige Zeremonie und zu hohe Gebühren. Denn wer schon bereit ist, für das »Honeymooner Package« 600 US$ auf das Basispaket »Lover's Package« draufzulegen, der kann auch etwas mehr als nur ein paar Extrafotos, eine eingerahmte Heiratsurkunde und ein Glas Champagner erwarten. Die als *A Little* (zu Deutsch: »kleine«) *White Wedding Chapel* bezeichnete Kapelle ist so klein nicht: Tatsächlich sind es ganze fünf Kapellen, die sich hinter diesem bescheidenen Namen verstecken.

Oben: Warum sich nicht in einer protzigen Limousine zum Hochzeitshotel kutschieren lassen

Rechts: Ein-Elvis-Double in einem weißen, paillettenbesetzten Hosenanzug

Viva Las Vegas
Wedding Chapel
Themed Weddings
Themed Rooms
Our Outdoor Gazebo
Weddings are LIVE
on the INTERNET
for FREE!
The Best
Las Vegas
WE
C

Wer's eilig hat, kann in einer »Drive-in«-Kapelle heiraten: Im **Tunnel of Love** – auch wenn das Paar für das Jawort kurz aussteigen muss. In der **Little White Chapel in the Sky** können Sie sich bei einer Fahrt mit dem Heißluftballon verehelichen.

Themenhochzeiten

Elvis-Fans sind in der **Graceland Wedding Chapel** bestens aufgehoben. Sie wirbt damit, die »originale, weltberühmte Hochzeitskapelle mit dem King« zu

HOCHZEIT ALS KOMPLETTPAKET

Die meisten Hochzeitskapellen haben ein ähnliches Programm – lediglich anders aufgezogen: Blumen, Limousine, Fotos und eine bestimmte Musikauswahl sind traditionelle Bestandteile des Hochzeitspakets. Viele bieten neuerdings auch die Live-Übertragung der Trauung über das Internet für die Verwandten und Freunde in der Heimat an. Extrawünsche werden natürlich zusätzlich in Rechnung gestellt. Ärgerlich für viele Heiratswillige ist das obligatorische Trinkgeld für den Pfarrer und den Chauffeur in Höhe von jeweils 50 US$.

sein. Heiraten wird der »King« Sie zwar nicht, aber Sie können bei ihm Ihr Ehegelübde erneuern, oder aber er begleitet Sie mit Gesang, während ein echter *minister* (Pfarrer) Sie und Ihr Herzblatt traut. Das Gute am Elvis-Imitator ist, dass er sich ganz nach Ihrem Geschmack präsentiert: als der ganz junge Elvis in schwarzer Lederkluft oder im Lamé-Anzug, wie man ihn aus Zeiten seiner Hollywood-Karriere kannte, oder in einem weißen Hosenanzug und mit funkelnder Sonnenbrille. Wenn Sie es wünschen, fährt das Elvis-Double sogar in einem pinken Cadillac vor. In der frei stehenden Kapelle ist für etwa 100 Gäste Platz. Sie ist eine der größten in Vegas, wobei die wenigsten Trauungen mit so vielen Hochzeitsgästen stattfinden.

Die **Viva Las Vegas Wedding Chapel** macht eine Vermählung durch die Rock-'n'-Roll-Ikone möglich. Im Gegensatz zu vielen anderen Hochzeitskapellen geht man hier sehr freundlich miteinander um und es herrscht keine Atmosphäre wie am Fließband. Besonderes Highlight hier sind die Themenhochzeiten,

Elvis singt für Sie bei Ihrer Hochzeit in der Viva Las Vegas Wedding ein Ständchen

Die Graceland Wedding Chapel ist eine beliebte Hochzeitskapelle in Las Vegas

Kostüme sind inklusive. Wer es gern gruselig mag, kann eine Kulisse im Stil der Rocky Horror Picture Show, von Alice Cooper oder Vampiren wählen, ansonsten sagen vielleicht die Themen Elvis, Liberace und Tom Jones zu. Oder eine Hochzeit in einem »Diner« der 1950er-Jahre? Die **Doo Wop Diner Wedding Chapel** ist mit echten Memorabilien und Möbeln aus dieser Zeit ausgestattet und in knalligem Türkis und Schwarz gehalten – ein Ort, an dem sich Elvis mit Sicherheit zu Hause gefühlt hätte.

»Drive-through«-Hochzeiten sowie elegante traditionelle, aber auch abenteuerlichere Trauzeremonien – in der Wüste oder der Luft – werden in **A Special Memory Wedding Chapel** abgehalten.

Little White Wedding Chapel
✚ 202 A2 ✉ 1301 Las Vegas Boulevard South ☎ 702/382-5943;
www.littlewhitechapel.com

Graceland Wedding Chapel
✚ 202 A3 ✉ 619 Las Vegas Boulevard South ☎ 702/382-0091;
www.gracelandchapel.com

Viva Las Vegas Wedding Chapel
✚ 202 A2 ✉ 1205 Las Vegas Boulevard South ☎ 702/384-0771;
www.vivalasvegasweddings.com

A Special Memory Wedding Chapel
✚ 202 A3 ✉ 800 South Fourth Street ☎ 702/384-2211;
www.aspecialmemory.com

HOCHZEITSKAPELLEN: INSIDER-INFO

Top-Tipp: Obwohl man in Las Vegas rund um die Uhr heiraten kann, sollte man seine Hochzeitskapelle doch lieber vorher reservieren.

Außerdem Wie wäre es mit **Flitterwochen** in »Paris« (Paris Las Vegas ➤ 72f), »Venedig« (The Venetian ➤ 102) oder im »Antiken Rom« (Caesars Palace ➤ 103)?

Muss nicht sein! Die Chapel of the Bells ist rundum enttäuschend.

5 Stratosphere

Der Stratosphere Tower ist der höchste Aussichtsturm der Vereinigten Staaten. Er hat zwei Aussichtsplattformen, ein Gourmetrestaurant, Bankett- und Tagungsräume und drei spannende Attraktionen, die hoch oben für Nervenkitzel sorgen. Zusammen mit der unten am Turm gelegenen Strat-O-Fair Midway markiert das Hotel das nördliche Ende des Las Vegas Strip.

550 Mio. US$ hat der Bau des Stratosphere Hotel, des Kasinos und der Einkaufsmeile – **The Tower Shops at the Stratosphere** – zusammen gekostet. Der Turm gehört auf jeden Fall zum Pflichtprogramm von Las Vegas! Mit seinen 350 m Höhe hat er die Skyline von Las Vegas nachhaltig verändert. Der Turm ist das höchste Bauwerk der USA westlich des Mississippi und höher als die Space Needle in Seattle, der Tokyo Tower in Tokio und der Eiffelturm in Paris.

Eröffnet wurde der Turm im November 1995, seine Spitze musste mit einem Hubschrauber auf den Turm aufgesetzt werden. Die zwölf Stockwerke hohe Spitze wird »pod« genannt, der auf den drei »legs« (Beinen) des Turms steht. Zum Pod in 236 m Höhe fahren vier Aufzüge, die mit einer Geschwindigkeit von 550 m/min nach oben rauschen – die Fahrt dauert dabei lediglich 30 Sekunden. Oben gibt es zwei Aussichtsplattformen, von denen eine innen und die andere außen liegt. Die geschlossene Plattform befindet sich 261 m hoch über dem Grund, ist voll klimatisiert und bietet einen Rundumblick. Hier gibt es Souvenirläden, Virtual-Reality-Spiele, eine Snackbar und Aufzüge zum abenteuerlichen Fahrgeschäft, dem Big Shot. Die freie Aussichtsplattform liegt 265 m über dem Grund.

Spektakuläre Fahrgeschäfte

Die zwei neuesten Attraktionen haben verheißungsvolle Namen: Insanity und X-Scream. **Insanity** (»Wahnsinn«) ist ein Arm mit zehn Sitzplätzen, der sich mit einer Geschwindigkeit von 3 G (Einheit zur Berechnung der Beschleunigung/Gravitation) dreht und dabei 20 m über den Rand des Gebäudes hinaus schwingt. **X-Scream** schleudert seine Insassen 9 m über den Rand hinaus, die dann scheinbar schwerelos 264 m hoch über dem Strip hängen!

Für diejenigen, die immer noch nicht genug haben, gibt es noch den **Big Shot** auf Level 113, er ist allerdings nur etwas für wirklich Hartgesottene: Zwölf Passagiere werden in 2,5 Sekunden 9 m hoch in die Luft geschleudert und erleben dabei eine Kraft von 4 G. Die Spitzengeschwindigkeit beträgt 72 km/h, der höchste Punkt liegt bei 330 m. Ein unvergessliches Erlebnis!

Der Stratosphere Tower ist ein eindrucksvolles Beispiel moderner Architektur

Nachtfahrt im »Insanity«

Eine weitere Attraktion ist das **Strat-o-Fair** (täglich geöffnet, Eintritt frei). Hier gibt es alte Fahrgeschäfte, wie sie etwa auf der Weltausstellung in Seattle 1962 gezeigt wurden: Ein batteriebetriebener Autoscooter, ein restauriertes Riesenrad von 1958 und **Little Shot**, eine kleinere Variante des Big Shot. Thema sind die Zukunftsvisionen von 1960, wie etwa Hyper-Bowl, ein Virtual-Reality-Bowlingspiel mit 3 m großem Bildschirm. Snacks und Drinks bekommt man im Astro Snacks und in der Launch Pad Lounge.

Shows

Unterhaltung wird im **Broadway Showroom** geboten, gleich neben dem Sockel des Turms. Nachmittags steht die Show **Viva Las Vegas** auf dem Programm, sie ist die Tagesshow, die in Las Vegas am längsten läuft. Abends zollt **American Superstars** (➤ 150) den größten lebenden und toten Stars von Las Vegas Respekt, u. a. Elvis Presley, Madonna, Gloria Estefan, Charlie Daniels und Michael Jackson.

KLEINE PAUSE

In den Stockwerken 106 und 107 befindet sich das Restaurant und Lounge **Top of the World** (Tel. 702/380-7711, teuer). Vom Drehrestaurant aus bietet sich der beste Blick auf Las Vegas. Es ist täglich mittags und abends geöffnet und bietet kulinarische Sensationen wie Lammkarree aus Neuseeland und Seebarsch aus Chile. Berühmt ist die Nachspeise: Chocolat Stratosphere. Über dem Restaurant liegt die **Romance Lounge**, sie bietet eine große Auswahl an alkoholischen Getränken.

✚ 201 D4 ✉ Stratosphere, 2000 Las Vegas Boulevard South ☎ 702/380-7777; www.stratospherehotel.com 🕓 So–Do 10–1, Fr–Sa 10–2 Uhr ✋ Turm: preiswert

STRATOSPHERE: INSIDER-INFO

Top-Tipps: Wer eine Reservierung für das Restaurant Top of the World hat, **zahlt für den Turm keinen Eintritt.** Das Restaurant hat einen separaten Eingang.
■ Mit einem **Kombiticket** für zwei oder mehr Fahrten hat man ebenfalls Zugang.
■ **Mindestgröße** für die Fahrt im High Roller oder Big Shot **liegt bei 1,22 m.**
■ Am Abend können Sie hier eine **romantische Aussicht** über den Strip genießen.

Nach Lust und Laune!

Die Fashion Show Mall war die erste Einkaufsmeile am Strip

⑥ Fashion Show Mall

Für alle Einkaufswütigen ist die Fashion Show Mall ein Erlebnis. Die Einkaufsmeile war die erste, die am Strip eröffnet wurde, auch heute noch ist man stolz darauf, dass es die einzige Einkaufsmeile mit fünf großen amerikanischen Kaufhäusern ist: Saks Fifth Avenue, Neimann Marcus, Dillard's, Macy's und Robinsons-May. Die Mall wurde 1982 gebaut und liegt an der Kreuzung des Las Vegas Boulevard und der Spring Mountain Road. Inzwischen haben zwei weitere Kaufhäuser eröffnet:

das erste Nordstorm der Stadt und Bloomingdale Home. Damit gehört die Straße zu den zehn größten Einkaufsstraßen in den ganzen Vereinigten Staaten.

Neben den Kaufhäusern gibt es 200 Einzelhandelsgeschäfte auf zwei Stockwerken, darunter Betsey Johnson, Cache, bebe, Victoria's Secret, Williams-Sonoma, Bally of Switzerland, Express und Thomas Kincade Gallery. Dazwischen haben sich etliche Restaurants niedergelassen, das wohl beste finden Sie bei Neiman Marcus – mit Terrasse im Freien.

Le Rêve ist eine Show zum Träumen

✚ 200 B2 ✉ 3200 Las Vegas Boulevard South Ecke West Spring Mountain Road ☎ 702/369-8382; www.thefashionshow.com ◷ Mo–Sa 10–21, So 11–19 Uhr; variiert je nach Geschäft/Restaurant

7 Lake of Dreams

Während das musikalische Wasserspiel am Bellagio eine Stimmung wie im Italien der Renaissance erzeugt, sieht sich der Besucher am *Lake of Dreams* vielmehr einem Werk gegenüber, das an Picasso erinnern könnte und sich ihm nicht sofort erschließt. Die Show – eine Kreation Wynns – findet in der Nähe der Hauptlobby statt, an einem künstlichen See, der von einer schimmernden Wasserwand gefüllt wird. Ein unter der Wasseroberfläche installiertes LED-System kreiert Tausende bunte Lichter, die u. a. singende Frösche, plötzlich zuschnappende Schlangen und andere skurrile Bilder projizieren. Die beste Sicht sowie den Sonnenuntergang können Sie vom Parasol aus bei einem Cocktail genießen, oder reservieren Sie einen Tisch im SW Steakhouse. ✚ 200 C2 ✉ Wynn Las Vegas, 3131 Las Vegas Boulevard South ☎ 702/770-7000 ☎ 702/248-3463 ◷ tägl. etwa halbstündlich 17.30–22.30 Uhr

8 Le Rêve

Angeblich soll Steve Wynn davon abgeraten worden sein, die Show nach seinem Lieblingsgemälde »Der Traum« von Picasso zu benennen, das er für 48,4 Mio. US$ erwarb und das seine Show letztlich inspiriert hatte. Doch stattdessen sind die Besucher von der extravaganten Vorstellung begeistert. Schwebende Engel und halbnackte, gut gebaute Männer vollbringen phantastische Kunststücke in der Luft und im Wasser. Es wurde eigens für die Show ein kreisrundes Auditorium gebaut, das mit einem viereinhalb Mio. Liter Wasser fassenden Becken ausgestattet ist, das als Bühne dient. *Le Rêve* erzählt die Geschichte einer jungen Frau, die in einen tiefen Schlaf fällt und einen sinnlichen Traum als eine schillernde Wasserjungfrau erlebt. ✚ 200 C2 ✉ Wynn Las Vegas, 3131 Las Vegas Boulevard South ☎ 702/770-7000, 702/770-9966 ◷ Fr–Di 19 und 21.30 Uhr ✋ teuer–sehr teuer

9 Midway Acts

Das Erkennungszeichen des Circus Circus Hotel, Casino & Theme Park sind die herrlichen Zirkusvorstellungen, die unter dem »Big Top« aufgeführt werden. Künstler aus aller Welt zeigen ihre Kunststücke in der Midway Stage im Circus Circus und machen sie zum größten stationären Zirkus der Welt. Ausgezeichnete

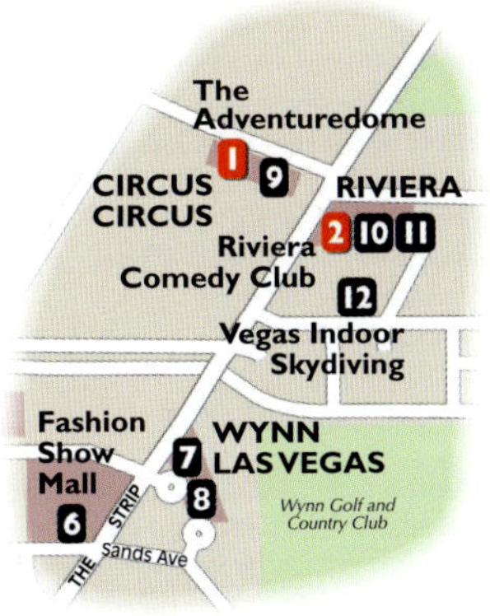

Die Revue *Crazy Girls*

Akrobaten, Trapezkünstler und Clowns gehören zu den ständigen Stars der Manege.

Die Zirkusvorstellungen haben natürlich enorm zum Renommee und zum Erfolg des Circus Circus beigetragen, das sich von einem Zirkus zu einem der größten Hotels in Las Vegas entwickelt hat. Die Vorstellungen sind kostenlos. Auf der Website können Sie das Programm einsehen.

✚ 200 C3 ✉ Circus Circus, 2880 Las Vegas Boulevard South ☎ 702/734-0410; www.circuscircus.com ⊛ tägl. 11–24 Uhr; zwei Vorstellungen pro Stunde ✋ frei

⑩ Crazy Girls

Die »Oben-ohne«-Show von Norbert Aleman läuft seit 1987 mit riesigem Erfolg. Im Februar 2004 wurde das Programm noch freizügiger, um mit all den anderen Shows am Strip konkurrieren zu können. Die neue Show, die erotischer und sinnlicher als die alte ist, nennt sich jetzt *Crazy Girls Fantasy* *Revue.* Hier tanzen Frauen zu den wilden Rhythmen zeitgenössischer Popmusik. Auch wenn das Publikum überwiegend aus Männern besteht, besuchen regelmäßig auch Paare die Show.

✚ 200 C3 ✉ Riviera, 2901 Las Vegas Boulevard South ☎ 702/794-9433; www.crazygirlslv.com ⊛ Mi–Mo 21.30 Uhr ✋ mittel

⑪ Barbra & Frank, The Concert That Never Was

Den Originalen Frank Sinatra und Barbra Streisand zum Verwechseln ähnlich – nicht nur optisch, sondern auch gesanglich! – erfüllen Sharon Owens als Streisand und Sebastian Anzaldo als Sinatra deren Fans einen lang ersehnten Traum: Sie stehen endlich gemeinsam auf der Bühne und lassen mit den großen Hits wie *New York, New York* die goldenen Zeiten von Las Vegas wiederaufleben.

✚ 200 C3 ✉ Riviera, 2901 Las Vegas Boulevard South ☎ 702/734-5110; www.rivierahotel.com ⊛ So–Do 19 Uhr ✋ mittel

12 Vegas Indoor Skydiving

Der klare Himmel und der Wüstenboden Nevadas sind ideale Voraussetzungen für einen Fallschirmsprung. Wem das zu viel Adrenalin in die Venen jagt, traut sich vielleicht Folgendes: Ein riesiger, hinter einem Gitterboden installierter Ventilator generiert einen bis zu knapp 200 km/h schnellen Luftstrom, der einen Auftrieb bewirkt. Sobald Sie in diesen Windkanal hineinspringen, können Sie wie bei einem echten Fallschirmsprung den freien Fall erleben, nur dass Sie eben immer auf einer Höhe schweben. Nach einer Instruktion zur Sicherheit und Körperhaltung kann's losgehen. Das Vergnügen dauert nur drei Minuten, entspricht aber ungefähr vier bis fünf echten Sprüngen und gibt es zu einem Preis von weniger als einem. Trinken Sie vor dem »Flug« genug Wasser, tragen Sie lange Hosen und bringen Sie Ersatzkleidung mit, denn man kommt leicht ins Schwitzen. Kinder dürfen nur teilnehmen, sofern sie ein bestimmtes Gewicht mitbringen. Wer danach das wahre Abenteuer des freien Falls sucht, kann sich bei Vegas Extreme Skydiving (Tel. 866/398-5867; www.vegasextremeskydiving.com) für einen Sprung anmelden.

✝ 200 C3 ✉ 200 Convention Center Drive ☎ 702/731-4768; www.vegasindoorskydiving.com ⊕ tägl. 9.45–20 Uhr

13 Las Vegas Hilton Theater

Mit 1500 Sitzplätzen, von denen keiner weiter als 26,5 m von der Bühne entfernt ist, gehört dieses Haus zu den großen alten Theatern der Stadt. Hier trat viele Jahre lang Elvis Presley auf, heute kommen Stars wie Johnny Mathis. Selbst Rock-Dinosaurier wie Lynyrd Skynyrd treten hier noch auf; auch Schmusesänger Barry Manilow wurde einige Jahre bejubelt.

✝ 201 D3 ✉ Las Vegas Hilton, 3000 Paradise Road ☎ 702/732-5755; www.lvhilton.com ⊕ Show meistens abends, Zeiten variieren 💰 mittel–teuer

14 Cool by the Pool

Die Pool-Landschaft der Stadt wird immer besser, und das Las Vegas

Vegas Indoor Skydiving – eine ungefährliche Methode, diesen Sport auszuprobieren

Hilton hat seinen Teil dazubeigetragen. Täglich zur sogenannten »Cool by the Pool«-Happy Hour (16–20 Uhr) bietet dieses Hotel vergünstigt Getränke, etwa zwei für den Preis von einem, sowie Snacks wie z. B. einen Krabbencocktail für 2 US-Dollar an. Darüber hinaus gibt es Livemusik. Der Pool befindet sich im dritten Stock und eröffnet einen fabelhaften Blick auf die Stadt – der ideale Ort, um den Abend ent-

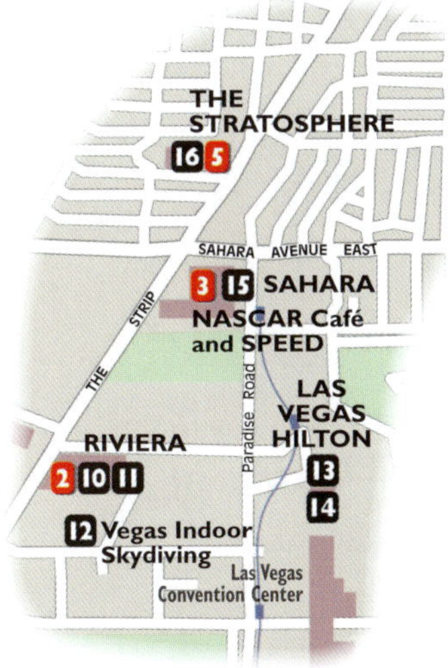

spannt ausklingen zu lassen und die letzten Sonnenstrahlen des Tages zu genießen.
➕ 201 D3 ✉ Las Vegas Hilton, 3000 Paradise Road ☎ 702/732-5111; www.lvhilton.com 🕐 Happy-Hour tägl. 16–20 Uhr ✋ teuer

🄴 The Magic & Tigers of Rick Thomas

Die Show von Rick Thomas gehört sicherlich zu den anspruchsvolleren der in Las Vegas zuhauf gebotenen Zaubershows. Seit Jahren schon tritt der Magier vor ausverkauftem Hause auf und wurde sogar bei den *World Magic Awards* zum ›Stage Magician Of The Year‹ gekürt.

Es ist die unglaubliche Vielfalt seiner Tricks, die ihn von anderen Zauberkünstlern unterscheidet: Mal lässt er eine Königstigerfamilie vor den Augen der Zuschauer verschwinden, dann wiederum liefert er ein spektakuläres Zusammenspiel aus Tanz, hübschen Assistentinnen, Musik und Lichtspielen. Alles in allem eine Show für die ganze Familie. Wer allerdings nicht gern im

Rick Thomas lässt in seiner Show Tiger verschwinden

Rampenlicht steht, sollte auf einen Sitzplatz in den vorderen Reihen verzichten.
➕ 201 D4 ✉ Sahara, 2535 Las Vegas Boulevard South ☎ 702/737-2515; www.saharavegas.com 🕐 tägl. 19 Uhr ✋ mittel

🄵 American Superstars

Wer in Las Vegas wirklich große Stars sehen will, sollte sich im Broadway Showroom am Stratosphere (▶ 144f) *American Superstars* ansehen. In der Show treten Doubles von Elvis Presley, Gloria Estefan, Britney Spears, Tim McCraw, Ricky Martin und Michael Jackson auf. Die talentierten Doppelgänger sehen den Weltstars verblüffend ähnlich und singen (fast) so gut wie diese. Die Produzenten Mark Callas (Sohn des Komödianten Charlie Callas) und Donny Moore sind bemüht, die Qualität der Show stets hochzuhalten.
➕ 201 D4 ✉ Stratosphere, 2000 Las Vegas Boulevard South ☎ 702/380-7777; www.stratosphere.com 🕐 Shows: Di–So 19, Mi, Fr, Sa 18.30 und 20.30 Uhr ✋ mittel

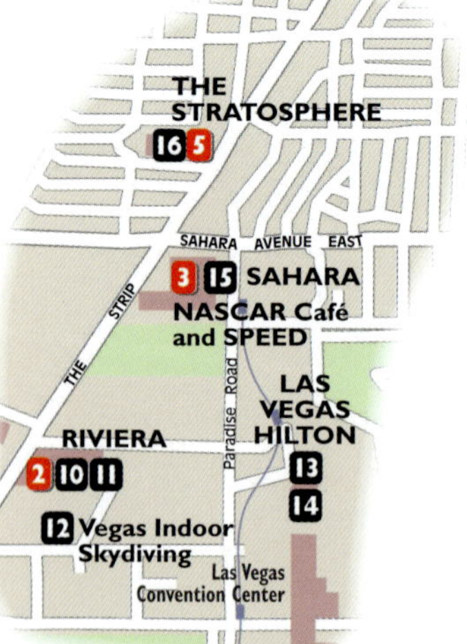

Wohin zum ...
Essen und Trinken?

Preise
Die Preise gelten pro Person für ein Essen ohne Getränke, Steuern und Service:
$ unter 30 US$ $$ 30–60 US$ $$$ über 60 US$

RESTAURANTS

Alex $$$

Das preisgekrönte Alex ist die Bühne für Chefkoch Alex Stratta, das Ambiente ist sehr modern und ausgefallen. Die schummrige Beleuchtung trägt zur romantischen Atmosphäre bei. Zur Auswahl stehen ein hervorragendes 7-Gänge-Menu und ein gutes 3-Gänge-Menu mit so ausgefallenen Gerichten wie junge Tauben mit sautierter Gänseleber, Rhabarber und gewürzter Ananas oder Ravioli mit Gänseleber. Männer sollten, wenn es auch nicht direkt Vorschrift ist, Jacketts tragen.

200 C2 ⊠ Wynn Las Vegas, 3131 Las Vegas Boulevard South ☎ 702/770 9966; www.wynnlasvegas.com ⊙ Mi–Sa 18–22 Uhr

Bartolotta Ristorante di Mare $$$

Eine Wendeltreppe geleitet die Speisenden hinab in dieses Restaurant, das einen See überblickt und hervorragende italienische Küche zu angemessenem Preis bietet. Küchenchef Paul Bartolotta lässt seinen Fisch täglich aus Italien einfliegen, und dieser ist wirklich phantastisch. Aber auch viele weitere Gerichte erfreuen den Gaumen, darunter *pollo alla Riviera Ligure* – Huhn mit Artischocken, Spargel und Steinpilzen – sowie die ausgezeichneten Pizzen. Der Salat aus Erdbeeren mit *mascarpone sorbetto* bildet einen süßen Abschluss.

200 C2 ⊠ Wynn Las Vegas, 3131 Las Vegas Boulevard ☎ 702/770-3463; www.wynnlasvegas.com ⊙ tägl. 17.30–22 Uhr

Coffee Pub $

Diese Institution (1984) in entspannter Atmosphäre bietet ihren Gästen kalifornische Snacks und eignet sich gut für ein Frühstück, beispielsweise nachdem man die Nacht zuvor sein Glück im Kasino oder einem Club versucht hat – der Kaffee ist der Knaller und wirkt selbst dem dicksten Schädel entgegen. Mittags hilft eine wohltuende Suppe oder ein vitaminreicher Smoothie, die Lebensgeister zu wecken. Sie können drinnen oder im Freien Platz nehmen und außerdem das WLAN nutzen.

außerhalb 201 F4 ⊠ 2800 West Sahara Avenue ☎ 702/367-1913; www.coffeepublv.com ⊙ Mo–Fr 7–15, Sa–So 8–14 Uhr

Komol Restaurant $–$$

Schlicht eingerichtet, dafür reich an Blumen, serviert dieses Restaurant thailändische Küche. Beginnen Sie z. B. mit einer pikanten Garnelensuppe, *tum yum goong*, gefolgt von einem üppigen Hauptgang wie mit Hühner- oder Schweinefleisch verfeinertem Pad Thai (Nudelgericht). Auch für Vegetarier, die in Las Vegas eher selten fündig werden, ist hier gesorgt. Die mit Zucchini, Zuckererbsen, Möhren und Bambussprossen zubereitete *kang pa* (Suppe) ist besonders leicht und schmackhaft.

201 F4 ⊠ 953 East Sahara Avenue ☎ 702/731-6542; www.komolrestaurant.com ⊙ Mo–Sa 11–22, So 12–22 Uhr

Red 8 Asian Bistro $$–$$$

In intimer Atmosphäre warten hier südostasiatische und kantonesische Speisen auf ihren Verzehr. Zu den Spezialitäten des Hauses gehören eine Kombination aus gebratener Ente und gegrilltem Schweinefleisch sowie Rinderschmortopf. Hier geht es etwas lockerer zu als in den anderen, dem Wynn angehörigen Restaurants, und zum Kasino ist es nicht weit.

✚ 200 C2 ✉ Wynn Las Vegas, 3131 Las Vegas Boulevard South ☎ 702/770-3463; www.wynnlasvegas.com ◷ So–Do 11.30–23, Fr–Sa 11.30–1 Uhr

◈ Rosemary's Restaurant $$–$$$

Hell und luftig – mit Holzfußboden und weißen Tischdecken – stellt das Rosemary's eine willkommene Alternative zu all den lauten und stylischen Lokalen in einer von Leuchtreklame dominierten Stadt dar. Michael und Wendy Jordan sind die Drahtzieher der aus französischen und amerikanischen Elementen kombinierten Küche: gerösteter Lammrücken, dazu mit Kalamata-Oliven verfeinertes Kartoffelpüree, oder Kalbsfilet im Prosciutto-Mantel! Dazu genießen Sie vom *Wine Spectator*-Magazin ausgezeichnete Tropfen (www.winespectator.com).

✚ außerhalb 201 F4 ✉ 8125 West Sahara Avenue ☎ 702/869-2251; www.rosemarysrestaurant.com ◷ Fr 11.30–14.30, tägl. ab 17.30 Uhr

◈ The Steakhouse at Circus Circus $$–$$$

Dieses mehrfach preisgekrönte Steakhouse hat es geschafft, sich von den zahlreichen anderen Steakhäusern Las Vegas' abzuheben, und lockt seit über 20 Jahren Hungrige auf ein saftiges Stück Fleisch an, wie etwa ein drei Wochen abgehangenes, Mesquite- oder Prime-Rib-Steak oder auch Lammkotelett. Darüber hinaus erwartet die Gäste eine gute Auswahl an Fisch- und Meeresfrüchtegerichten, darunter Krabbenbeine und Hummer. Reservierung empfohlen.

✚ 200 C2 ✉ Circus Circus, 2880 Las Vegas Boulevard ☎ 702/794-3767; www.circuscircus.com ◷ Mo–Do, So 17–22, Fr–Sa 17–23 Uhr

◈ T-Bones Chophouse $$

Ein Paradies für Fleischesser. Dieses Restaurant erhielt schon die ein oder andere Auszeichnung und beansprucht für sich, das beste Steakhaus der ganzen Stadt zu sein. Sehr gut ist es zweifelsohne – butterweiche Prime- und T-Bone-Steaks nach individuellem Wunsch zubereitet. Das australische Wagyu-Rind ist ein Renner. Auch der täglich aus Italien importierte Fisch ist gut, zudem lagern hier über 7500 Weinflaschen. Die Cocktail-Bar mit Blick auf die Poolanlage lädt zum Aperitif ein.

✚ 202 A2 ✉ Red Rock Casino, Resort & Spa, 11011 West Charleston ☎ 702/797-7576 ◷ So–Do 17–22 (Bar bis 23), Fr–Sa 17–23 (Bar bis 24) Uhr

BARS

◈ Outside Inn $–$$

Diese Videopoker-Bar abseits des Touristentrubels bezeichnet sich selbst als wahrer Treff für Einheimische und lohnt einen Besuch. Die Stimmung ist heiter, und die Auswahl an Speisen imposant und günstig – hummergefüllte Frühlingsrollen, Salat mit gegrilltem Ahi-Thunfisch, Truthahn-Burger mit mediterraner Note sowie Pizzen.

✚ außerhalb 201 F5 ✉ 9941 West Charleston Boulevard (am Hualapai Way) ☎ 702/933-1101; www.mixednutslv.com/outsideinn/ ◷ tägl. 24 Std. geöffnet

Peppermill Inn $

Seit es in Las Vegas den Trend zum Luxus und Exquisiten gibt, ist vieles aus den kitschigen 1970er-Jahren verschwunden. Eine Ausnahme ist Peppermill Inn gleich neben dem Riviera: Hier bestimmen wie früher langflorige Teppiche, Feuersteine, riesige weiße Seidenblumen und Springbrunnen das Interieur. Etliche Filmszenen aus Casino mit Robert De Niro und Sharon Stone wurden hier gedreht. Gerüchten zufolge hat es Robert De Niro hier so gut gefallen, dass er nach den Dreharbeiten immer wieder hierher zurückkehrte. Peppermill Inn ist ein typischer Coffeeshop mit Burger, Pfannkuchen und Sandwiches, und von allem reichlich. Auf jeden Fall einen Besuch wert!

✚ 200 C3 ✉ 2985 Las Vegas Boulevard South ☎ 702/735-4177; www.peppermill lasvegas.com ◷ tägl. 24 Std. geöffnet

Wohin zum ... Einkaufen?

In der Gegend gibt es viele Malls, die häufig Ausverkäufe und Sonderangebote haben, um mit den Malls der Kasinos und Hotels mithalten zu können.

Die beste Mall ist die **Fashion Show Mall** (3200 Las Vegas Boulevard South; Tel. 702/369-8382, ▶ 146f). Sie befindet sich direkt gegenüber der Spring Mountain Road beim Treasure Island. Neben Edelboutiquen dominieren die großen Kaufhäuser wie Neiman Marcus und Saks Fifth Avenue. Hier lässt es sich während des Schlussverkaufs oft noch günstiger einkaufen als in den anderen Kaufhäusern am Strip. Direkt an der Fashion Show Mall beim Wynn Las Vegas Resort (▶ 130) steht das vornehme Kaufhaus **Wynn Esplanade** (Tel. 702/770-7000). Vergessen Sie mal Saks Fifth Avenue und leisten Sie sich etwas von Christian Dior! Zu den großen Namen, die nur hier und nirgends sonst in den Vereinigten Staaten zu finden sind, zählen Geschäfte von Manolo Blahnik, Oscar de la Renta, Cartier, Chanel, Dior, Louis Vuitton – und ein Autogeschäft, in dem Sie sich nach einem großen Gewinn im Kasino einen Ferrari oder einen Maserati kaufen können.

Näher an Downtown liegt die **Boulevard Mall** (3528 South Maryland Parkway; Tel. 702/732-8949; www.boulevardmall.com), sie ist ideal für alle, die gerne auf den Lärm und die Menschenmassen der anderen Malls verzichten. Im ruhigen Atrium darf nicht geraucht werden, viele Geschäfte (u. a. die Kaufhäuser JCPenny, Sears und Macy's) bieten Waren zu erschwinglichen Preisen an. Daneben gibt es auch Spezialgeschäfte wie Gap, Bath & Body Works und Victoria's Secret.

Wer ein Showgirl werden will oder nur einmal so aussehen möchte, für den ist das **Wig Factory Outlet by Serge** (953 East Sahara Avenue; Tel. 702/732-3844) die richtige Adresse.

Gleich südlich des Las Vegas Hilton liegt **Cowtown Boots** (1080 East Flamingo Road; Tel. 702/737-8469) – der größte Western Store in ganz Nevada. Hier gibt es für den Möchtegern-Cowboy Stiefel u. a. aus Python-, Strauß- oder Alligatorleder – z. T. mit bis zu 40 % Rabatt. Auch Sonderwünsche werden berücksichtigt. Das Cowtown hat zudem Cowboyhüte, T-Shirts, Kleider und natürlich die klassischen Wrangler-Jeans.

Leidenschaftliche Spieler und die, die es werden wollen, finden im **Gambler's Book Shop** (5473 South Eastern Avenue; Tel. 702/382-7555) alles, was an Literatur zu dem Thema auf dem Markt ist. Im Buchladen hängen Hunderte von Schwarz-Weiß-Fotos von berühmten Glücksspielern und Prominenten an den Wänden. Über 1500 Bücher, Videos und Computer-Software beschäftigen sich mit dem Thema Glücksspiel. Hier erfahren Sie alles von Sportwetten bis Mahjongg. Selbst Videos, die zeigen, wie man am besten betrügt, werden hier verkauft. Nur nicht vergessen: Auch die Kasino-Bosse werden diese studiert haben ...

Der **Bonanza Souvenir Shop** (2440 Las Vegas Boulevard South; Tel. 702/385-7359; www.worldslargestgiftstore.com) bezeichnet sich selbst als den größten Souvenirladen der Welt. Natürlich gibt es hier viel Kitsch, aber das macht gerade den Charme dieses Geschäfts aus. Unglaublich, was man alles zu Souvenirs machen kann: Aschenbecher, Elvis-Drucke, beliebt sind die Lutscher in Form von Geldmünzen. Dann gibt es humorvolle oder geschmacklose Ansichtskarten, T-Shirts, usw. Wie wäre es mit einer Toilettenbrille, in die Spielchips eingelassen sind?

Wohin zum ... Ausgehen?

Mit Ausnahme des Wynn, ist dieses Ende des Strip nicht mehr ganz so gefragt. Obgleich ein paar Hotels hier mit guten Shows aufwarten, spielt sich das meiste etwas abseits der großen Hotelanlagen ab.

Das Programm der abendlichen Comedy- und Varieté-Shows im **Royal Resort** (99 Convention Center Drive; Tel. 702/784–4712; tägl. 21 Uhr; preiswert) ändert sich regelmäßig. Im Allgemeinen sind aber alle Shows gut, und die Poolbar des Hotels lädt sowohl vor als nach der Show zum Entspannen ein.

Im **Erotic Heritage Museum** (3275 Industrial Road; Tel. 702/369-6442; www.eroticheritage.org; Mi, Do 18–22, Fr 15–24, Sa–So 12–24 Uhr; preiswert) findet eine dauerhafte Ausstellung statt, die sich mit Lineart, Fotografie und Film dem Thema Erotik widmet – und das so provokant wie schön.

Im beschaulichen **Onyx Theatre** (953 East Sahara Avenue; Tel. 702/732–7225; www.onyxtheatre.com) finden 96 Personen Platz. Auf dem Programm stehen alternative Theaterproduktionen, Themennächte, diverse Shows und gelegentlich auch Shakespeare. Der Eintrittspreis beläuft sich auf einen Bruchteil der für die am Strip üblichen Preise.

Um Ihren Aufenthalt in Las Vegas unvergesslich zu machen, bietet sich ein Besuch bei **Atomic City Tattoo & Piercing** (1506 Las Vegas Boulevard South, Tel. 702/678-6665) an. Hier machen die Künstler Texas Bob oder Johnny Vegas ihre Erinnerungen buchstäblich niet- und nagelfest. Einmal im Monat findet im Tattoo-Studio zudem eine Ausstellung, inklusive Barbecue, statt – das Ganze im Rahmen des First Friday Grassroots Festival (www.firstfriday-lasvegas.org), einem Festival, bei dem die verschiedenen Künstler der Stadt ihre Werke öffentlich präsentieren.

Bars und Lounges

Nur einen Block vom Strip entfernt liegt **Brando's Bar & Grill** (2973 Industrial Road, Tel. 702/733-0033; www.brandoslasvegas.com). Diese »Bruchbude« ist eine willkommene Abwechslung zu den sonst so supervornehmen Etablissements – mit hervorragendem Bier und leckeren Cocktails, die Sie in Ruhe und in entspannter, freundlicher Atmosphäre genießen können. Snacks und Frühstück gibt es außerdem.

Die **Casbar Theater Lounge** (2535 Las Vegas Boulevard South; Fr–Sa 21–1 Uhr), eine alte Vegas-Institution: Kitschiger geht es kaum. Ein freies gemütliches Plätzchen ist immer zu haben, die Cocktails sind ausgezeichnet, und Livemusik gibt es jeden Abend (kein Aufpreis) und für jeden Geschmack.

Phantastische Blues- und Jazznächte bietet die kleine, aber laute **Cellar Lounge** (3601 West Sahara Avenue, Tel. 702/362–6268) abseits des Strip von Di–Sa 24 Stunden täglich.

Die **Tempo Lounge** (3000 Paradise Road; Tel. 702/732-5111; www.lv hilton.com) im Las Vegas Hilton bietet allabendlich Cocktails, dazu wird ein Hitmix aus den 1970ern, -80ern und -90ern aufgelegt oder live musiziert. Dienstags gilt: *Ladies Night*.

Nachtclubs

Das **Blush** (Tel. 702/770-3633; So, Mo, Mi 21–2, Do–Sa 21–4 Uhr) im Wynn gewährt bis zu 400 Besuchern Einlass und zählt zu den kleinsten Clubs am Strip. Die Atmosphäre ist intim, der Service teuer. Ein größerer Nachtclub, ebenfalls der Wynn-Gruppe angehörig, ist **Tryst** (Do–So 22–4 Uhr).

Downtown

Erste Orientierung

Downtown ist ein Dschungel aus Neonlichtern! Wenn Sie das Lichtermeer mit der Beleuchtung des Strip vergleichen, dann werden Sie verstehen, warum die Stadt so lange überleben konnte: Sie erfindet sich immer wieder selbst neu.

Von Anfang an war die Fremont Street eine der wichtigsten Straßen für die Glücksspielindustrie. 1925 war sie sogar die erste Straße, die gepflastert wurde und bekam auch als erste eine elektrische Straßenbeleuchtung. 1932 wiederum wurde im Apache Hotel an der Fremont Street der erste Aufzug eingebaut. Das Horseshoe war dafür das erste Hotel, das mit Teppichen ausgelegt wurde. Zur gleichen Zeit wurde die erste Spiellizenz für eine Spielhalle an der Fremont Street vergeben.

Downtown Las Vegas existierte bereits 36 Jahre, als 1941 das El Rancho am Strip errichtet wurde. Bis heute haben sich die insgesamt 56 Hotels in diesem Viertel kaum verändert. Hinzugekommen ist nur die 70 Mio. US$ teure Fremont Street Experience, die 1995 errichtet wurde. Auch in die Renovierung des benachbarten Fremont East District wurden im Jahr 2007 mehrere Millionen US$ gepumpt. Es entstanden neue Fußgängerzonen und zahlreiche Bars. Die jüngste Attraktion ist jedoch das Springs Preserve, eine vielversprechende und interessante Neuerfindung der Geburtsstätte Las Vegas, die vielleicht, kulturell wie historisch, die Weichen für eine andere Art des Amüsements in Zukunft gestellt hat.

Seite 155: Viva Vision in der Fremont Street Experience
Unten: Die farbenfrohe Verkleidung des Kasinohotels Binion's
Rechts: Blick hinab in die Fremont Street Experience

★ Nicht verpassen!

1. Springs Preserve und Nevada State Museum ➤ 160
2. Fremont Street Experience ➤ 162

Nach Lust und Laune!

3. The Plaza ➤ 164
4. Main Street Station ➤ 164
5. Golden Gate ➤ 165
6. Golden Nugget ➤ 166
7. The Attic ➤ 166
8. Binion's ➤ 167
9. Neon Museum ➤ 167
10. Las Vegas Natural History Museum ➤ 167

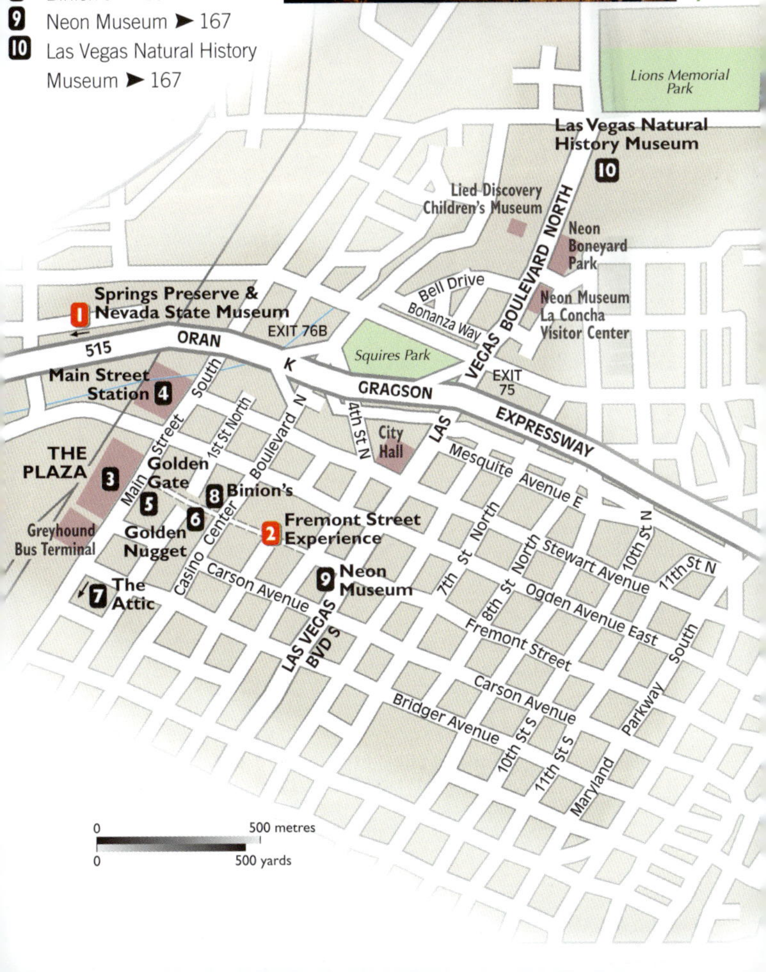

An einem Tag

Sie wissen nicht genau, wo Sie Ihre Tour beginnen sollen? Nehmen Sie diesen Tourenführer und lassen sich zu den interessantesten Attraktionen in Downtown Las Vegas geleiten. Die Karte (➤ 157) hilft Ihnen dabei. Detailliertere Informationen finden Sie unter den jeweiligen Haupteinträgen (➤ 160ff).

9.45 Uhr

Schnappen Sie sich nach dem Frühstück ein Taxi (oder Ihren eigenen Wagen) zum ❶ **Springs Preserve und Nevada State Museum** (➤ 160f), das 3 km westlich von Downtown liegt und um 10 Uhr öffnet. Verschaffen Sie sich auf Wanderpfaden durch die Wüste in Ruhe einen Einblick in ihre Tier- und Pflanzenwelt – es gibt sogar einen botanischen Garten.

11 Uhr

Der Innenhof des Springs Cafe (➤ 161) im Herzen des Naturparks bietet sich ideal für eine Tasse Kaffee an.

11.30 Uhr

Gehen Sie an der ❷ **Fremont Street Experience** (oben, ➤ 162f) entlang und bummeln Sie durch die Geschäfte und Läden, die Souvenirs aus Las Vegas verkaufen. Interessant sind die berühmten Neonreklamen, z. B. der Cowboy hoch oben auf dem Pioneer Club und Vegas Vickie hoch über den Girls of Glitter Gulch.

13.30 Uhr

In diesem Viertel gibt es viele Restaurants, eins der besten ist Carson Street Café (➤ 169) am **6 Golden Nugget** (unten, ➤ 165f). Gut ist auch der rund um die Uhr geöffnete Binion's Coffee Shop (➤ 169).

15 Uhr

Jetzt sollten Sie aber unbedingt selbst spielen! In Downtown bieten sich dazu viele Möglichkeiten, selbst wenn Sie Ihr Glück nur am Einarmigen Banditen oder mit Videopoker versuchen. Ein paar aufregende Stunden sind allemal garantiert! Versuchen Sie es im **8 Binion's** (➤ 166f), wo der Einsatz minimal ist, und setzen Sie ein cooles Pokerface auf.

16.30 Uhr

Der späte Nachmittag ist die beste Zeit für einen Tisch im **5 Golden Gate** (➤ 165), in der Nähe des Golden Nugget an der Fremont und der Main Street. Genießen Sie den Shrimp-Cocktail an der San Francisco Shrimp Bar and Deli – dafür ist das Hotel berühmt!

18 Uhr

Herrlich zu Abend essen können Sie in Hugo's Cellar in den Four Queens, einem der besten Restaurants von Las Vegas (unbedingt reservieren!). Hugo's Cellar liegt einen Block weit vom Golden Nugget entfernt an der Kreuzung des Casino Center Boulevard und der Fremont Street.

19.30 Uhr

Besuchen Sie die Show im **5 Golden Gate** (Tickets im Voraus besorgen).

21.30 Uhr

Gehen Sie hinaus auf die Fremont Street und sehen Sie sich die nächste zehnminütige Show der **2 Fremont Street Experience** (➤ 162f) an – die Ton-und-Lichtshows dauern bis Mitternacht.

ⓞ Springs Preserve und Nevada State Museum

5 km westlich von Downtown befindet sich eine der wenigen Attraktionen von Las Vegas, die zu Recht beansprucht, eine Bildungsstätte obendrein zu sein. Auf einer Fläche von über 70 ha erstreckt sich der für 250 Millionen US$ errichtete Naturpark. Dieser eröffnete im Jahr 2007, das Nevada State Museum 2009. Springs Preserve setzt einen neuen Trend und vereint Geschichte, Kultur und Natur – ohne Spielautomaten weit und breit. Am Geburtsplatz von Las Vegas widmet er sich nicht nur dessen Vergangenheit, sondern setzt zugleich neue Maßstäbe in Sachen Nachhaltigkeit und Umweltschutz.

Springs Preserve ist nach den Süßwasserquellen benannt, die der Stadt schließlich Leben einhauchten. Für die Händler auf dem historischen »Old Spanish Trail« zwischen Neumexiko und Kalifornien stellten sie eine wichtige Wasserquelle dar, sodass das Gebiet rasch zu einem riesigen Zeltlager anwuchs.

Das Desert Living Center

Das **Desert Living Center**, das fünf Gebäude, darunter ein Rundbau und mehrere Gärten, umspannt befasst sich mit dem Schutz des Ökosystems der Wüste. Die Ausstellung demonstriert den leichtfertigen Umgang der Bewohner mit dem Wasser, der schließlich 1962 die vollständige Austrocknung der Quellen zur Folge hatte. Bis heute hat die Stadt, die gleißender Hitze sowie eiskalten Temperaturen ausgesetzt ist, dauerhaft unter Wasserknappheit zu leiden. In einer Stadt, in der so viele Menschen leben, als gäbe es kein Morgen und als wären die natürlichen Ressourcen unerschöpflich, blickt dieses Museum in die Zukunft der am schnellsten wachsenden Stadt der Vereinigten Staaten.

ORIGEN Experience – die Ausstellung

Die auf sieben Galerien ausgedehnte Ausstellung der ORIGEN Experience kombiniert Spiel und Bildung. Sie befasst sich mit der Landschaft, Kultur und Frühgeschichte der Umgebung. Die Galerie **Mojave Canyon** eignet sich besonders für Kinder, die hier allerlei Interessantes zum Thema Wüste erfahren und beobachten können, z. B. eine aus 20 000 Litern aufbereiteten Wassers erzeugte Sturzflut, die eindrucksvoll durch eine nachgebildete Wüstenschlucht donnert. In der **People of the Springs Gallery** können Besucher Nachbildungen indianischer Behausungen besichtigen, das Herzstück bildet ein Eisenbahnwaggon aus den Anfängen des Dampflok-Zeitalters.

Ein kolumbianisches Mammutskelett gehört zur Dauerausstellung des Nevada State Museum

Aktivitäten im Freien

Vom Springs Preserve führen **vier Wanderpfade** durch eine eindrucksvolle Wüstenlandschaft, die durch ihren natürlichen Tierreichtum überraschen mag. Sie führen alle zur *cienega*, einer Art Sumpfgebiet, das die einheimischen Pflanzen und Tiere, darunter seltene Vogelarten wie Wanderfalken, mit Wasser versorgt. Ein »rekonstruiertes Wasserbecken« stellt die ursprüngliche Quelle dar. Zudem können Besucher durch einen 3 ha großen Garten mit einheimischen Wüstenpflanzen und nicht einheimischen Gewächsen, wie etwa Rosen und Kräutern, spazieren. Das höchst lehrreiche Erholungsgebiet ist mit seiner überwiegend interaktiven Ausstellung besonders für Kinder attraktiv. Spielerisch – etwa mit Videospielen und Körpereinsatz – bringt das Museum ihnen eine nachhaltige Lebensweise nahe. Auch für die ganz Kleinen ist gesorgt.

KLEINE PAUSE

Stärken Sie sich im **Springs Cafe** (Tel. 702/822-8716, Mo–Fr 11–15, Sa–So 11-18 Uhr, preiswert) mit Snacks.

✚ 202 bei A4   ✉ 333 South Valley View Boulevard (zwischen US 95 und Alta Drive, 2 km westlich von Downtown)   ☎ 702/822-7700; www.springspreserve.org   🕐 tägl. 10–18 Uhr; Wanderwege werden entweder bei Abenddämmerung oder um 18 Uhr geschlossen   ♿ preiswert; der ganze Park ist rollstuhlgerecht angelegt

SPRINGS PRESERVE UND NEVADA STATE MUSEUM: INSIDER-INFO

Top-Tipps: Ganzjährig finden hier verschiedene Konzerte und Aufführungen statt, über die Sie der Veranstaltungskalender auf der Website im Einzelnen informiert. Der Mai beispielsweise wartet mit dem Ice Cream Festival und der Juni mit dem Preserve Brews and Blues Festival auf.

Außerdem Erkunden Sie bei einem Ausflug weiter in die Wüste hinein den Hoover Dam (► 174f). Dieser wurde in den 1930er-Jahren errichtet, um dem Ungleichgewicht von Dürre und Flut, das die Umgebung von Las Vegas plagte, entgegenzuwirken und die Region zudem mit Strom zu versorgen.

② Fremont Street Experience

Wenn Sie vom Strip aus kommen, sieht es zwischen der St. Louis Avenue und der Fremont Street auf den ersten Blick ziemlich dunkel und gar nicht so nach Las Vegas aus. Aber keine Angst: Wenn Sie weiterfahren, sind die Straßen bald wieder hell erleuchtet: Dafür sorgen insgesamt 12 Mio. Glühbirnen.

Für die Beleuchtung der Fremont Street sorgen 180 computergesteuerte Stroboskope, 64 variable Lichtanlagen, die 300 verschiedene Farben produzieren können, sowie acht Roboterspiegel pro Block, die jeweils individuell programmiert und gesteuert und ganz an- oder abgeschaltet werden können.

Die Fremont Street Experience wurde im Dezember 1995 eröffnet und präsentiert jeden Abend eine glanzvolle Sound-and-Light-Show: Die 500 m lange Fußgängerzone zwischen Main Street und Las Vegas Boulevard ist mit ihrem 30 m hohen Dach und ihren Millionen von Lampen eine weltweit einzigartige technische Meisterleistung.

2004 wurde mit Viva Vision einer der größten Bildschirme der Welt montiert: so groß wie fünf Fußballfelder zusammen. Von abends bis morgens sind auf der Leinwand stündlich eindrucksvolle Shows zu sehen, die Animation, Livevideos und visuelle Effekte kombinieren und diese obendrein mit Musik aus einem hochmodernen Sound-System untermalen. Es gibt unterschiedliche Shows, in

der Regel sind alle interessant; welche aktuell läuft, erfahren Sie auf der Website. »American Pie« beispielsweise zelebriert den gleichnamigen Hit des berühmten Sängers Don McLean. »The Queen Tribute« wiederum ist eine Hommage an die legendäre Rockband *Queen* aus England. Dabei entzünden zwei ihrer bekanntesten Hymnen zusammen mit Archivfilmaufnahmen und grafischen Effekten ein musikalisches wie visuelles Feuerwerk.

Beliebte Kasinos

Unter einem riesigen Kuppeldach liegt eine Fußgängerzone mit den beliebtesten Kasinos von Las Vegas; das Golden Nugget (► 166) zählt zu den großen Attraktionen. Die Fremont Street ist ein einziges großes Theater mit einer spektakulären Lichter-Show und vielen Restaurants, Showtheatern und Geschäften. In den wärmeren Monaten werden außerdem kostenlose Konzerte und andere Unterhaltungsshows veranstaltet.

Die insgesamt 12 Mio. Glühbirnen machen die Fremont Street Experience zum größten grafischen Bildschirm der Welt. Beeindruckend ist nicht nur die große Anzahl der Lichter, sondern auch ihre unglaubliche Intensität. Würde man alle Lichter gleichzeitig voll aufdrehen, würden sie eine Energie von 7,8 MW entwickeln. Die Lampen leuchten u. a. rot, blau und grün und können auf 32 verschiedene Stufen gedimmt werden. So sind Millionen von Farb- und Lichtkombinationen möglich. Die Stroboskope, die variablen bunten Lichtinstallationen und die Roboterspiegel produzieren zusammen mit den farbigen Glühbirnen gestochen scharfe Bilder, die während der Shows auf die Leinwand projiziert werden.

FAKTEN

- Das Dach der Fremont Street ragt 27 m in die Höhe.
- Die Fußgängerzone nimmt eine Fläche von rund 16 320 m² ein.
- Die Viva Vision kann 16,7 Mio. Farbkombinationen darstellen.
- Das Sound-System ist mit 550 000 Watt für Rockkonzerte gewappnet.
- Insgesamt 220 Lautsprecherboxen und zehn Rechner, die die Leistung von 100 Heimcomputern vollbringen, sind im Einsatz.

KLEINE PAUSE

Testen Sie **Binion's Cafe** (► 169).

✚ 202 B4 ✉ 425
Fremont Street
☎ 702/678-5777;
www.vegasexperience.com

FREMONT STREET EXPERIENCE: INSIDER-INFO

Top-Tipp: Halten Sie Augen und Ohren für spezielle Events offen. Jährlich am 4. Juli, dem amerikanischen Unabhängigkeitstag, findet eine **Sound-and-Light-Show** statt. In der »FSE« werden das ganze Jahr über Festivals und Shows veranstaltet.

Nach Lust und Laune!

3 The Plaza

Das Kasino ist das einzige in den Vereinigten Staaten, in dem *double action keno* – ein Simultanspiel an zwei Spielbrettern – mit Einsätzen unter 1 US$ möglich ist. Hier findet auch die Show *The Rat Pack is Back* statt – eine Hommage an die Musiklegenden Frank Sinatra, Sammy Davis Jr., Peter Lawford und Joey Bishop, kurz: *The Rat Pack* – die mit geschmeidigem Talk und Gesang eine wunderbare Vorstellung bieten.

The Plaza ist eines der wenigen Kasinos in Downtown, das auch Shows zeigt: In der Comedy Zone treten immer wieder neue Showtalente und Komödianten auf. Sie sollten am Eingang nach dem Free Plaza Pleasure Pack fragen, dann erhalten Sie Gutscheine für Essen und kleine Geschenke.

202 A4　1 South Main Street
702/386-2110; www.plazahotelcasino.com
The Rat Pack is Back: tägl. 18 Uhr (inkl. Abendessen) und 19.30 Uhr　teuer

4 Main Street Station

Bereits zehn Monate nach seiner Eröffnung 1992 musste es wieder

Hell leuchtet der Eingang zum Plaza-Hotel und -Kasino

schließen. Erst seit der Übernahme und Sanierung im Jahre 2006 scheint das Kasino schließlich auf einem gesunden Weg zu sein.

Die Main Street Station verfügt über eine prächtige viktorianische Einrichtung und ist mit echten Antiquitäten und Kunstwerken ausgestattet. Die Lüster stammen aus dem Figaro Opernhaus in Paris, die Bronzetüren aus der Bank of Kuwait in London und der geschnitzte Kamin aus Eichenholz aus dem Prestwick Castle in Schottland. Manche dieser Kostbarkeiten wirken jedoch ein bisschen deplatziert: Wo sonst auf der Welt finden Sie ein Stück Berliner Mauer auf einer Herrentoilette? Zum Hotel gehört auch das Triple 7. Das Restaurant und Brauhaus serviert natürlich Selbstgebrautes sowie eine Reihe internationaler Gerichte - von Sushi bis Burger.

202 A4　200 North Main Street
702/387-1896; www.mainstreetcasino.com

5 Golden Gate

Das Golden Gate Hotel & Casino an der Kreuzung Fremont und Main Street ist bauhistorisch sehr wertvoll. Das älteste Hotel der Stadt wurde 1906 errichtet und gehört deshalb zu den ältesten Bauten. Damals kosteten die Zimmer 1 US$ pro Nacht, es gab aber immerhin schon elektrisches Licht, eine Dampfheizung und Fenster, die sich öffnen ließen. Natürlich hatte das Hotel damals noch keine Klimaanlage (die waren zu dem Zeitpunkt noch gar nicht erfunden), auch die Ausgaben für Badezimmer waren relativ gering, weil die Zimmer kein eigenes Bad hatten: Es gab nur ein einziges in der großen Halle, das sich alle Gäste teilen mussten! Interessanterweise gab es damals noch nicht mal ein Kasino, sondern nur eine Lobby und einige Büroräume. Bis zum Spielverbot 1909 wurde an ein paar Tischen gepokert und an einem anderen Roulette gespielt. Bis heute hat sich

das Golden Gate seinen alten Charme bewahrt, obwohl es inzwischen natürlich renoviert wurde.
✚ 202 A4 ✉ 1 Fremont Street ☎ 702/385-1906; www.goldengatecasino.com

6 Golden Nugget

Das 1946 an der Fremont Street gebaute Haus wirkt elegant und ge-

Für den Namen *Golden Nugget* ist der größte je gefundene Goldnugget verantwortlich. Dieser ist in der Hotellobby ausgestellt.

schmackvoll zugleich. Zu verdanken hat es sein Aussehen dem Mogul Steve Wynn, der es renovieren ließ und 1987 wieder neu eröffnete. Für 60 Mio. US$ wurde Golden Nugget vor Kurzem um *The Tank* erweitert, einen Swimmingpool, der an ein Haifischbecken grenzt.

Wenn Sie sich fragen, warum das Haus diesen Namen trägt, sollten Sie in die Lobby gehen und sich den *Hand of Faith* ansehen, den größten Goldnugget, der jemals gefunden wurde. Er wurde 1980 in Australien entdeckt, wiegt über 27,6 kg und wird auf einen Wert von über 1 Mio. US$ geschätzt. In der Lobby werden noch weitere Nuggets aus Alaska gezeigt. Ebenfalls ihr »Gold« wert sind die hochrangigen Künstler, die etwas frischen Wind in den historischen Ort bringen – von international bekannten Countrysängern über Akteure schlüpfriger Comedyshows und heiteren Theateraufführungen (Programminformationen können Sie der Website entnehmen).

✚ 202 A4 ✉ 129 Fremont Street
☎ 702/385-7111; www.goldennugget.com

❼ The Attic

Das Attic liegt an der Main Street zwischen Coolidge Avenue und Boulder Avenue. In dem wunderbaren zweistöckigen Geschäft kommt alles Alte wieder zu neuen Ehren. Man fühlt sich hier wie ein Kind, das auf dem Dachboden stöbert und viele aufregende Dinge findet. Das Erdgeschoss hängt voller Kleidungsstücke im Retrodesign, die der Besitzer, Dekorateur und Manager des Ladens und seine zwei Angestellten selbst geschneidert haben. Zum Verkauf stehen auch handgefertigte Möbelstücke. Im ersten Stock finden Sie Vintage-Kleidung, die aus der Zeit zwischen den 1920er- und 1970er-Jahren stammt,

dazu Sammlerstücke, Schmuck und ausgefallene Möbelunikate, alte Radios, Fernsehgeräte und Kameras mit Zubehör.

In jeder Ecke meint man auf weitere verborgene Schätze zu stoßen, die alle zu kaufen sind. Das ganze Geschäft steht voll mit Antiquitäten und Stücken vom Trödelmarkt. Hier kann man für wenig Geld ausgefallene Sachen erstehen.

✚ 202 bei A3 ✉ 1018 South Main Street
☎ 702/388-4088; http://atticvintage.com
🕐 Di–Sa 10–18 Uhr ✋ preiswert

❽ Binion's

Nicht die Samttapeten und die dunklen Mahagonimöbel machen das Besondere dieses Hauses aus, sondern die astronomische Höhe des Spieleinsatzes, der zu den höchsten der ganzen Stadt zählt. Gegründet wurde das Kasino, das mit gutem Essen, gutem Whiskey und guten Spielen zu dem geworden ist, was es heute ist: erfolgreich, von Benny Binion. Dieser organisierte außerdem Pokerturniere. Von 1970 bis 2004 war das Binion's der Austra-

Im Binion's kann um größtmöglichen Einsatz gezockt werden

gungsort der *Annual World Series of Poker,* dem größten Pokerturnier der Welt. Auf den Gewinner wartet der Jackpot mit 1 Mio. US$. Von einer Galerie aus können die Besucher die Spiele verfolgen – sie werden *railbirds* (Gleisvögel) genannt, weil sie wie Vögel auf der Stange sitzen. Als das Kasino von Harrahs übernommen wurde, verlegte man die beliebten Veranstaltungen einfach in ein weiteres Grundstück der Harrahs-Gruppe: das Rio All-Suite.

✚ 202 A4 ✉ 128 Fremont Street ☎ 702/382-1600; www.binions.com ✋ frei

9 Neon Museum

Das Museum zeigt die alten Neonreklamen, die Las Vegas berühmt gemacht haben. Viele davon sind inzwischen in den Besitz des Museums übergegangen. Das Neon Museum wurde 1996 mit dem berühmten *Hacienda Horse and Rider* (1967) von der Kreuzung Las Vegas Boulevards und Fremont Street eingeweiht. Seitdem sind in Downtown zehn weitere restaurierte Neonreklamen aufgestellt worden, von denen fünf in der Einbahnstraße Third Street stehen und jeweils eine interessante Geschichte der Stadt erzählen. Dazu zählt auch Vegas Vic, die 1951 hoch oben auf dem Pioneer Club thronte.

Alle Neonreklamen stehen im Freien und können kostenlos angeschaut werden.

✚ 200 B4 ✉ Office: 740 Veterans Memorial Drive ☎ 702/229-5366; www.neonmuseum.org

10 Las Vegas Natural History Museum

Dieses Museum wirkt vielleicht etwas farblos im Vergleich zu all den funkelnden Riesenattraktionen rundherum am Strip. Jedoch verdient es einen Blick. Hier gibt es echte Tiere aus allen Teilen der Welt zu bestaunen, und ein Besuch lässt sich außerdem wunderbar mit dem des Lied Discovery Children's Museum (▶ 170; preiswert) ganz in der Nähe verbinden. Kinder werden be-

geistert sein, vor allem von dem Modell des 10,5 m langen Tyrannosaurus Rex und den interaktiven Displays mit Tieren aus der afrikanischen Savanne. In der Galerie »Wild Nevada« beispielsweise sind ausgestopfte Schlangen und Dickhornschafe ausgestellt und es gibt ein Aquarium, das sich Haie und Stachelrochen teilen. Das Museum hat zudem neuen Auftrieb bekommen, da es seine Sammlung um 500 Ausstellungsobjekte erweitern wird – eine Spende des Luxor, das seine Ägypten-Show einstellte.

Über die Website erhalten Sie einen Gutschein, der zwei Erwachsenen Eintritt zum Preis von einem gewährt.

✚ 202 C5 ✉ 900 Las Vegas Bouelvard North ☎ 702/384-3466; www.lvnhm.org 🕐 tägl. 9–16 Uhr ✋ preiswert

Wohin zum ...
Essen und Trinken?

Preise
Die Preise gelten pro Person für ein Essen ohne Getränke, Steuern und Service:
$ unter 30 US$ $$ 30–60 US$ $$$ über 60 US$

RESTAURANTS

Grotto Ristorante $–$$

Dieses betriebsame Restaurant serviert überraschend köstliche und herzhafte italienische Küche. Die dicht an dicht stehenden, hölzernen Tische verleihen ihm seinen Charme, das Personal ist flink und freundlich. Die Mittags- und Abendkarte ist voller Klassiker: Beginnen Sie mit Antipasti wie Bruschetta, verschiedenen italienischen Käsen oder einer Suppe, gefolgt von hausgemachter Pasta und anschließend Hühnchen, Kalbsfleisch, Lachs oder anderem Fisch. Aber auch die knusprigen Pizzen sind beliebt. Runden Sie das Ganze mit einem Tiramisu ab. Tipp: Vergünstigte Speisen und Getränke zur »Happy Hour«!
202 A4 ⊠ Golden Nugget, 129 East Fremont Street ☎ 702/385-7111; www.goldennugget.com; www.grottohouston.com ◷ So–Do 11.30–22.30, Fr–Sa 11.30–23.30 Uhr

The Flame Steakhouse $$

Zwar erwartet Sie kein kulinarisches Feuerwerk, dafür aber grillt dieses durch und durch amerikanische Restaurant Ihr Steak ganz nach dividuellem Wunsch. Das Surf and Turf, bestehend aus 250 g schweren Beinen einer Königskrabbe und einem ebenso schweren Filet Mignon, lässt die Geschmacksknospen tanzen. Schmackhafte Begleiter sind in Butter frittierte Süßkartoffelecken oder mit Knoblauch verfeinertes Kartoffelpüree. Das Eiscreme-Sandwich sowie die Schokoladentorte mit Pariser Creme sind sündige Desserts. Im Hintergrund begleitet ein Pianist die Gäste durch den Abend.
202 B4 ⊠ El Cortez Hotel & Casino, 600 Fremont Street ☎ 702/385-5200; www.ecvegas.com ◷ tägl. 16–22 Uhr

Triple 7 Restaurant and Microbrewery $

Dieses Restaurant kann größere Gesellschaften bewirten, ist aber ebenso bei kleineren Gruppen beliebt. Die umfangreiche Speisekarte ist sowohl für den kleinen als auch großen Hunger konzipiert. Zu den Hauptgerichten gehören Steaks (das 500 g schwere T-Bone-Steak ist eine Herausforderung!), Surf-and-Turf-Gerichte, Pasta, Rippchen, Hühnchenstreifen sowie Fisch. Zu manchem Gericht wird Wein oder selbstgebrautes Bier empfohlen (➤ 169). Als Dessert stehen die üblichen Klassiker wie Eisbecher zur Wahl.
202 A4 ⊠ Main Street Station, 200 North Main Street ☎ 702/387-1896; www.mainstreetcasino.com ◷ tägl. 11–7 Uhr

Vic and Anthony's Steakhouse $$

Dieses alteingesessene Restaurant hat alles, was man von einem gehobenen amerikanischen Steakhouse erwartet: saftige Steaks (alle Rinder wurden mit Getreidekost ernährt und stammen aus dem Mittleren Westen) und ein Topservice in angenehmem Alte-Welt-Ambiente. Das Vic and Anthony's ist das Aushängeschild der Restaurants im Golden Nugget, auf das die Geschäftsleitung sicherlich stolz sein kann. Das Retro-Ambiente schmiegt sich perfekt in das alte Vegas in Downtown ein. Auf der Speisekarte stehen auch Fisch und Meeresfrüchte, wie aus dem Bundesstaat Maine importierter Hummer, fleischige Aus-

tern und Petrossian-Kaviar. Als Beilage empfehlen sich Kartoffeln à la Lyonnaise oder als Gratin. Dazu mundet eine Flasche der auserwählten Weine.
✚ 202 A4 ✉ Golden Nugget, 129 Fremont Street ☎ 702/386-8399; www.goldennugget.com ◷ tägl. 17–23 Uhr

CAFÉS

Binion's Café $

Wo sonst kann man rund um die Uhr preiswerte Rib-Steaks oder T-Bone-Steaks bekommen? Vielleicht sind es nicht die allerbesten, aber dafür Tag und Nacht zu haben, sowie auch ein ausgezeichnetes Frühstück. Die Portionen sind riesig, das Rührei und die Pfannkuchen frisch und sehr günstig.
✚ 202 A4 ✉ Binion's, 128 Fremont Street ☎ 702/382-1600; www.binions.com ◷ Mo–Do 24 Std., Fr–So 10–19 Uhr

Carson Street Café $–$$

Der Coffeeshop im Südstaatenstil im Golden Nugget ist einer der günstigsten in Las Vegas, was auch die Einheimischen schon längst erkannt haben.

Das Vegas-Experience-Frühstück sättigt für den ganzen Tag. Auf den Speisekarten für das Mittag- und Abendessen stehen gebratenes Huhn, Steaks und Regenbogenforelle.
✚ 202 A4 ✉ Golden Nugget, 129 Fremont Street ☎ 702/385-7111 ◷ tägl. 24 Std.

BARS

Lucky Lookout Balcony $

Das Lucky bietet einen guten Überblick über die Fremont Street. Ausgeschenkt werden Bier, Wein und Schnaps.
✚ 202 B4 ✉ Fitz Casino & Hotel Las Vegas, 301 Fremont Street ☎ 702/388-2400; www.fitzgeraldslasvegas.com ◷ tägl. 24 Std.

Triple 7 $

Natürlich geht man in diese Brauerei, um ein Bier zu trinken. Direkt vom Fass gibt es fünf Sorten, aber auch Lager und Stout stehen zur Wahl. Am Wochenende spielen heimische Bands.
✚ 202 B5 ✉ Main Street Station, 200 North Main Street ☎ 702/387-1896 ◷ tägl. 11–7 Uhr

Downtown Cocktail Room $

Leckere Cocktails, Lounge-Atmosphäre und Live-DJs (Do–Sa ab 20 Uhr).
✚ 202 B4 ✉ 111 Las Vegas Boulevard South ☎ 702/880-3696 ◷ Mo–Fr 16–2, Sa 19–2 Uhr

The Griffin $

Diese Bar trägt zur Imageaufwertung von Downtown bei. Ganz gemütlich mit Kerzenlicht, Kaminfeuer und freundlichem Service, für Abkühlung sorgen die Cocktails. Mischen Sie sich unter das hippe Publikum!
✚ 202 B4 ✉ 511 Fremont Street ☎ 702/382-0577; www.thegriffinlounge.com ◷ Mo–Sa ab 17 Uhr, So ab 21 Uhr

Beauty Bar $

Schlürfen Sie einen der Hauscocktails, während Sie unter einem Haartrockner der 1950er-Jahre Platz nehmen. Die Einrichtung stammt aus einem alten Friseursalon in New Jersey. Über Events informiert die Website.
✚ 202 B4 ✉ 517 Fremont Street ☎ 702/598-1965; www.beautybar.com ◷ tägl. 21–2 Uhr

Wohin zum ... Einkaufen?

Die Geschäfte im Zentrum sind eher ausgefallen als erlesen, aber trotzdem lässt sich Interessantes finden, wie etwa Retro-Kleidung. Die Geschäfte öffnen hier meist später, etwa gegen 10 oder 11 Uhr, und schließen manchmal wieder zu Mittag. Vorsichtshalber sollte man also vorher anrufen!

Im **Gamblers General Store** (800 South Main Street; Tel. 702/382-9903; www.gamblersgeneralstore.com; tägl. 9–18 Uhr) werden Roulette-Räder, Tische für Black Jack und Einarmige Banditen verkauft. Aber auch Chips mit aufgedrucktem Namen und alte Spielkarten aus berühmten Kasinos sind hier zu finden. Das preiswerte **Las Vegas Indian Center** (2300 West Bonanza Road;

Tel. 702/647-5842; www.lasvegas indiancenter.org; Mo–Do 8–16.30 Uhr) bietet eine gute Auswahl an indianischen Waren, u. a. Kunsthandwerk, Kunstgegenstände, Bücher und Kleidung.

Bei **The Attic** (▶ 166) können Sie sich mit Retro-Kleidung eindecken, bevor Sie in eine der vielen Diskotheken oder Nachtclubs gehen, die mit ihren 1970er-Disconächten werben. Hier finden Sie Schlaghosen, Hawaiihemden, bodenlange Maxi-Kleider und andere passende Accessoires.

Auch ein Blick ins Einkaufszentrum **Neonopolis** (450 Fremont Street; Tel. 702/868-9138; www. neonopolislv.com; So–Do 11–21, Fr–Sa 11–22 Uhr) neben der Fremont Street Experience lohnt sich. Von einer bewegten Geschichte geplagt, verfügt es noch immer über weniger Geschäfte, Unterhaltungseinrichtungen und Restaurants als es eigentlich beherbergen könnte. Doch die zunehmende Zahl an Spezialgeschäften stimmt optimistisch.

Wohin zum ... Ausgehen?

Selbst in Las Vegas finden Sie Orte, an denen Bildung und Geschichte großgeschrieben werden. Einige liegen gleich nördlich von Downtown.

Die Kinder lieben die über 100 Exponate des **Lied Discovery Children's Museum** (833 Las Vegas Boulevard North; Tel. 702/382-5437; www.ldcm.org, Di–Fr 9–16, Sa 10–17, So 12–17 Uhr; preiswert). Die Ausstellungen wechseln sich in regelmäßigem Turnus ab. Zu sehen sind vielleicht »What Can I Be?« und der »Science Tower«. Selbst die Jüngsten werden sich im »Toddler Tower« blendend amüsieren.

Die Arts Factory (107 East Charleston Boulevard; Tel. 702/383-3133; www.theartsfactory.com; tägl.

9–18 Uhr) ist eine kleine Künstlerenklave mit über einem Dutzend Galerien, Ateliers und Studios. Hier zeigt Las Vegas mehr als nur seine sensible Seite, sondern gewährt vielmehr Einblick in die eklektische und pulsierende Kunstszene. Die Künstler lassen sich jeden ersten Freitag im Monat (18–22 Uhr; frei) bei ihrer Arbeit über die Schulter blicken und bieten zudem ein stetig wachsendes Musik- und Unterhaltungsprgramm. Auf der Website der Arts Factory finden Sie einen Veranstaltungskalender, inklusive Informationen zu Öffnungszeiten und Eintrittspreisen.

Für historisch Interessierte ist der **Old Las Vegas Mormon Fort State Historic Park** (500 East Washington; Tel. 702/486-3511; tägl. 8–16.30 Uhr; preiswert) ein Ziel. Wer weiß schon,

dass hier früher einmal Mormonen gelebt haben? Das Fort war ursprünglich als Raststation für Reisende und Goldsucher am Spanish Trail errichtet worden. Zu Beginn des 20. Jhs. gab es hier eine Farm mit Kühen und ein Gasthaus. Sehenswert sind auch die restaurierten Häuser, in denen noch das alte Mobiliar steht. Das heutige Visitor Center war früher die Werkstatt eines Hufschmieds, gleich daneben lag das Krankenhaus. Auch der Garten aus der Pionierzeit wurde wieder angelegt.

Die Eröffnung des **Mob Museum** (▶ 167) ist für 2011 geplant und gilt jetzt schon als eine der Hauptattraktionen – mit modernster multimedialer Technik, Geschäften und Ausstellungsräumen.

Theater

Im **Showroom** des Golden Nugget (▶ 165f) füllen diverse Shows und Künstler die Bühne. Derzeit ist der Entertainer Gordie Brown zu sehen. Termine können Sie auf www. goldennugget.com einsehen.

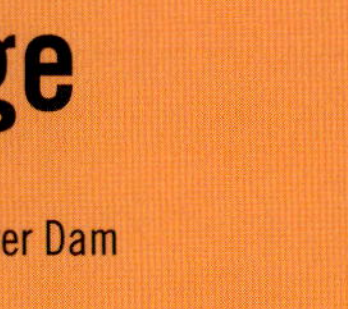

Ausflüge

Las Vegas für eine Weile den Rücken zu kehren, ist mehr als ein Tapetenwechsel von den Menschenmassen und dem ständigen Klingeln der Spielautomaten. Ausflugsziele wie Mount Charleston, Red Rock Canyon, Valley of Fire, Lake Mead, Hoover Dam und der Grand Canyon locken mit wildromantischen Landschaften und einer abwechslungsreichen Geschichte.

Faszinierend ist die Vorstellung, dass einst neben den amerikanischen Ureinwohnern und Cowboys auch Spanier und Mormonen diese Gegend durchstreiften und zeitweise besiedelten. Vor nicht allzu langer Zeit stießen Bauarbeiter auf die Reste eines Mammuts, das vor 8000 bis 15 000 Jahren hier gelebt hat. Eines haben alle genannten Orten gemeinsam: Sie liegen nur maximal eine Autostunde von Las Vegas entfernt und beweisen, dass die Stadt in der Wüste weit mehr zu bieten hat, als es auf den ersten Blick erscheint.

Seite 171: Die Westkante des Grand Canyon

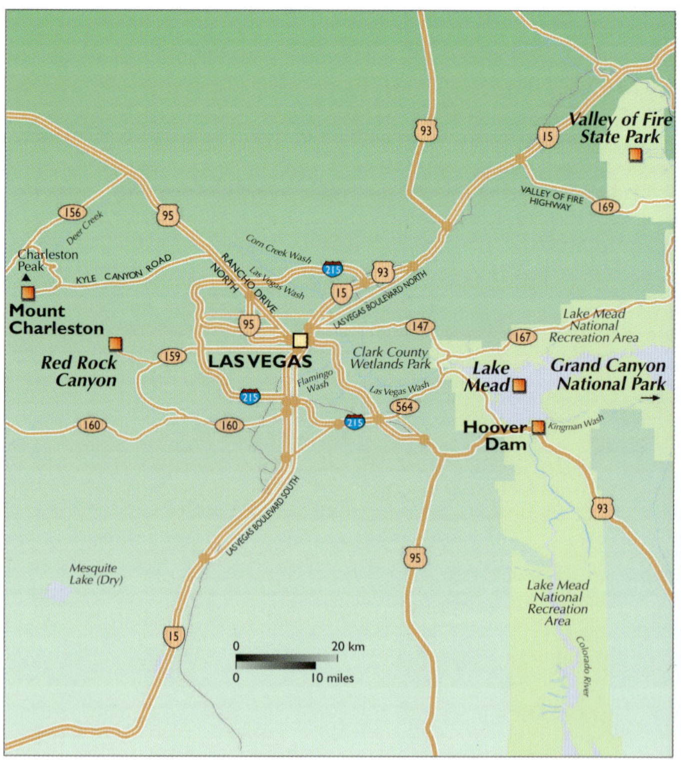

Red Rock Canyon

Nur 20 Autominuten von Las Vegas liegen die spektakulären Gesteinsformationen des Red Rock Canyon, die in Folge einer Verwerfung der Erdkruste entstanden. Der Kontrast zwischen grauen Kalkstein- und roten Sandsteinschichten ist überwältigend.

Das Kernstück bildet eine über 20 km lange, rund 900 m hohe und fast senkrecht aufragende Felswand, die zahlreiche Canyons aufweist. Regen und Schmelzwasser haben den Fels entlang bereits vorhandener Vertiefungen oder Risse im brüchigen Gestein ausgefräst. Ständig Wasser führende Quellen und Flüsse, die zeitweilig trockenfallen, sorgen für eine üppige Vegetation, die in auffälligem Gegensatz zum trockenen Wüstenboden steht.

Erkunden Sie den Red Rock Canyon

Halten Sie als Erstes am Visitor Center der **Red Rock Canyon Interpretive Association** (1000 Scenic Drive; Tel. 702/363-1921; www.redrockcanyonlv.org; tägl. 8–16.30 Uhr) und machen sich mit der Geologie sowie der Tier- und Pflanzenwelt der Region vertraut.

Am Center beginnt der gut 20 km lange **Scenic Loop** (5 US$ pro Fahrzeug). Die Rundstrecke ist von 6 Uhr früh bis zur Dämmerung für den Verkehr geöffnet und umfasst Aussichtspunkte mit herrlichem Rundblick auf die spektakulären Felsformationen. Die **Calico-Aussichtspunkte** eignen sich besonders gut zum Fotografieren, der **Sandstone Quarry** bietet Gelegenheit, Einzelheiten aus der Nähe zu sehen. Abzweigungen führen zum Ice Box Canyon, zum Pine Creek Canyon (ideales Wandergebiet) und zur Red Rock Wash. Picknickplätze gibt es bei Red Spring und Willow Spring.

Anreise

Fahren Sie über den Charleston Boulevard ungefähr 13 km westwärts bis zum Red Rock.

RED ROCK CANYON: INSIDER-INFO

Top-Tipps: Wanderer sollten **ausreichend Wasser und eventuell ein Picknick** mitnehmen, außerdem festes Schuhwerk und angemessene Kleidung tragen. Über die verschiedenen Schwierigkeitsgrade der Wanderpfade informiert das Visitor Center.

- Seien Sie vor allem im Spätsommer, wenn Stürme ohne große Vorwarnung aufziehen, auf **Sturzfluten** gefasst.
- Ein Tagesticket kostet 5 US$, die Gebühr für das Auto beträgt 7US$.
- Alle Pflanzen, Tiere und altindianischen Artefakte sind **streng geschützt.**

Lake Mead und Hoover Dam

Lake Mead, dessen fast 900 km lange Uferlinie an die Wüste angrenzt, ist ein eindrucksvoller Stausee, der zwischen 1935 und 1938 durch das Aufstauen des Colorado River am traumhaft schönen Hoover Dam entstand, dem zu dieser Zeit weltweit größten Staudamm.

Lake Mead

Am einfachsten erreicht man den Stausee (www.nps.gov/lame) von Las Vegas aus über Boulder City: eine »trockene« Kleinstadt (kein Alkohol und keine Glücksspiele!). Boulder City wurde extra für die Ingenieure und Bauarbeiter des Boulder Dam (er wurde erst später nach dem damaligen Handelsminister Herbert Hoover benannt) entworfen. Hier scheint die Zeit irgendwo zwischen dem Ende der Weltwirtschaftskrise und dem 21. Jh. stehen geblieben zu sein. Den Stadtkern bildet die Hotel Plaza mit Eukalyptusbäumen und Springbrunnen, einem historischen Hotel, Antiquitätengeschäften und einer Eisdiele. Folgt man der Hauptstraße durch Boulder City, öffnet sich bald der Blick zum Lake Mead. Der größte Stausee der Vereinigten Staaten lockt jährlich an die 10 Mio. Besucher zum Wassersikfahren, Angeln, Campen und Wandern an.

Der **Lakeshore Scenic Drive** (der zum **North Shore Scenic Drive** wird) führt knapp 100 km am Westufer entlang. Die Straße, von der aus man den buchtenreichen See allerdings über weite Strecken gar nicht sieht, bildet die Verbindung zu den vier Yachthäfen auf der Nevada-Seite, wo man auch Wasserfahrzeuge mieten kann. Alles Wissenswerte über den Lake Mead erfährt man im **Alan Bible Visitor Center,** wenige Meilen westlich vom Hoover Dam (Tel. 702/293-8990; tägl. 8.30–16.30 Uhr), das auch Karten der Erholungsgebiete und Informationen über Freizeitaktivitäten bereithält. Sie können ein Motorboot und Wasserskier mieten, aber

Der Hoover Dam: eins von sieben technischen Weltwundern

auch eine Rundfahrt auf der Desert Princess unternehmen: Das 30 m lange Schiff bietet Frühstücks-, Lunch-, Dinner- und »Dinner-Dance«-Kreuzfahrten sowie Ausflüge zum Hoover Dam an.

Hoover Dam

Etwa 10 Min. von der Straße (30 Min. von Las Vegas) entfernt liegt der **Hoover Dam** (www.usbr.gov/lc/hooverdam/), der mehr als 25 Mio. Menschen mit Trinkwasser versorgt und genügend Energie für eine halbe Million Haushalte erzeugt. Ohne ihn gäbe es diesen Teil des Südwestens der USA gar nicht. Die gigantische Talsperre – sie ist eine Bogengewichtsstaumauer (*arc gravity dam*) – wurde für den Hochwasserschutz, die Stromerzeugung und die Wasserversorgung gebaut und ist am Fuß der Staumauer 183 m breit. Auf der Grenze zwischen den US-Bundesstaaten Arizona und Nevada gelegen, haben die Überlaufrinnen einen Durchmesser von 15 m. Zeitweise waren hier mehr als 5000 Arbeiter beschäftigt, 96 verloren bei dem Mammutprojekt ihr Leben. Der Damm war zwei Jahre früher fertig als vorgesehen und wurde 1955 von der American Society of Civil Engineers als eins der sieben Weltwunder der Technik bezeichnet. Kommen Sie morgens, um dem größten Andrang zu entgehen.

Anreise

Die malerische Landschaft am Lake Mead

Die US 93 führt südwärts nach Boulder City. Das Tor zum Lake Mead liegt elf km vor dem Staudamm. Zum historischen Stadtkern geleitet der Business Loop, der später wieder zur US 93 zurückführt.

LAKE MEAD UND HOOVER DAM: INSIDER-INFO

Top-Tipps: Lake Mead Cruises (Tel. 702/293-6180; www.lakemeadcruises.com) mit Büros in Boulder City und beim Lake Mead Cruises Landing direkt am See veranstaltet Tages- und Abendkreuzfahrten und sonntags eine »Champagne Brunch Cruise« auf einem Raddampfer.

■ Im Visitor Center am Hoover Dam (tägl. 9–18 Uhr; letzter Einlass 17.15 Uhr; Tel. 702/494-2517) erfahren Sie **in eigener Regie** die interessantesten Fakten über den Staudamm. Vom Overlook aus bietet sich ein prachtvoller Panoramablick über den Staudamm und den Colorado River. Parkgebühr 7 US$, Eintritt für Erwachsene 11 US$.

Valley of Fire

Der rund 141 km² große Valley of Fire State Park, das älteste und größte Schutzgebiet Nevadas dieser Art, verdankt seinen Namen seiner beeindruckenden, regelrecht außerirdisch wirkenden Gesteinsfärbung und bietet sich wunderbar zum Wandern, Klettern, Campen oder für ein Picknick an.

Die roten Sandsteinformationen im »Tal des Feuers« entstanden im Jura aus großen Sanddünen. Komplexe Auffaltungen und Verwerfungen in der Region, gefolgt von jahrmillionenlanger Erosion, haben dieses 10 km lange und 6 km breite Tal geschaffen, das besonders bei tief stehender Sonne in einem wahren Feuerwerk von Rottönen explodiert.

Das Valley of Fire (http://parks.nv.gov/vf.htm) ist auch für seine **Petroglpyhen** bekannt, Felsbilder der prähistorischen Basketmaker und Anasazi, die zwischen 300 v. Chr. und 1150 n. Chr. entlang des Muddy River lebten. Im **Petroglyph Canyon** und am **Atlatl Rock** können Sie die Felszeichnungen aus der Nähe betrachten.

Im Visitor Center an der SR 169 in Overton (tägl. 8.30–16.30 Uhr; Tel. 702/397-2088) gibt es Karten, Wanderführer und Bücher und Sie können Schautafeln und Filme über die Ökologie, die Geologie und die Kulturgeschichte der Region ansehen.

Die meisten Wüstentiere sind nachtaktiv, doch kann man tagsüber vielleicht Eidechsen, Kojoten oder eine Wüstenschildkröte beobachten.

Anreise

Das Valley of Fire liegt 88 km nordöstlich von Las Vegas (I-15), oder man fährt die Northshore Road am Lake Mead (1 Std) entlang.

Wunderschöne Sandsteinformationen im Valley of Fire

VALLEY OF FIRE: INSIDER-INFO

Top-Tipp: Wer keine Hitze verträgt, sollte das Tal nicht im Sommer besuchen, sondern besser zwischen September und Juni hierher kommen. Während des Sonnenauf- und -untergangs sind die Lichtverhältnisse am besten.

Mount Charleston

Während die Wüste am Fuße dieser wunderschönen alpinen Wildnis in der Hitze schmort, ist es hier gewöhnlich bis zu 22 °C kühler als in Las Vegas. Nur 30 Autominuten nördlich von Las Vegas gelegen, sind Mount Charleston und der umliegende Toiyabe Forest ein beliebtes Ausflugsgebiet zum Wandern, Campen und Picknicken; der nicht weit entfernte Lee Canyon lädt zum Skifahren ein.

Mächtige Grannenkiefern an den bis zu 3000 m hohen Kalksteinfelsen bilden eine eindrucksvolle Kulisse.

Der Toiyabe Forest schmiegt sich rundherum an den Mount Charleston

Der US Forest Service unterhält am Charleston Peak mehr als 80 km ausgeschilderte Wanderwege aller Schwierigkeitsgrade. Das Spektrum reicht von 400 m langen Spaziergängen (**Robber's Roost und Bristlecone Loop**) bis hin zum anspruchsvollen 16 km langen **North Loop Trail**, der zum 3633 m hohen Gipfel hinaufführt (über 1050 Höhenmeter!).

Diejenigen, die auf Zivilisation nicht verzichten wollen, finden im **Mount Charleston Hotel** (Tel. 702/872-5500; www.mtcharlestonresort.com) am Kyle Canyon Gästezimmer, Geschenke-Shops, eine Cocktaillounge und Glücksspielautomaten.

Die **Mount Charleston Lodge** (Tel. 702/872-5408; www.mtcharlestonlodge.com) oben am Kyle Canyon bietet Frühstück, Mittag- und Abendessen (8–21 Uhr) sowie einen gigantischen offenen Kamin, Liveunterhaltung, die Veranda und einen schlichtweg atemberaubenden Ausblick. Nicht weit entfernt werden *cabins* (Hütten) vermietet. Vorausgesetzt es liegt genug Schnee, werden im Winter Pferdeschlittenfahrten angeboten.

Anreise

Vom Las-Vegas-Strip geht es auf der I-15 westwärts zur US 95. Dieser folgen Sie nach Norden bis zur Kyle Canyon Road; von dort ist der Mount Charleston ausgeschildert.

MOUNT CHARLESTON: INSIDER-INFO

Top-Tipps: Im Winter sind Winterreifen und Schneeketten erforderlich. Über die Straßenlage informiert Sie das Nevada Department of Transportation (Tel. 775/888-7115).

■ Der US Forest Service unterhält mehrere Campingplätze für Zelte und Wohnmobile: **Dolomite Campgrounds** und **Kyle Canyon Campgrounds** zählen zu den schönsten. Nähere Auskunft telefonisch (Tel. 775/331-6444) oder auf www.fs.fed.us.

Grand Canyon

Der gewaltige Riss in der Erde ist derart überwältigend, dass er einem buchstäblich fast den Atem raubt. Von jedem Ort am Rand der Schlucht aus spürt man die unglaubliche Weite und gigantische Mächtigkeit der Felswände, die sich in farbenprächtige Lagen aus Sandstein, Kalkstein und Schiefer gliedern.

Im Laufe von 5 Mio. Jahren ließ der Colorado River den Grand Canyon (www.nsp.gov.grca) entstehen; die Schlucht ist knapp 450 km lang, misst an der breitesten Stelle 27 km und an der tiefsten über 1500 m. Die Lagen aus Sandstein, Kalkstein und Schiefer geben einen faszinierenden Einblick in die Geologie unserer Erde.

Die zwei Hauptzugangspunkte, der North Rim und der South Rim, liegen mit dem Auto über 320 km weit auseinander. Die überwiegende Mehrheit der Besucher wählt den **South Rim**, weil dort das **Grand Canyon Village** die meisten Übernachtungsmöglichkeiten, Restaurants, Geschäfte und Museen des Nationalparks bietet, dazu einen Flugplatz, Eisenbahnanschluss und zahlreiche Wanderwege. Der **North Rim** liegt dagegen relativ abgeschieden, dafür in das herrlich bewaldete **Kaibab-Plateau** eingebettet.

Von Las Vegas aus gibt es viele Angebote für Ausflüge zum Grand Canyon (Organisierte Touren ➤ 195f).

Wanderungen und Ausritte

Wer zum Grand Canyon kommt, der sollte unbedingt eine **Wanderung** machen – wenn auch nur eine kleine –, um so den Ehrfurcht gebietenden Canyon ganz nah erleben zu können. Egal, welchen Wanderweg Sie einschlagen, es geht sowohl steil bergauf als auch bergab (planen Sie für den Wiederaufstieg die doppelte Zeit ein). Besuchern, die nicht schwindelfrei sind, ist von einer Wanderung abzuraten. Die oberen Wanderwege sind oft die

Spektakulärer Weitblick über den Grand Canyon

überfülltesten. Zu den beliebtesten Wegen gehört der Bright Angel Trail. Für den 14,5 km langen Korridor schluchtabwärts bis zum Indian Gardens Campground benötigt man sechs Stunden. Nach einer Übernachtung im Tal erwartet den Wanderer dann ein achtstündiger Wiederaufstieg. Wanderungen, die eine Übernachtung einschließen, sollten weit im Voraus reserviert werden. Sogenannte *permits* sind für Tageswanderungen jedoch nicht notwendig.

Zu einem unvergesslichen Erlebnis wird ein vom South Rim startender **Maultierritt**, inklusive einer Übernachtung (Tel. 928/638-2631; www.grandcanyonlodges.com; sehr teuer; Reservierung bis zu einem Jahr im Voraus; Mindestalter: 4 Jahre; Mindestgröße 1,40 m; Höchstgewicht: 90 kg; Schwangere ausgeschlossen; gute Englischkenntnisse erforderlich).

Ein Muss ist der **Skywalk** (Tel.702/220-8372; www.grandcanyonskywalk.com), eine 20 m weit über die Abbruchkante hinaus gebaute Plattform aus Glas. Diese technisch durch und durch gelungene Attraktion eröffnet einen Blick auf den 1200 m tiefer gelegenen Colorado River. Der Skywalk ist Eigentum des Reservats der Hualapi-Indianer. Allerdings stößt er seit seiner Entstehung auf Kontroverse, und die nach und nach im Reservat entstandenen Restaurants, Geschäfte und Theater stellen die Glaubwürdigkeit der Nationalparkbehörde zunehmend infrage.

GRAND CANYON: INSIDER-INFO

Top-Tipps: Im Canyon selbst herrschen **deutlich höhere Temperaturen** als an seinen Kanten; und am Südrand ist es heißer als an der etwas höheren Nordkante.

- **Am wenigsten überlaufen** ist der Canyon im Frühling oder Herbst, und es ist dann insgesamt kühler, auch wenn das Wetter generell unkalkulierbar ist.
- Wenn Sie im Grand Canyon übernachten möchten, müssen Sie reservieren! Auf der Website des Nationalparks (http://grandcanyon.areaparks.com) erhalten Sie nähere Informationen zu den einzelnen Übernachtungsmöglichkeiten.

Anreise

Von Las Vegas zum 450 km entfernt liegenden North Rim fahren Sie ostwärts auf der I-15 zur Ausfahrt SR 9 nördlich von St. George, Utah. Der SR 9 folgend, zweigen Sie bei der Mount Carmel Junction die SR 89 südwärts ab. Zum South Rim hingegen, etwa 420 km von Las Vegas entfernt, folgen Sie der US 93 südostwärts durch Boulder City nach Kingman, Arizona; dort fahren Sie ab und auf der SR 40 ostwärts nach Williams, dann auf der SR 64 und SR 180 Richtung Norden bis Grand Canyon Village.

Grand Canyon National Park

☎ 928/638-7888; http://grandcanyon.areaparks.com ◉ South Rim: tägl. 24 Std.; North Rim: Mai–Okt tägl. 24 Std.; Okt–Mai nur für Tagesbesucher und wetterabhängig (Besuchereinrichtungen geschl.) ✋ mittel; variiert je nach Tour. Ticket 7 Tage sowohl für den South als auch für den North Rim gültig

Skywalk

✉ Parkplatz am Grand Canyon West Airport, 190 km von Las Vegas mit dem Auto, für die letzten 2,4 km mit dem Bus ☎ 702/220-8372; www.grand canyonskywalk.com ◉ tägl., solange es hell ist ✋ teuer

Der South Rim des Grand Canyon

Touren

1 NASS UND WILD

Tour

LÄNGE: etwa 5,5 km **DAUER:** ein Tag **START:** Russell Road West ✚ 198 C1
ZIEL: Circus Circus ✚ 200 C3

Die folgende Tour zeigt Ihnen die nasse und wilde Seite der Stadt. Die folgenden Attraktionen führen Sie von einem Ende des Strip zum anderen – weshalb Sie die langen Strecken nicht zu Fuß gehen, sondern sich ein Transportmittel besorgen sollten. Mit Ausnahme der Bellagio Fountain Shows, dem Volcano des Mirage, den Sirens of TI, dem Gewitter in der Miracle Mile und dem Forum Shops Aquarium kosten alle Attraktionen Eintritt.

1–2

Von der Russell Road West geht es als Erstes auf den Weg zum Mandalay Bay's **Shark Reef** (➤ 52f). Hier können Sie exotische Fische in den Aquarien bewundern, darunter zwölf Haiarten, Quallen, Stachelrochen, Meeresschildkröten, Seeschlangen und viele weitere Meerestiere. Das größte Aquarium, Treasure Bay, hat ein Fassungsvermögen von 4,9 Mio. l. Im Bassin schwimmen 40 große Haie, von denen jeder 1,5 bis 3,5 m lang ist. Das Aquarium zählt mit seiner Zahl an Haien und anderen Raubfischen zu den größten seiner Art in Nordamerika. Wenn

Sie im Hotel wohnen, können Sie anschließend zum Sand and Surf Beach gehen, in echtem Sand Burgen bauen oder sich von den bis zu 1,8 m hohen Wellen umspülen lassen. Wer will, kann gemütlich im »Lazy River« gleiten.

2–3

Etwa 1 km weiter liegt an der Harmond Avenue das Planet Hollywood Resort (➤ 25). Am Hotel sehen Sie die spektakulären 30 m hohen Kaskaden eines Wasserfalls. In den **Miracle Mile Shops** (➤ 25f) geraten Sie mitten in ein Gewitter! Jede halbe Stunde blitzt und donnert es und Unmengen von Wasser prasseln vom künstlichen Himmel in den See.

3–4

Gehen Sie nun hinüber zum Bellagio (➤ 25). Nirgendwo sonst wird Wasser schöner in Szene gesetzt: Im 3 ha großen See vor dem Hotel finden täglich die **Bellagio Fountain Shows**

Besuchen Sie das Shark Reef am Mandalay Bay

(▶ 84f) statt, die mit Musik von Pavarotti bis Sinatra untermalt werden. Der schönste Platz zum Genießen des Wasserspektakels ist die Terrasse des Mon Ami Gabi (▶ 95) im Paris Las Vegas. Aber auch von den Restaurants des Bellagio lassen sich die Fontänen genießen. Aus den 1200 Wasserkanonen jagen Fontänen bis zu 73 m hoch in die Luft und tanzen passend zur Musik.

4–5

Auf der anderen Seite der Flamingo Road (eine Fußgängerbrücke führt vom Bellagio auf die andere Seite) liegt Ceasars Palace (▶ 106f). In den Forum Shops sollten Sie sich das Aquarium mit seinen exotischen Fischen, kleinen Haien und Stachelrochen ansehen. Zweimal am Tag springen Taucher in das Becken und füttern die Fische, was jedes Mal Schaulustige anzieht. Wissenswertes über das Aquarium erfährt man bei Führungen.

5–6

Gleich neben Caesars Palace liegt das Mirage mit dem **Dolphin Habitat** (▶ 118) und dem **Mirage Volcano** (▶ 110ff). Der Vulkan steht mitten in einer künstlichen Lagune und bricht regelmäßig aus. Dann kommt sogar der Verkehr auf dem Strip zum

Den besten Blick auf die phantastischen Fontänen hat man von der gegenüberliegenden Seeseite

REVOLUTION-Lounge in The Mirage

Stehen, weil sich keiner das fünfminütige Spektakel mit Feuer, schwarzem Rauch und lautem Getöse entgehen lassen will, das zudem von einem tollen Soundtrack aus nun noch besseren Lautsprechern untermalt wird. Zum Dolphin Habitat geht man zunächst ins Mirage hinein und durch die Einkaufsmeile hindurch. Eine Tür führt dann wieder hinaus zum Habitat und zum Secret Garden. Von oben oder durch die Glaswände des Aquariums lassen sich die Großen Tümmler beobachten. Beim Verlassen des Mirage lohnt noch ein Blick auf das Aquarium hinter der Rezeption, mit Zwerghaien und vielen bunten Fischen.

6–7

Zum nächsten Halt, dem TI, fährt die Tram. Die Show **Sirens of TI** vor dem Hotel findet täglich um 19, 20, 22 und 23.30 Uhr (▶ 110ff) statt und ist kostenlos. In der Show steht wie auch im Hotel das Thema Wasser im Vordergrund (nicht für kleine Kinder ge-

eignet). Den besten Blick hat man von dem Bürgersteig aus, oder aber der den Hotelgästen des TI vorbehaltenen VIP-Terrasse. Kanonen schießen, Masten stürzen um, Pulverfässer explodieren und schreiende Piraten stürzen im Kampf vom Schiff ins Wasser. Die neu ins Programm aufgenommenen, verführerischen Sirenen tun alles, um die Seeräuber zu betören und sie in ihre Höhle zu locken. Die Show endet mit einem Livekonzert.

7–8

Die nächste Attraktion ist das Venetian am Las Vegas Boulevard gegenüber. Schon von außen sind die nachgebauten venezianischen Kanäle zu sehen. Von den **Grand Canal Shoppes** (▶ 118f) im Hotel können Sie zu einer Gondelfahrt starten. Sie kaufen Ihr Ticket am Markus Square und fahren

Das Restaurant Enoteca San Marco auf der Piazza der Grand Canal Shoppes im Venetian

dann (kurz) in einer Gondel durch ein nachgebautes Venedig. Die hölzernen Gondeln sind alle echt und die Gondolieri singen auch gut.

8–9

Überquert man die Spring Mountain Road in Richtung Sahara Avenue, liegt auf der anderen Seite des Las Vegas Boulevards das Circus Circus mit dem **Adventuredome** (▶ 134f). Der größte überdachte Themenpark des Landes hat viele atemberaubende Fahrvergnügen. Kinder – vor allem die Teenager – lieben den Vergnügungspark. Mit dem Rim Runner geht es auf Booten 18 m tief eine Wasserrutsche hinunter, wobei alle ordentlich nass werden und sich anschließend wahrscheinlich nach ihrem Hotel sehnen werden. Wer möchte, kann den Tag in einem der luxuriösen Spas der Stadt ausklingen lassen.

KLEINE PAUSE

Ein netter Ort ist **The Cheesecake Factory** in den Caesars Forum Shops (▶ 107, gleich hinter dem Aquarium), oder die Terrasse des **Mon Ami Gabi** (▶ 95) im Paris Las Vegas, von wo aus sich die Bellagio Fountain Show bequem bewundern lässt.

2 LAS VEGAS – BEI-NAHE UMSONST

Tour

LÄNGE: 7 km **DAUER:** ein Tag **START:** Tropicana Avenue East ✚ 198 C3
ZIEL: Fremont Street Experience ✚ 202 B4

Wenn Sie Ihr letztes Kleingeld ausgegeben haben oder Ihnen einfach nicht nach Verspielen der Reisekasse zumute ist, wählen Sie diese Tour, bei der Sie auch mit wenig Geld zu jeder Uhrzeit Spaß an der Stadt haben werden. Manche Plätze werden Sie nur mit öffentlichen Verkehrsmitteln erreichen, und auch für das Essen müssen Sie selbst aufkommen. Doch einige der schönsten Attraktionen sind kostenlos.

1–2

Über die Fußgängerbrücke an der Tropicana Avenue East geht es zum MGM Grand. Im Kasino können Sie im **Lion Habitat** (➤ 76f) die wunderschönen Raubkatzen durch Sicherheitsglas hindurch beobachten – so lange Sie möchten.

2–3

Den Strip weiter hoch ist die Showcase Mall neben dem MGM das nächste Ziel. Im über vier Stockwerke angelegten **M&M's World Las Vegas** (➤ 86f) gibt es Süßigkeiten en masse und zahlreiche interessante Geschäfte. Auch das kostenlose 3-D-Kino bereitet Vergnügen oder

auch die neuesten Videospiele bei **GameWorks** (➤ 86).

3–4

Gegenüber der Harmon Avenue liegt das Planet Hollywood Resort mit Miracle Mile Shops & Casino (➤ 72). Das Hotel lockt mit seinem künstlichen Gewitter nahe des Frachtschiffes. Der künstliche Regen – er wird wohl der einzige Regen sein, den Sie in Las Vegas erleben werden – ist beeindruckend. Die Einkaufsmeile bietet sich für einen Bummel an, unterwegs unterhalten Straßenkünstler die Passanten.

4–5

Dem Paris Las Vegas und dem Bally's gegenüber steht das Bellagio. Neben der herrlichen **Bellagio Fountain Show** (➤ 84f), die ab 15 Uhr halbstündlich und ab 20 Uhr viertelstündlich

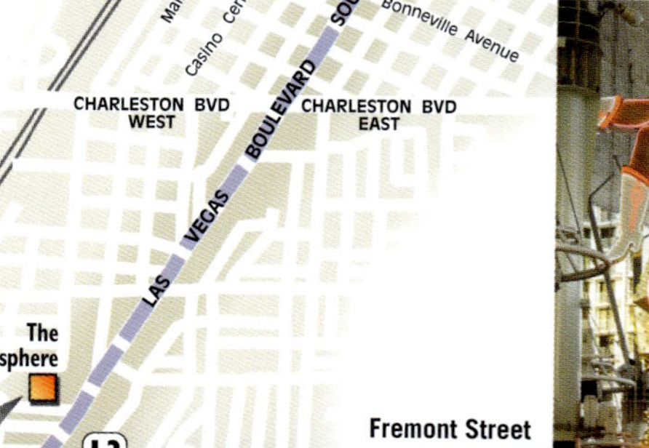

einem Fassungsvermögen von 189 200 l und vielen exotischen Fischen. Um 13.15 oder 15.15 Uhr füttern hier Taucher die Haie. Zu späterer Stunde können Sie das Caesars erneut für einen Besuch im **Cleopatra's Barge** (tägl. 20.30–4 Uhr) aufsuchen. Weder Eintritt noch Mindestverzehr sind verlangt.

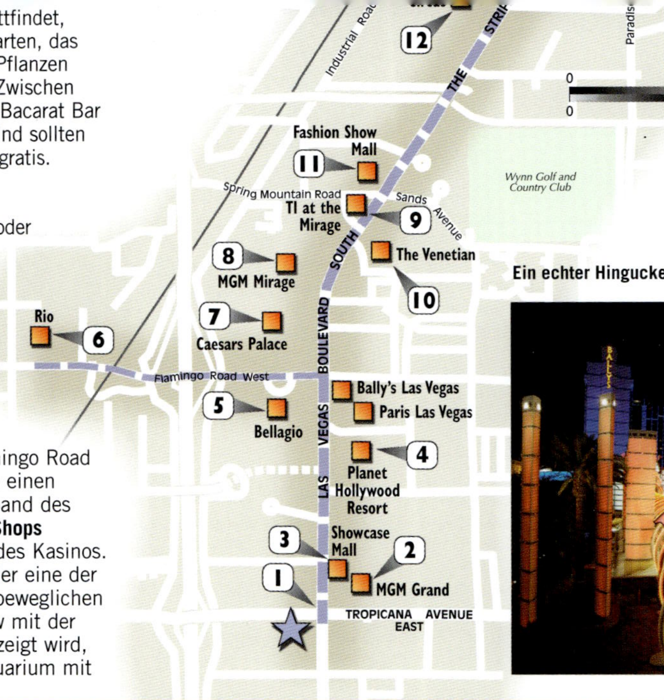

im großen See vor dem Hotel stattfindet, lohnt auch der prächtige Wintergarten, das **Conservatory**, einen Besuch: Die Pflanzen wechseln jahreszeitlich bedingt. Zwischen 16 und 1 Uhr können Sie in der Bacarat Bar Livemusik am Flügel lauschen. Und sollten Sie zocken, gibt es die Getränke gratis.

5–6

Für das nächste Ziel ist ein Auto oder ein Taxi ganz sinnvoll, die Fahrt geht auf der Flamingo Road zum Rio. Im **Masquerade Village** (► 116) im Rio findet die farbenprächtige musikalische *Show in the Sky* statt (Do–So stündlich ab 19 Uhr).

6–7

Auf dem Rückweg von der Flamingo Road sollte man beim Caesars Palace einen Stopp einlegen. Über das Laufband des Walkway geht es zu **The Forum Shops** (► 106f) am nördlichen Ende des Kasinos. Zu jeder vollen Stunde findet hier eine der beiden kostenlosen Shows mit beweglichen Figuren statt. Dort, wo die Show mit der sprechenden Atlantis-Statue gezeigt wird, steht außerdem ein riesiges Aquarium mit

Ein echter Hingucker: der Eingang zum Bally's Las Vegas

7–8

Gleich neben dem Caesars liegt The Mirage: Nach Einbruch der Dunkelheit explodiert hier zu jeder vollen Stunde der Vulkan. Die mit phantastischer Musik untermalte **Volcano Show** (► 110ff) ist ebenfalls gratis. Hinter der Rezeption der Hotellobby befindet sich außerdem noch ein weiteres riesiges Aquarium.

Das NASCAR Café im Hotel Sahara

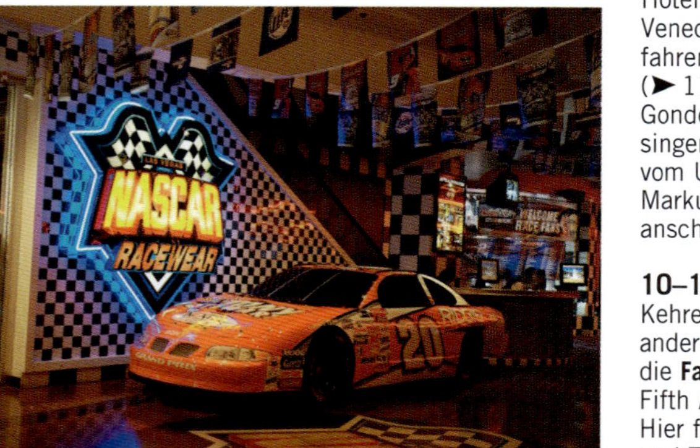

8–9

Auf der anderen Seite des Mirage bringt eine Monorail die Besucher in vier Minuten kostenlos zum Hotel Treasure Island. Die spektakuläre Show Sirens of TI (► 110ff) wird jeden Abend ab 19 Uhr vor dem Hotel an der Ecke Spring Mountain Road/Strip aufgeführt. In der **Breeze Bar** (tägl. 18–3.30 Uhr) gibt es Livekonzerte (Eintritt frei, kein Mindestverzehr).

9–10

Auf der anderen Seite des Strip liegt das Hotel Venetian, das einen Hauch von Venedig verströmt. Auf dem Grand Canal fahren Gondeln, die **Grand Canal Shoppes** (► 118f) laden zu einem Bummel ein. Die Gondelfahrten sind nicht umsonst, aber den singenden Gondolieri kann man ja auch vom Ufer aus zuhören. Den nachgebauten Markusplatz sollten Sie sich unbedingt anschauen.

10–11

Kehren Sie nun zurück auf dem Strip, auf der anderen Seite der Spring Mountain Road liegt die **Fashion Show Mall** (► 146f) mit Saks Fifth Avenue, Neiman Marcus und Macy's. Hier finden, ebenfalls gratis, Modenschauen und Theateraufführungen statt.

11–12

Nächstes Ziel ist das Hotel Circus Circus (am besten mit dem Bus oder Taxi vom Neiman Marcus aus). Im zweiten Stock werden kostenlose **Zirkusnummern** (► 147f) gezeigt.

12–13

Überqueren Sie wieder den Strip und gehen zum Sahara hinunter, dann kommen Sie zum **NASCAR Café** (► 138f). Autoliebhaber können echte Nascar-Stockcars bestaunen.

13–14

Auf der anderen Seite der Sahara Avenue steht das **Stratosphere** (► 144f). Die hiesige **Oasis Lounge** (24 Std.) zeigt Musikvideos und Sport.

14–15

Mit dem Auto oder Taxi geht es zur **Fremont Street Experience** (► 162f) – hier gibt es kostenlose Lichtshows und andere Vorführungen.

KLEINE PAUSE
Gutes Essen zu vernünftigen Preisen bieten das **NASCAR Café** (► 138f) und der **Food Court** in den **Miracle Mile Shops** (► 24f).

Praktisches

REISEVORBEREITUNGEN

WICHTIGE PAPIERE

● Erforderlich
○ Empfohlen
▲ Nicht erforderlich
△ Nicht gültig

Reisende aus Deutschland, Österreich und der Schweiz nehmen am *Visa Waiver Program* teil. Auskunft erteilt das Reisebüro oder die zuständige Botschaft.

	Deutschland	Österreich	Schweiz
Reisepass (sowie elektron. Einreiseerlaubnis – Visa-Waiver-Formular)	●	●	●
Visum (Bestimmungen können sich ändern – vor Reise prüfen)	▲	▲	▲
Weiter- oder Rückflugticket	●	●	●
Impfungen	▲	▲	▲
Krankenversicherung (► 194, Gesundheit)	●	●	●
Reiseversicherung	●	●	●
Führerschein (national)	●	●	●
Kfz-Haftpflichtversicherung	△	△	△
Fahrzeugschein	△	△	△

REISEZEIT

Hauptsaison   Nebensaison

	JAN	FEB	MÄRZ	APRIL	MAI	JUNI	JULI	AUG	SEPT	OKT	NOV	DEZ
	56°F	62°F	68°F	78°F	88°F	98°F	104°F	102°F	94°F	81°F	66°F	57°F
	13°C	17°C	20°C	26°C	31°C	37°C	40°C	39°C	34°C	27°C	19°C	14°C

☀ Sonnig   ⛅ Wechselhaft

Las Vegas hat ein **trockenes Klima** mit jährlich etwa 105 mm Niederschlag und 85 % Sonnenschein. Die **durchschnittliche Luftfeuchtigkeit pro Tag** liegt bei 29 %. Stärkere Regenfälle treten meist nur im September auf.

In den Sommermonaten kann es Höchsttemperaturen bis zu 38 °C geben, aber es wurden auch schon Temperaturen bis zu 49 °C gemessen.

Im Frühling und im Herbst herrschen meist um die 20 °C. **Im Winter** kann es zu Frost kommen, aber im Durchschnitt liegt die Temperatur dann bei etwa 10 bis 16 °C.

INFORMATIONEN VORAB

Websites

■ www.visitlasvegas.com
Las Vegas Convention and Visitors Authority

■ www.cheapovegas.com
Gute, übersichtliche Quelle mit nützlichen Tipps – nicht nur für Schnäppchenjäger

■ www.vegastodayand tomorrow.com
Sehr ausführlich, aber immer auf dem neuesten Stand

ANREISE

Mit dem Flugzeug: Die meisten internationalen und nationalen Fluggesellschaften fliegen McCarran International Airport (➤ 34) an. Direktflüge von Deutschland bietet derzeit nur die Fluggesellschaft Condor von Frankfurt am Main aus an. Flüge von anderen deutschen großen Städten (Düsseldorf, München, Köln/Bonn usw.) sowie von Zürich und Wien legen mitunter Zwischenstopp in Denver oder Chicago (Lufthansa) bzw. in London-Heathrow (British Airways), New York (American Airlines), Los Angeles (Swiss International Air Lines) oder Philadelphia (US Airways) ein.

Reisebüros sind gute Ansprechpartner, sie kennen die günstigsten Fluglinien und können sogenannte *packages* (Flug, Hotel und evtl. einen Leihwagen) buchen.
Im Reisebüro erhalten Sie möglicherweise auch Vergünstigungen, Essensgutscheine oder ermäßigte Eintrittskarten für die Shows. So gibt es z. B. den »Zwei-für-Einen-Preis« für Produktionen im Hotel.

Alternative Anreise: Wer aus den Vereinigten Staaten anreist, erreicht Las Vegas entweder über den Highway I-15, der Las Vegas direkt mit Südkalifornien und Utah verbindet oder, von Reno oder Phoenix kommend, über die US 95. Ferner können Sie die Fahrdienste der Greyhound Lines oder der Eisenbahngesellschaft Amtrak nutzen.

ZEIT

In Las Vegas gilt die Pazifikzeit. Es ist also 9 Stunden früher als nach Mitteleuropäischer Zeit. Anfang April wird die Uhr für die Sommerzeit um 1 Stunde vor- und Ende Oktober wieder um 1 Stunde zurückgestellt.

WÄHRUNG

Währung: Die Währungseinheit ist der US-Dollar ($). Ein Dollar hat 100 Cents. Es gibt **Geldscheine** zu 1 US$, 5 US$, 10 US$, 20 US$, 50 US$ und 100 US$. Im Umlauf sind auch noch größere Scheine, die aber in Geschäften, Restaurants und Hotels nicht immer akzeptiert werden. Es gibt fünf verschiedene Münzen: Den *penny* (1 Cent), den *nickel* (5 Cents), den *dime* (10 Cents), den *quarter* (25 Cents) und den halben Dollar (50 Cents). In den Vereinigten Staaten sind die Ein-Dollar-Münzen ziemlich selten, nicht jedoch in Las Vegas. Hier taucht die 1-Dollar-Münze überall auf. Die Kasinokassen wechseln (zu viele) 1-Dollar-Münzen gerne in Papiergeld um.
  Reiseschecks in US$ werden fast überall angenommen, vorausgesetzt Sie haben einen Ausweis dabei. Das gilt auch für Kreditkarten, die in Las Vegas in der Regel überall akzeptiert werden: Die gängigen Karten sind AMEX, Visa, MasterCard, Diners Club und Carte Blanche. Die meisten Hotels verfügen über Geldautomaten (ATM).

  Umtausch: Viele Hotels wechseln ausländisches Geld. Direkt am Strip haben sich viele Wechselstuben niedergelassen. Sie können auch in jeder größeren Bank Geld wechseln, sie liegen aber meist abseits vom Strip.

In Las Vegas
Visitor Information Center:
3150 Paradise Road
Las Vegas
NV 89109
☎ 702/892-7575
🕐 tägl. 8–17 Uhr

Travel Nevada
Auskünfte über Reisen im
US-Bundesstaat Nevada:
401 North Carson Street,
Carson City NV 89701
☎ 775/687-4322;
http://travelnevada.com

Las Vegas Chamber of Commerce Info Center
Town Square, 6671 Las
Vegas Boulevard South,
Suite 300 NV 89119
☎ 702/735-1616
(tägl. 24 Std. geöffnet)

DAS WICHTIGSTE VOR ORT

FEIERTAGE

1. Jan.	Neujahr
3. Mo im Jan.	Martin Luther King Day
3. Mo im Febr.	President's Day
März/April	Ostern (Karfreitag halbtags)
Letzter Mo im Mai	Memorial Day
4. Juli	Independence Day
1. Mo im Sept.	Labor Day
2. Mo im Okt.	Columbus Day
11. Nov.	Veteran's Day
4. Do im Nov.	Thanksgiving
25. Dez.	Weihnachten

ELEKTRIZITÄT

Die Stromspannung beträgt 110/120 Volt (60 Hz). I.d.R. braucht man einen Adapter, da Steckdosen nur zwei eckige Eingänge haben. Wegen der niedrigeren Spannung benötigt man auch einen Transformator, wenn das Gerät nicht umstellbar ist.

ÖFFNUNGSZEITEN

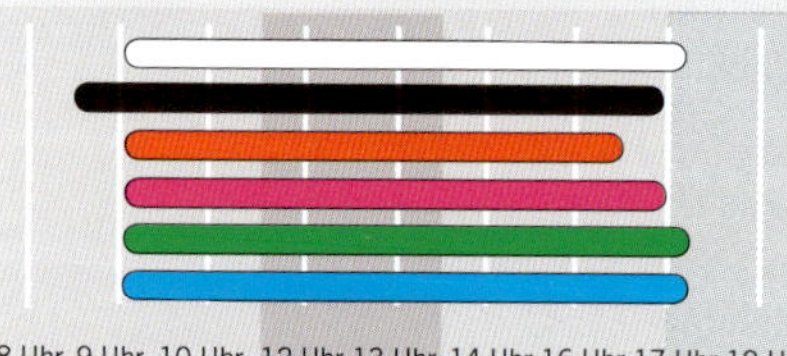

Las Vegas ist eine Stadt, die niemals schläft. Nur Banken oder Geschäfte abseits des Strip schließen an einigen Feiertagen. Trotzdem pausieren von Anfang Dezember bis Weihnachten einige der wichtigsten Shows und laufen erst wieder in der Woche zwischen Weihnachten und Neujahr an.

TRINKGELD

Als Richtlinie gilt:

Hotelpagen	2–5 $ pro Gepäckstück
VIP-Service	10 $ oder mehr
Parken durch Hotelangestellte	2–5 $
Zimmermädchen	2 $ pro Tag
Taxis	2–5 $
Barkeeper	1 US$ pro Runde
Bedienstete	► 44

ÖFFNUNGSZEITEN IN HOTELS

Die Kasinos sind rund um die Uhr geöffnet, ebenso die Cafés der Hotels, weil sie gesetzlich dazu verpflichtet sind. 24 Std. besetzt sind auch der Eingang, die Rezeption und der Service.

Viele hoteleigenen Geschäfte, Spas und Schönheitssalons öffnen erst ab 10 oder 11 Uhr, Restaurants zum Abendessen zwischen 17 und 18 Uhr.

ZEITUNTERSCHIED

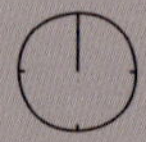

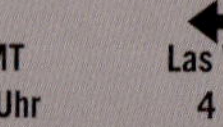

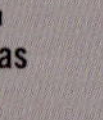
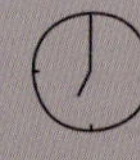

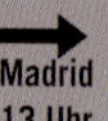

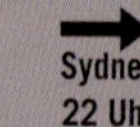

KOMMUNIKATION

Post In allen größeren Hotels können Sie Ihre Post aufgeben. Brauchen Sie ein Postamt, sollten Sie in den gelben Seiten nachschauen. Die Öffnungszeiten der Postfilialen variieren.

Telefonieren Von öffentlichen Telefonen müssen Sie für ein Überseegespräch zunächst eine »0« wählen, um zur Vermittlung (*operator*) zu kommen. Dem *operator* geben

Sie das Land, die Stadt und die gewünschte Telefonnummer durch. Einige Münzfernsprecher funktionieren mit Telefonkarten, die in Drogerien und an Zeitungsständen verkauft werden und mit denen das Telefonieren ins Ausland am günstigsten ist. Andere Apparate akzeptieren Kreditkarten.

Internationale Vorwahlen:
Wählen Sie die 011, dann für
Deutschland: 49
Österreich: 43
Schweiz: 41

Mobilfunkanbieter
Die Netzabdeckung in Las Vegas ist vom Netzbetreiber abhängig. Am betriebssichersten ist allerdings Verizon. Verizon bietet zudem eine schnelle Datenübertragung und breite Dualbandabdeckung (2G und 3G), was ein stabiles Netz selbst in abgelegensten Stadtteilen garantiert. T-Mobile ist ein ebenso zuverlässiger Anbieter, der für einen guten Empfang in beliebten Stadtgebieten sorgt und ein schnelles 4-G-Netz in der Wüste anbietet. Andere Mobilfunkanbieter sind AT&T, Sprint und Nextel.

WLAN und Internet
Zahlreiche Internetcafés haben rund um die Uhr geöffnet. Eine Stunde Internetnutzung kostet etwa 3 US$. Kostenloses WLAN gibt es am Flughafen und in den meisten Cafés am Strip, während die Hotels i. d. R. eine kleine Gebühr für das Surfen im Netz erheben.

SICHERHEIT

- Nehmen Sie immer nur so viel Geld mit, wie Sie gerade benötigen. Deponieren Sie Ihr übriges Geld und Wertsachen im Hotelsafe.
- Bewahren Sie Ihre Kreditkartennummer sowie die Notfallnummer bei Verlust der Karte an einem sicheren Ort auf.
- Tragen Sie Ihre Handtasche und den Geldbeutel immer nah am Körper.
- Nachts sollten Sie (besonders als Frau) die Parkplätze der Hotels meiden und das Hotel immer nur durch den Haupteingang betreten. Wer mit dem Mietwagen unterwegs ist, sollte das Auto parken lassen (*valet parking*).
- Diebstähle oder Bedrohungen sollten umgehend der Polizei gemeldet werden.
- Achten Sie darauf, immer Ihr Zimmer abzuschließen. In einigen Hotels werden die Schlösser und Schlüssel aus Sicherheitsgründen jeden Tag ausgewechselt.

Polizei:
☎ **911 von jedem Telefon**

GESUNDHEIT

Krankenversicherung: Die Auslandskranken-versicherung sollte einen Deckungsbeitrag von mindestens 1 Mio. US$ haben.

Zahnarzt: Die Krankenversicherung sollte auch Zahnarztkosten decken. Es gibt zwar viele Zahnärzte, aber sie sind sehr teuer. Manche akzeptieren Kreditkarten, aber die meisten ziehen Bargeld oder Reiseschecks vor.

Wetter: In Las Vegas ist es sehr heiß und die Luftfeuchtigkeit vor allem im Sommer sehr niedrig. Sonnenbrillen, Sichtschutz, ange-messene Kleidung und eine Kopfbedeckung gehören ins Reisegepäck. Nehmen Sie ausreichend zu Trinken mit.

Medikamente: Wer ein Rezept einlösen will, findet in den Gelben Seiten (*yellow pages*) unter *pharmacies* (Apotheken) oder *drug-stores* (Drogerien) Adressen. Viele Apotheken liefern direkt ins Hotel. Für Ihre Medikamente aus Deutsch-land sollten Sie ein Rezept für den Zoll bereithalten.

Trinkwasser: Das Wasser im Hotel wird gereinigt und kann getrunken werden.

ZOLL

Die Einfuhr seltener oder geschützter Tierarten ist verboten oder bedarf einer Sondererlaubnis. Bevor Sie etwas kaufen, sollten Sie sich über die Einreisebestim-mungen Ihres Heimatlandes informieren.

ERMÄSSIGUNGEN

Studenten erhalten mit dem Internationalen Studentenausweis teilweise Ermäßigungen. In vielen Shows und in den Vergnügungsparks von Las Vegas ist der Eintritt für Senioren ermäßigt. Meist wird ein Pass verlangt, um das Alter nachweisen zu können.

TOILETTEN

Saubere, öffentliche Toiletten sind in der ganzen Stadt zu finden: in den Kasinos, Hotels, Restaurants und Bars.

REISEN MIT BEHINDERUNG

Wenn Sie spezielle Vorrichtun-gen in Ihrem Zimmer benöti-gen, sollten Sie dies bei der Buchung im Reisebüro oder im Hotel äußern. Das Reise-büro oder der Behinderten-beauftragte des Hotels wird Ihnen gerne helfen, das Passende zu finden. In jedem Hotelkasino gibt es Spielauto-maten, die speziell für Roll-stuhlfahrer zugänglich sind. Viele Hotels haben die Spiel-tische so gebaut, dass sie mit dem Rollstuhl erreichbar sind.

Wenn Sie ein Auto mieten wollen und einen speziellen Behinderten-Parkausweis benötigen, können Sie beim Nevada Department of Motor Vehicles (Tel. 775/684-4750; www.dmvnv.com) eine solche *parking permit* im Voraus be-antragen. Transportmittel mit Hebebühnen für Rollstuhl-fahrer stehen auch am Flug-hafen und an den Zubringer-stationen. Weitere Informatio-nen erteilt die Website der Las Vegas Convention and Visitor's Authority: www.visitlasvegas.

KINDER

Besucher unter 21 Jahren dürfen kein Kasino betreten. Deshalb bieten einige Hotels Unterhaltungsprogramme für Kinder und Teenager an, wenn ihre Begleitpersonen im Kasino spielen. Einige Hotels vermitteln auch Babysitter und private Kindermädchen, andere Hotels sind dagegen weniger auf Kinder ausgerichtet.

BOTSCHAFTEN

Deutschland
202/298-4000

Österreich
202/895-6700

Schweiz
202/745-7900

Organisierte Touren

Wer die wichtigsten Sehenswürdigkeiten von Las Vegas und seiner Umgebung sehen will, aber selbst nicht die Organisation übernehmen möchte, kann aus einer Reihe von Reiseveranstaltern wählen, die den Gästen die Stadt zu Land, Wasser und aus der Luft zeigen.

ADVENTURE LAS VEGAS

Über 100 verschiedene Ausflüge werden angeboten – mit ATVs (*all terrain vehicles*), Hubschraubern, Heißluftballons, Kajaks oder mit dem Mountainbike. Zu den Zielen gehören der Colorado River, der Grand Canyon, der Hoover Dam, der Red Rock Canyon, der Valley of Fire State Park und viele weitere.
✉ 1930 Village Center Circle 3-155 Las Vegas, NV 89134
☎ 702/938-8687, 888/867-6259; www.adventurelasvegas.com

ADVENTURE PHOTO TOURS

Elf Foto- und Sightseeingtouren stehen auf dem Programm, darunter auch ein (14-stündiger) Ausflug im Minibus zum Grand Canyon und Hoover Dam.
✉ 3111 South Valley View Boulevard, Las Vegas, NV 89102
☎ 702/889-8687, 888/363-8687; www.adventurephototours.com

ANNIE BANANIE'S WILD WEST TOURS

Das andere Las Vegas: geführte Touren zu den alten indianischen Petroglyphen (► 176) im Valley of Fire oder »Wild-West«-Touren.
✉ 1824 Wincanton Drive, Las Vegas, NV 89134 ☎ 702/804-9755; www.anniebananie.com

ATV ACTION TOURS, INC.

Im Angebot sind unterschiedliche Touren zu Land und in der Luft – in Helikoptern, in Wildwasser-Raftingbooten, mit ATVs (*all terrain vehicles*) und mit normalen Booten. Pferdereiten und Helikopterflüge am Grand Canyon sind ebenfalls möglich.
✉ 180 Cassia Way, Suite 510, Henderson, Nevada 89014
☎ 702/566-7400, 888/288-5200 www.actiontours.com

CASINO TRAVEL & TOURS

Busfahrten, Limousinenfahrten, Fahrten nach individuellem Kundenwunsch und exklusive Abendarrangements.
✉ 6185 Valley View Drive, Suite R, Las Vegas, NV 89118
☎ 702/946-5075, 888/444-9928; www.casinotravel.com

GRAND CANYON TOUR COMPANY

Angeboten werden u. a. Flüge mit Flugzeug oder Helikopter, Bustouren, Ausflüge mit dem Zug, Mehrtagesausflüge mit Übernachtungen, Rafting auf dem Colorado River, Fahrten zum Hoover Dam und Lake Mead und Besichtigungen innerhalb von Las Vegas.
✉ 4343 North Rancho Drive, Suite 230, Las Vegas, NV 89130
☎ 702/655-6060, 800/222-6966; www.grandcanyontourcompany.com

GRAY LINE TOURS

Gruppentouren und Einzelführungen durch Las Vegas, aber auch Ausflüge zum Hoover Dam, Grand

Canyon, Red Rock Canyon, in das Death Valley und in den Bryce Canyon National Park.
✉ 795 East Tropicana, Las Vegas, NV 89119
☎ 702/384-1234, 800/634-6579; http://graylinelasvegas.com

LOOK TOURS
Vergünstigte Touren im Luxusbus, Flugzeug oder Hubschrauber zum Grand Canyon.
✉ 2634 Airport Drive, Suite 103, Las Vegas, NV 89032
☎ 702/233-1627, 800/566-5868; www.looktours.com

LOST WAGES TOURS
Angeboten werden verschiedene Touren in den Grand Canyon, zum Hoover Dam, zum Valley of Fire, außerdem Wanderungen, Kajak- und Fahrradtouren sowie Bootstouren und Showbesuche.
☎ 702/951-7618, 888/888-7501; www.lostwagestours.com

MAVERICK HELICOPTER TOURS
Verschiedene Helikoptertouren stehen zur Auswahl. Am beliebtesten ist »Wind Dancer« – hier landen Sie am Grand Canyon. Nachtflüge über den Strip sind auch interessant.
✉ 6075 Las Vegas Boulevard South, Las Vegas, NV 89119
☎ 702/261-0007, 888/261-4414; www.maverickhelicopter.com

ONE CALL TOURS.COM
Ausflüge in den Grand Canyon, zum Hoover Dam, Red Rock Canyon und in die Umgebung von Las Vegas, inklusive Besichtigung einer Cowboy-Ranch. Aber auch Stadtbesichtigungen und nächtliche Helikopterflüge über das Lichtermeer von Las Vegas.
✉ 307 Glasgow Street, Henderson, NV 89015 ☎ 702/566-3866, 877/781-8747; www.1calltours.com

ROCKY TRAILS
Hier können Sie die felsige Landschaft auf einem Fahrrad, einem Pferd oder aber in einem Bus erkunden. Zu Wasser lassen sich aufregende Kajakfahrten und Raftingtouren auf dem Colorado River unternehmen.
✉ 3355 Spring Mountain Road, Las Vegas, NV 89102 ☎ 702/425-306, 1-888/892-5380; www.rockytrails.com

SUNDANCE HELICOPTERS INC.
Flüge zum Grand Canyon, Red Rock Canyon, zum Pahrump Valley Vinyard und über Las Vegas.
✉ 5596 Haven Street, Las Vegas, NV 89119 ☎ 702/736-0606, 800/653-1881; www.sundancehelicopters.com

SWEETours
Die geführte Tour geleitet Sie in einem Reisebus bequem von einer Attraktion zur nächsten: Grand Canyon South Rim, Grand Canyon West Rim, Hoover Dam, Bryce Canyon und Zion National Park. Manche Touren enthalten Frühstück und Mittagessen. Klimaanlage, DVD-Player und verstellbare Sitze gehören zum Komfort.
✉ 6363 South Pecos, Suite 106, Las Vegas, NV 89120 ☎ 702/456-9200; www.sweetours.com

Kapiteleinteilung: siehe Übersichtskarte auf der Umschlaginnenseite

Streetplan

- Autobahn/Schnellstraße
- Hauptstraße
- Nebenstraße
- Bahnlinie
- Monorail & Haltestelle
- Wichtiges Gebäude
- Park
- Sehenswürdigkeit (im Text)
- Flughafen
- Echelon resort – Resort im Bau

198–202 — 0 500 m / 0 500 yds

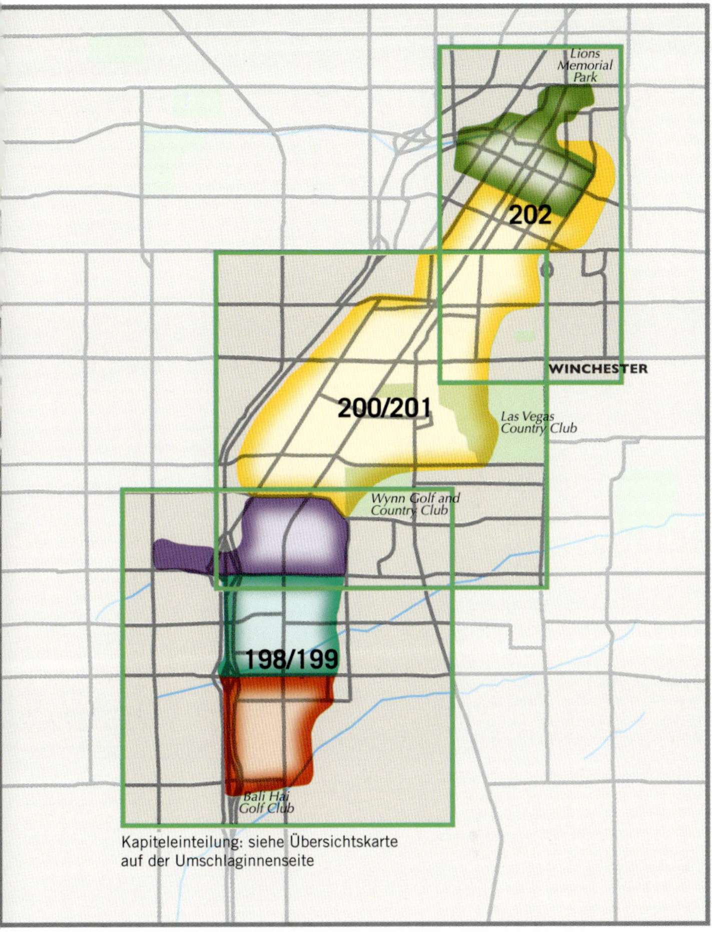

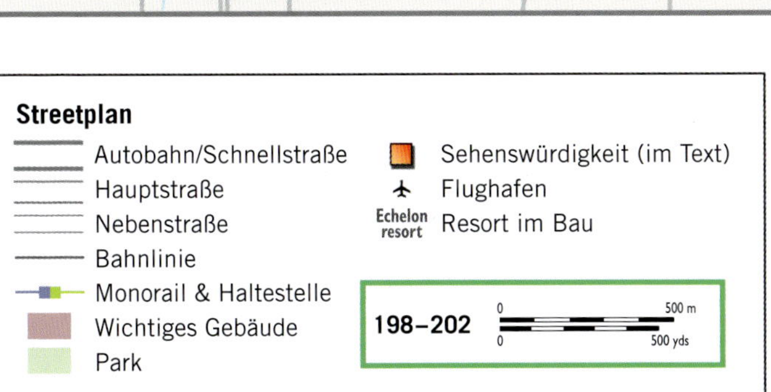

Cityplan

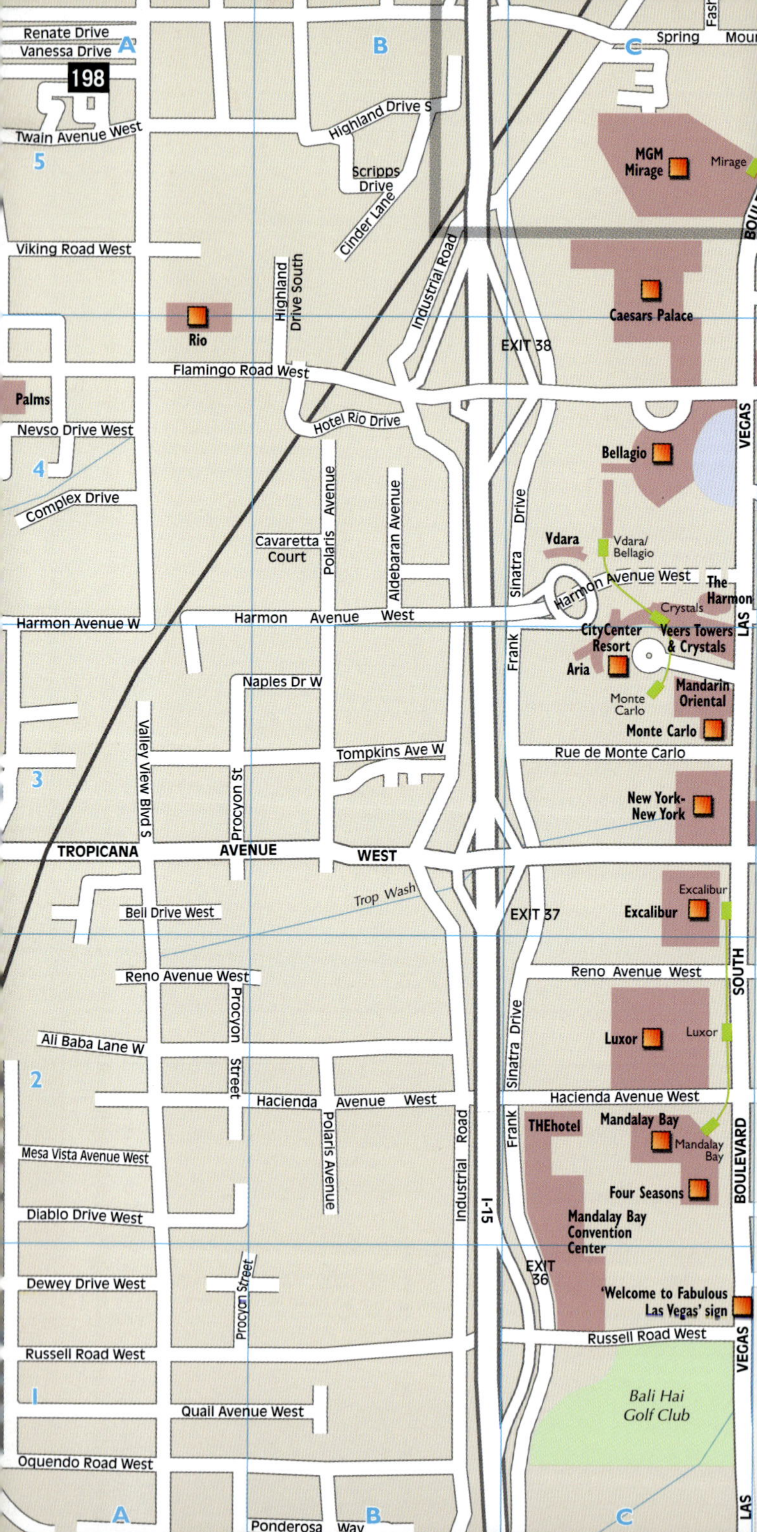

Renate Drive
Vanessa Drive
198
Twain Avenue West
Viking Road West
Palms
Nevso Drive West
Complex Drive
Highland Drive S
Scripps Drive
Cinder Lane
Highland Drive South
Industrial Road
Rio
Flamingo Road West
Hotel Rio Drive
Polaris Avenue
Aldebaran Avenue
Cavaretta Court
Harmon Avenue W
Harmon Avenue West
Naples Dr W
Valley View Blvd S
Procyon St
Tompkins Ave W
TROPICANA AVENUE WEST
Trop Wash
Bell Drive West
Reno Avenue West
Procyon Street
Ali Baba Lane W
Mesa Vista Avenue West
Polaris Avenue
Hacienda Avenue West
Diablo Drive West
Dewey Drive West
Procyon Street
Russell Road West
Quail Avenue West
Oquendo Road West
Ponderosa Way
Sinatra Drive
Frank Sinatra Drive
Industrial Road
I-15
EXIT 38
EXIT 37
EXIT 36
Spring
Mour
Fash
MGM Mirage
Mirage
Caesars Palace
Bellagio
Vdara
Vdara/ Bellagio
Harmon Avenue West
The Harmon
Crystals
CityCenter Resort
Veers Towers & Crystals
Aria
Monte Carlo
Mandarin Oriental
Monte Carlo
Rue de Monte Carlo
New York- New York
Excalibur
Excalibur
Reno Avenue West
SOUTH
Luxor
Luxor
THEhotel
Mandalay Bay
Mandalay Bay
Hacienda Avenue West
Four Seasons
Mandalay Bay Convention Center
BOULEVARD
'Welcome to Fabulous Las Vegas' sign
Russell Road West
Bali Hai Golf Club
VEGAS
LAS
VEGAS
LAS
BOUL
A
B
C
5
4
3
2
1

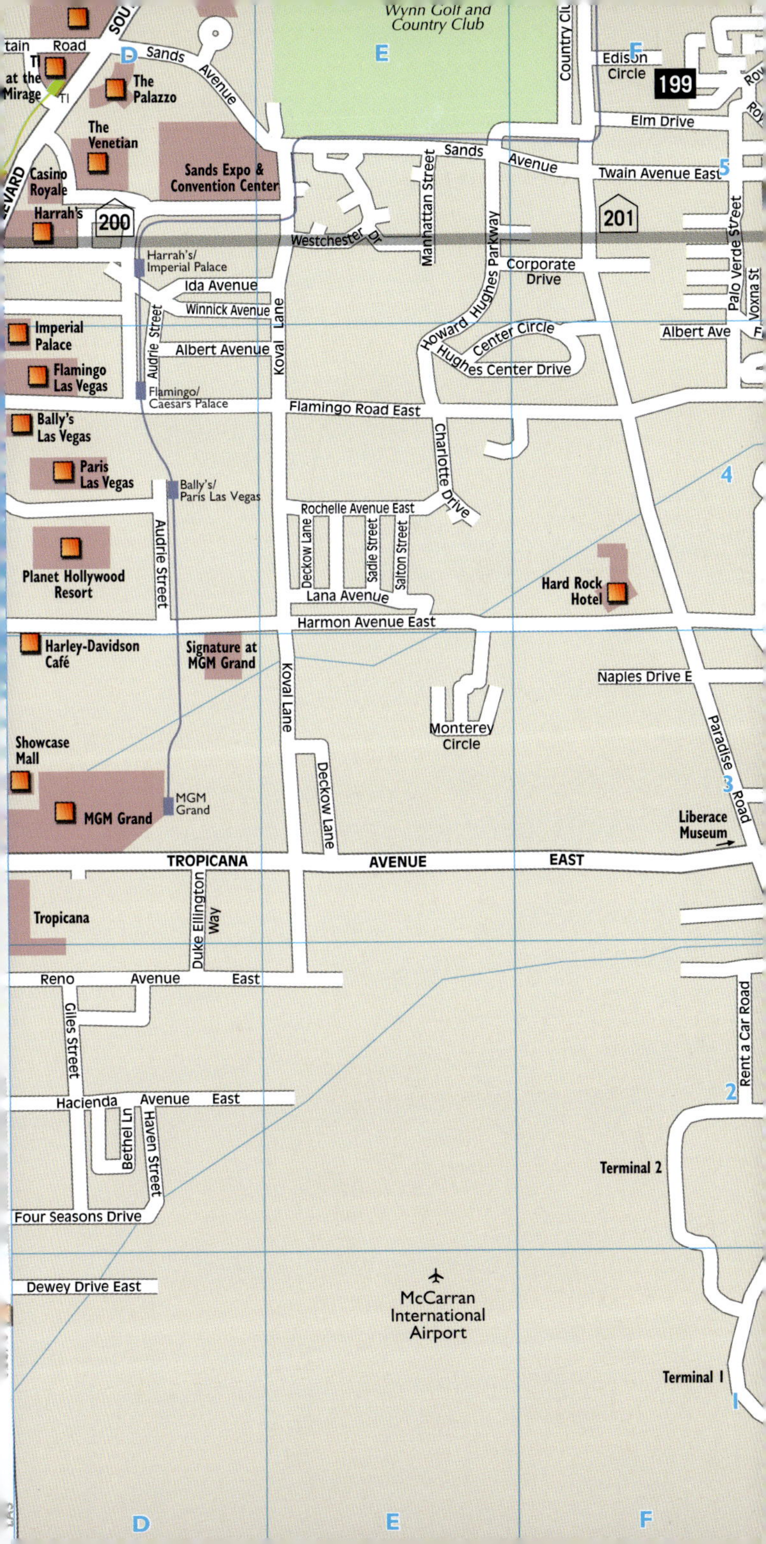

Wynn Golf and Country Club
Country Cl
Edison Circle
199
Elm Drive
Roy
SOU
Road
Sands Avenue
D
TI at the Mirage
TI
The Palazzo
The Venetian
Sands Expo & Convention Center
Sands Avenue
Twain Avenue East
5
Casino Royale
Harrah's
200
Westchester Dr
Manhattan Street
Howard Hughes Parkway
Corporate Drive
201
Palo Verde Street
Voxna St
Harrah's/ Imperial Palace
Ida Avenue
Winnick Avenue
Koval Lane
Hughes Center Drive
Center Circle
Albert Ave
Imperial Palace
Audrie Street
Albert Avenue
Flamingo Las Vegas
Flamingo/ Caesars Palace
Flamingo Road East
Bally's Las Vegas
Charlotte Drive
4
Paris Las Vegas
Bally's/ Paris Las Vegas
Rochelle Avenue East
Deckow Lane
Sadie Street
Salton Street
Planet Hollywood Resort
Audrie Street
Lana Avenue
Hard Rock Hotel
Harmon Avenue East
Harley-Davidson Café
Signature at MGM Grand
Koval Lane
Naples Drive E
Showcase Mall
Monterey Circle
Paradise Road
3
MGM Grand
MGM Grand
Deckow Lane
Liberace Museum
TROPICANA AVENUE EAST
Tropicana
Duke Ellington Way
Reno Avenue East
Rent a Car Road
Giles Street
Hacienda Avenue East
2
Bethel Ln
Haven Street
Terminal 2
Four Seasons Drive
Dewey Drive East
McCarran International Airport
Terminal 1
1
D
E
F

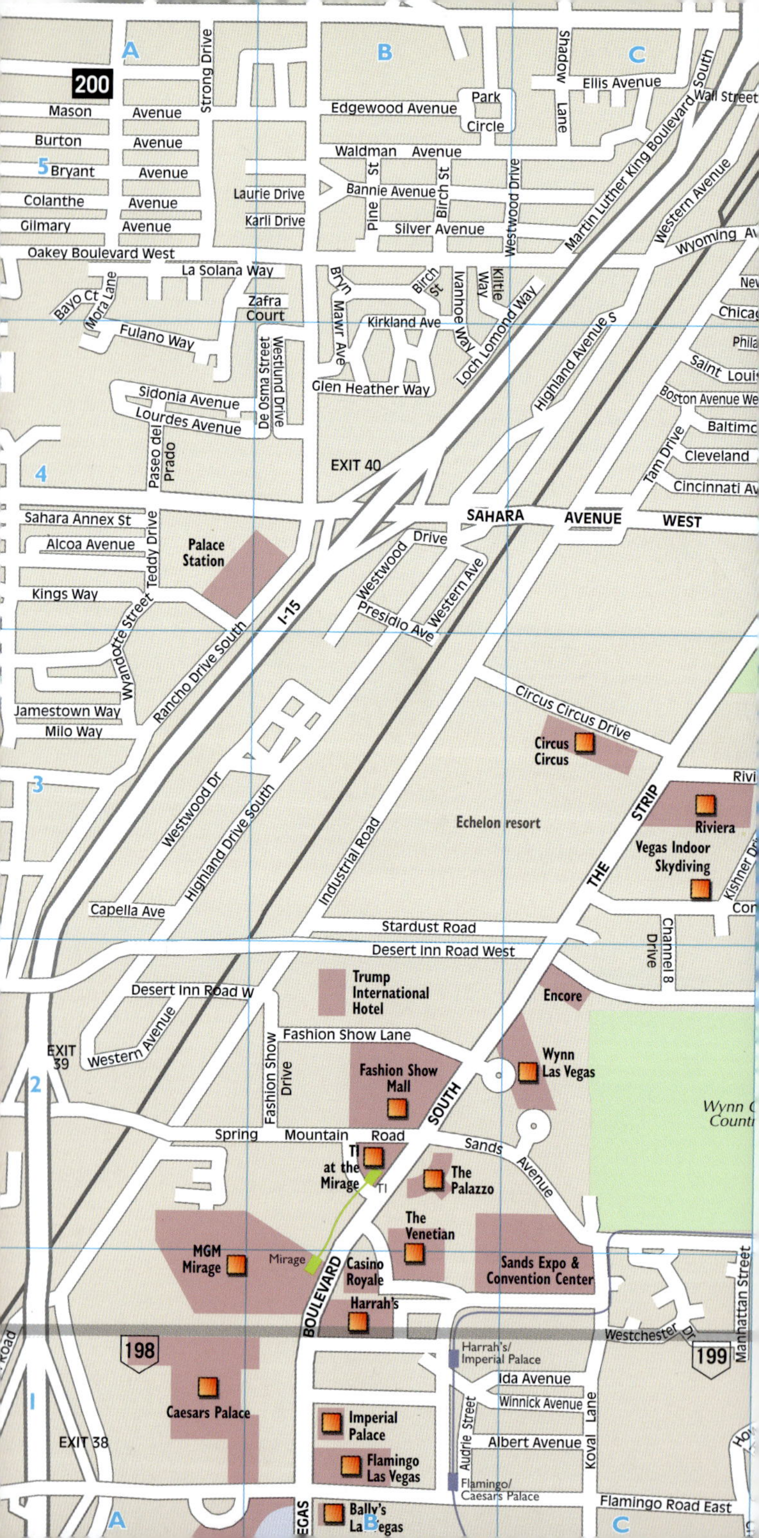

200
A
B
C
Mason Avenue
Burton Avenue
Bryant Avenue
Colanthe Avenue
Gilmary Avenue
Strong Drive
Edgewood Avenue
Park Circle
Shadow Lane
Ellis Avenue
Wall Street
Waldman Avenue
Pine St
Bannie Avenue
Birch St
Silver Avenue
Westwood Drive
Martin Luther King Boulevard South
Western Avenue
Wyoming Av
Laurie Drive
Karli Drive
Oakey Boulevard West
La Solana Way
Zafra Court
Bayo Ct
Mora Lane
Fulano Way
Bryn Mawr Ave
Birch St
Kirkland Ave
Ivanhoe Way
Kittle Way
Loch Lomond Way
Highland Avenue S
New
Chicag
Phila
Saint Louis
Boston Avenue We
Baltimo
De Osma Street
Westlund Drive
Sidonia Avenue
Lourdes Avenue
Paseo del Prado
Glen Heather Way
Tam Drive
Cleveland
Cincinnati Av
EXIT 40
SAHARA AVENUE WEST
Sahara Annex St
Alcoa Avenue
Teddy Drive
Palace Station
Westwood Drive
Presidio Ave
Western Ave
I-15
Kings Way
Wyandotte Street
Rancho Drive South
Jamestown Way
Milo Way
Circus Circus Drive
Circus Circus
Rivi
THE STRIP
Riviera
Echelon resort
Vegas Indoor Skydiving
Kishner D
Westwood Dr
Highland Drive South
Industrial Road
Capella Ave
Stardust Road
Desert Inn Road West
Channel 8 Drive
Con
Desert Inn Road W
Trump International Hotel
Encore
Western Avenue
Fashion Show Lane
Fashion Show Drive
Fashion Show Mall
SOUTH
Wynn Las Vegas
Wynn C
Count
EXIT 39
Spring Mountain Road
Sands Avenue
TI at the Mirage
TI
The Palazzo
MGM Mirage
Mirage
BOULEVARD
Casino Royale
The Venetian
Sands Expo & Convention Center
Manhattan Street
Harrah's
Westchester Dr
198
Harrah's/ Imperial Palace
199
Road
Caesars Palace
Audrie Street
Ida Avenue
Winnick Avenue
Koval Lane
EXIT 38
Imperial Palace
Albert Avenue
Flamingo Las Vegas
Flamingo/ Caesars Palace
Flamingo Road East
Ho
A
EGAS
Bally's La B Vegas
C

D
E
F
S
Viv Las Vegas Wedding Chapel
Little White Wedding Chapel
3rd Street S
4th Street S
Park Pass
7th St S
8th Street S
8th Place
9th Streets
10th Street South
201 Avenue
a Ave
Norman Avenue
Colorado Avenue West
Park Pass
5th Place
VEGAS
Utah Avenue
Fairfield Avenue
Rexford Place
Houssels Avenue
5th Place
8th St S
Sweeney Avenue
9th St S
10th St S
11th Streets
Fairfield Avenue
York Avenue West
Griffith Ave
Bracken Avenue
Griffith Ave
Bracken Avenue
Griffith Avenue
Avenue W
LAS
Main Street South
Weldon Place
Rexford Drive
Oakey Boulevard East
delphia Avenue West
Howard Ave E
Avenue West
Ellen Way
7th St S
8th St S
202
Hassett Ave E
Barbara Way
Maryland Parkway South
The Stratosphere
Fairfield Ave
re Avenue West
Rexford
Bonita Avenue
Bonita Avenue
Canosa Ave E
West
Santa Clara Drive
Santa Paula Drive
Santa Rita Drive
Santa Rosa Dr
Santa Ynez Drive
Van Patten Place
Beverly Way South
6th Street South
Alhambra Drive
Baker Park
West
Fairfield Ave
San Pablo Dr
4
SAHARA
AVENUE
Sahara
Joe W Brown Drive
Lynnwood Street
Van Patten Street
Sherwood Street
Kendale Street
State Street
Sahara
Karen Avenue
Paradise Road
Tam-O-Shanter
Las Vegas Hilton
Oakmont Avenue
Oakmont Drive
Vegas Valley Drive
era Boulevard
Joe W Brown Drive
Augusta Drive
Pinehurst Drive
3
Avenue of the Hiltons
Las Vegas Hilton
Las Vegas Country Club
Las Vegas Convention Center
Convention Center Drive
Las Vegas Convention Center
Las Vegas Chamber of Commerce
Bel Air Drive
Pinehurst Drive
Desert Inn Road East
Athens Street
Brussels Street
Rome Street
Lisbon Ave
Country Club Lane
Sierra Vista Drive
Swenson Street
Sierra Vista Drive
Golf and ry Club
Edison Circle
Royal Crest Cir N
Dumont Boulevard
2
Elm Drive
Royal Crest Cir S
Sands Avenue
Twain Avenue East
Royal Crest St
Hazelwood Street
Cambridge Street
ward Hughes Parkway
Corporate Drive
Palo Verde Street
Voxna St
Visby Lane
Northrop Avenue
Center Circle
Hughes Center Drive
Albert Ave
Fredrika
D
E
F

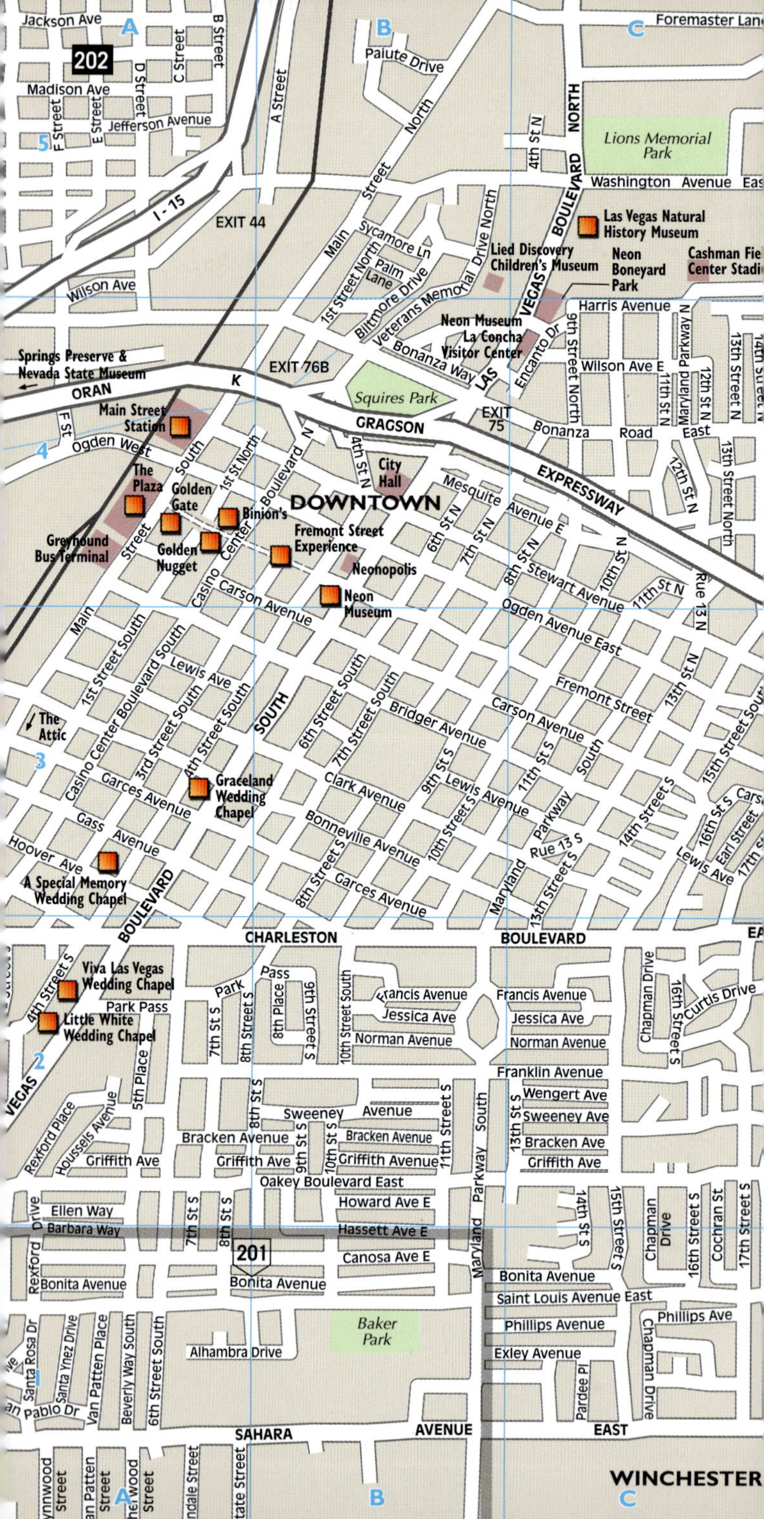

Jackson Ave
202
Madison Ave
Jefferson Avenue
F Street
E Street
D Street
C Street
B Street
A Street
Paiute Drive
Foremaster Lan
I-15
EXIT 44
Main Street North
Sycamore Ln
Palm Lane
Biltmore Drive
1st Street North
Veterans Memorial Drive North
Bonanza Way
Street North
VEGAS BOULEVARD NORTH
4th St N
LAS
Lions Memorial Park
Washington Avenue East
Las Vegas Natural History Museum
Lied Discovery Children's Museum
Neon Boneyard Park
Cashman Fie Center Stadi
Neon Museum La Concha Visitor Center
Encanto Dr
9th Street North
Maryland N Parkway
11th St N
12th St N
13th Street North
14th street N
Harris Avenue
Wilson Ave E
Wilson Ave
Springs Preserve & Nevada State Museum
ORAN
K
F St
EXIT 76B
Squires Park
GRAGSON
EXIT 75
EXIT
Bonanza Road East
Bonita
12th street N
13th street North
Main Street Station
Ogden West
The Plaza
Golden Gate
Binion's
Golden Nugget
Greyhound Bus Terminal
South Street
1st St North
Boulevard N
Casino Center
Carson Avenue
4th St N
City Hall
DOWNTOWN
Fremont Street Experience
Neonopolis
Neon Museum
Mesquite Avenue E
6th St N
7th St N
8th St N
Stewart Avenue
EXPRESSWAY
9th St N
10th St N
11th St N
Rue 13 N
Ogden Avenue East
Main
1st street South
Casino Center Boulevard South
Lewis Ave
3rd Street South
4th Street South
The Attic
SOUTH
6th Street South
7th Street South
Bridger Avenue
Clark Avenue
8th street South
Garces Avenue
Graceland Wedding Chapel
Cass Avenue
Hoover Ave
A Special Memory Wedding Chapel
Garces Avenue
Bonneville Avenue
9th St S
10th street S
Lewis Avenue
11th St S
Maryland Parkway
Rue 13 S
13th street S
Carson Avenue South
Fremont Street
13th St N S
15th street South
16th St S
Earl Street
Lewis Ave
17th St S
Cars
BOULEVARD
CHARLESTON
BOULEVARD
EA
4th Street S
Viva Las Vegas Wedding Chapel
Park Pass
Little White Wedding Chapel
VEGAS
Rexford Place
Houssels Avenue
5th Place
Griffith Ave
Park
Pass
7th St S
8th St S
8th Place
9th street S
10th street South
Francis Avenue
Jessica Ave
Norman Avenue
Sweeney Avenue
Bracken Avenue
Griffith Ave
Oakey Boulevard East
11th street S
Francis Avenue
Jessica Ave
Norman Avenue
Franklin Avenue
Wengert Ave
Sweeney Ave
Bracken Ave
Griffith Ave
Howard Ave E
13th St S
Maryland Parkway South
Chapman Drive
16th street S
Curtis Drive
Ellen Way
Barbara Way
Bonita Avenue
7th St S
8th St S
201
Bonita Avenue
Hassett Ave E
Canosa Ave E
Bonita Avenue
Saint Louis Avenue East
Phillips Avenue
Exley Avenue
14th St S
15th Street S
Chapman Drive
16th Street S
Cochran St
17th Street S
Phillips Ave
Chapman Drive
Rexford Drive
Santa Rosa Dr
Santa Ynez Drive
Van Patten Place
an Pablo Dr
Beverly Way South
6th Street South
Alhambra Drive
Baker Park
Lynnwood Street
Van Patten Street
Sherwood Street
Kendale Street
State Street
SAHARA
AVENUE
EAST
WINCHESTER
Pardee Pl

 NATIONAL GEOGRAPHIC

Leserbefragung

Ihre Ratschläge, Urteile und Empfehlungen sind für uns sehr wichtig. Wir bemühen uns, unsere Reiseführer ständig zu verbessern. Wenn Sie sich ein paar Minuten Zeit nehmen, diesen kleinen Fragebogen auszufüllen, könnten Sie uns sehr dabei helfen.

Wenn Sie diese Seite nicht herausreißen möchten, können Sie uns auch eine Kopie schicken, oder Sie notieren Ihre Hinweise einfach auf einem separaten Blatt.

Bitte senden Sie Ihre Antwort an:
NATIONAL GEOGRAPHIC SPIRALLO-REISEFÜHRER, MAIRDUMONT GmbH & Co. KG, Postfach 31 51, D-73751 Ostfildern
E-Mail: spirallo@nationalgeographic.de

Über dieses Buch ...
NATIONAL GEOGRAPHIC SPIRALLO-REISEFÜHRER **LAS VEGAS**

Wo haben Sie das Buch gekauft? _______________________________________

Wann?   Monat / Jahr

Warum haben Sie sich für einen Titel dieser Reihe entschieden?_______________

____

____

____

____

____

____

Wie fanden Sie das Buch?

Hervorragend ☐   Genau richtig ☐   Weitgehend gelungen ☐   Enttäuschend ☐

Können Sie uns Gründe angeben?

____

____

____

____

____

____

Bitte umblättern ...

Hat Ihnen etwas an diesem Führer ganz besonders gut gefallen?

____

____

____

____

____

Was hätten wir besser machen können?

____

____

____

____

____

Persönliche Angaben

Name ____

Adresse ____

____

Zu welcher Altersgruppe gehören Sie?

Unter 25 ☐   25–34 ☐   35–44 ☐   45–54 ☐   55–64 ☐   Über 65 ☐

Wie oft im Jahr fahren Sie in Urlaub?

Seltener als einmal ☐   Einmal ☐   Zweimal ☐   Dreimal oder öfter ☐

Wie sind Sie verreist?

Allein ☐   Mit Partner ☐   Mit Freunden ☐   Mit Familie ☐

Wie alt sind Ihre Kinder? ____

Über Ihre Reise ...

Wann haben Sie die Reise gebucht? Monat / Jahr

Wann sind Sie verreist? Monat / Jahr

Wie lange waren Sie verreist? _______________________________

War es eine Urlaubsreise oder ein beruflicher Aufenthalt? _______________

Haben Sie noch weitere Reiseführer gekauft?   ☐ Ja ☐ Nein

Wenn ja, welche? _______________________________

Herzlichen Dank dafür, dass Sie sich die Zeit genommen haben, diesen Fragebogen auszufüllen.

☐